文化学概论

WENHUAXUE
GAILUN

张岳　熊花　常棣◎编著

知识产权出版社
全国百佳图书出版单位

图书在版编目（CIP）数据

文化学概论／张岳，熊花，常棣编著．—北京：知识产权出版社，2018.2（2025.1重印）
ISBN 978-7-5130-5385-3

Ⅰ．①文…　Ⅱ．①张…　②熊…　③常…　Ⅲ．①文化学　Ⅳ．①G0

中国版本图书馆 CIP 数据核字（2017）第 327099 号

内容提要

全书总计十一章，分属四大部分。第一部分，追索文化的内涵和各种文化定义，第二部分勾勒文化学研究历史，介绍文化学相关理论与方法，第三部分说明文化在时间上的流变和在空间上的接触，第四部分讨论文化与民族、权力和经济等其他社会因素的关系。

责任编辑：纪萍萍　高志方　　　　**责任印制：**刘译文
责任校对：谷　洋

文化学概论

张岳　熊花　常棣　编著

出版发行：	知识产权出版社 有限责任公司	网　　址：	http：//www.ipph.cn
社　　址：	北京市海淀区气象路 50 号院	邮　　编：	100081
责编电话：	010-82000860 转 8387	责编邮箱：	jpp99@126.com
发行电话：	010-82000860 转 8101/8102	发行传真：	010-82000893/82005070/82000270
印　　刷：	北京九州迅驰传媒文化有限公司	经　　销：	各大网上书店、新华书店及相关专业书店
开　　本：	720mm×1000mm　1/16	印　　张：	16
版　　次：	2018 年 2 月第 1 版	印　　次：	2025 年 1 月第 4 次印刷
字　　数：	221 千字	定　　价：	58.00 元

ISBN 978-7-5130-5385-3

绪　言

文化实乃一至大之主题！自有生民以来，文化便与人类社会相伴相生，相辅相成。环视宇内，自古以来，诸文明抑或民族，莫不重视文化。文化研究事业亦迭代日新，历久不衰！

然而，文化之研究始得成为一门独立之科学，乃十九世纪产物。自科学史而言，科学事业，特别是以自然科学为代表，历经 300 余年之发展，迨至十九世纪，业已赢得了广泛的声誉！诸社会科学紧随其后，借科学主义（实证主义）之时风深韵，逐步从古典哲学脱胎而自立。1838 年，德国学者列维·皮格亨于《动力与生产法则》中始用德文"Kultur Wissenschaft"即"文化学"一词，列氏主张建立一种文化学，旨在"确定或认识人类与民族的教化的改善上所依赖的法则"。此后，德国学者 C.E.克莱姆出版《普通文化学》，"文化学"一词于是在德文中变得"很为普遍"。英语世界中，泰勒实为提出类似观念之第一人。泰氏于 1871 年在其著《原始文化》中首次将文化进行界定，并将"习俗"纳入文化之范畴，为文化科学之创立，贡献极大！其关于文化之定义，亦成为经典。此外，泰氏于第一章中明确以"文化科学"（The science of culture）为标题，且"以一种简洁的风格陈述了文化学的观点，勾勒出文化科学的轮廓"。嗣后，此门新兴科学方有所发展，但是个中亦颇具曲折。及至 1939 年，美国文化人类学家莱斯利·怀特方正式提出英语"culturology"一词，即"文化学"。怀氏乃主张应以该词而取代"Science of Culture"，即"文化科学"一词。怀氏亦主张以自然科学为典范而建立独立之文化学！因其贡献，怀氏乃被学界尊称为"文化学之父"。

因中西接触后民族振奋之需要，以及向来之传统，吾国学界素来亦重视文化之研究。最早在 1924 年，李大钊即使用了"文化学"一词！自西学东渐以来"'文化学'在中国的倡导，受到欧洲的学科概念启发颇深"。然后，西方学术之影响仅此而已。彼时，西方学界尚无系统之理论，亦谈不上对吾国文化学之实质性影响。是故，吾国文化学之创建，无疑实乃独立自主之事业。而谓此独立自主之事业之要旨，一言以蔽之，乃在于比较中西文化之异同以寻求中国之富强。其中尤为着力者，当属黄文山、陈序经、阎焕文诸位学者。1949 年，新中国成立，文化学因诸种缘由，消遁于庠序之间。自 20世纪 80 年代始至今，文化学之构建复有一定之进展，但其路漫漫而修远兮，吾侪自当奋力！

本书之写作实依赖上课之讲义，经年之修改、补裰，始乃成书。

全书总计十一章，分属于四大部分。其中，第一部分为总论，重点讲解文化概念之定义、构成、功能等；第二部分为学科的历史，旨在介绍文化学的学科定位、主要特征及其发展历程；第三部分为理论及方法，集中介绍主要的理论流派及常用的研究方法；第四部分为专题研究，专门研究文化的起源、传承和发展；文化的接触与互动；以及文化与地理环境、民族、权力、经济等的关系。

著书立说，务须言简意赅，内容枝干详略得当。然，限于学力，不足乃至错误之处在所难免，著者自负，以有正于方家！

是为序！

常　棣

丁酉年腊月二十六日凌晨于皋城

目　　录

第一章

解读文化

➲ 本章提要

　　学习文化学，首先自然要了解文化。作为"人之为人"的凭借，文化究竟是什么？有着什么样的成分和特征？具有什么样的功能？这些问题构成每一个想了解文化的人们的基本问询。本章的内容正是回答这些问题，具体包括：第一，介绍关于文化的各种定义，归类定义文化的主要方式，包括历史审视式、列举描述式、功能意义式、系统结构式、规范—动力式、符号学式等；第二，说明文化的构成成分和基本特征，例如文化的弥漫性、差异性、习得性、共享性、实体性、建构性、反思性等基本特征；第三，介绍人们对于文化之功能的基本理解。

第一节　文化的概念

　　文化是当今时代的热词，上至卿相，下至庶民，中如名贾巨富、"白领""金领"，或在庙堂，或在学界，或处江湖，无不三不五时地在谈论文化，审视文化，甚至是"摆弄"文化。对此，每个人都可以随手举些小小的例子，比如各地普遍涌现的"文化古城"和"历史古镇"，比如流行全国甚至走向世界的"广场舞"，比如白领们所喜欢的各种音乐节，再比如一些青年人的文化活动——汉服运动、"跑酷"，等等。许多年前曾经有人说，21 世纪是一个"知识的世纪"，也有人说 21 世纪是个"人才的世纪"，这种说法对错、恰当与否，我们还不能确定，但可以确定的是，21 世纪是一个"文化的世纪"。在这个时代，人们前所未有地意识到文化的存在，前所未有地去反思文化，前所未有地去利用文化，前所未有地去创新文化。文化也前所未有地带给人们更多的娱乐、更多的享受、更多的意义、更多的选择，以及更多的经济收益。所以，在这个时代每一个人都有深入了解文化的必要，对于学习文化学的人们当然更是如此。

　　那么，什么是文化呢？对于这个问题，又不是很容易说清楚，正如梁启超所说，"'什么是文化？' 这个定义真是不容易下"①，也正如英国文化人类学者马林诺夫斯基所说，"文化，言之固易，要正确地加以定义及完备地加以叙述，则并不是容易的事"②，美国文化人类学家格尔茨也说，文化"本质上众说纷纭的一个概念……用法多样……。它不好捉摸，摇摆不定，无所不包……"③当然，文化肯定就在我们身边；从简单的一句问候，一个眼神，最简陋的一间房屋，一盘菜肴，到非常复杂的航天器或者是一部精妙的、令

---

① 梁启超. 梁启超论中国文化史 [M]. 北京：商务印书馆，2012：1.
② 马林诺夫斯基. 文化论 [M]. 费孝通，等译. 北京：中国民间文艺出版社，1987：2.
③ 克利福德·格尔茨. 烛幽之光 [M]. 甘会斌，译. 上海：上海人民出版社，2013：9.

无数人痴迷而解读不倦的经典小说，如红楼梦，对于人类而言，都具有"文化"的性质。但要从中将这种"性质"抽离出来并用语言表达出来，且为大多数人所接受，又是非常困难的一件事情。迄今为止，在学界，对于文化的定义可谓是星海浩瀚，数不胜数，一个明显的例子就是，1952 年，美国文化人类学家克鲁伯和克拉克洪曾经总结了不同学者对于文化的不同定义[①]，竟然有 164 种之多，今天相比 1952 年，时间又过去了 60 多年，有关文化的学科的发展也更为繁盛了，所以今天有关文化的定义大概真的是不知道有多少种了。

1. 从词源上看文化

就汉语而言，在甲骨文中就有"文"字，其字形写法有𡥀、𡥀、𡥀、𡥀等形式，"象正立之人形，胸部有刻画之纹饰，故以文身之纹为文"[②]，在甲骨文中的含义主要包括："美也，冠于王名之上以为美称"，即以"文"来修饰和赞颂王者；作为"人名"，作为"地名"[③]。也就是说，"文"最早的汉语含义指的是一种对人身体的修饰，具有美好的意味，《说文解字》中说，"文，错画也，象交文"[④]，其意也是指一种纹理、修饰。类似的例子还有《易·系辞下》中的"物相杂，故曰文"，《礼记·乐礼》中"五色成文而不乱"；《史记·吴太伯世家》中说"太伯、仲雍二人乃奔荆蛮，文身断发，示不可用"[⑤]，这里的"文身"之"文"也是"文"字的初意。

后来，"文"字引申出其他意涵，一是用来指称各种文物典籍、礼乐制度，如《尚书·序》中"由是文籍生焉"，《论语·子罕》中"文王既没，文不在兹乎"，两句中"文"字都是这个意思；二是指人之个体的修养、礼仪，

---

① A Kroeber, C Kluckhohn. Culture：A Critical Review of Concepts and Definitions ［M］. New York：Vintage Books，1963.

② 徐中舒. 甲骨文字典 ［M］. 成都：四川辞书出版社，1989：996.

③ 徐中舒. 甲骨文字典 ［M］. 成都：四川辞书出版社，1989：996.

④ 许慎. 说文解字注 ［M］. 上海：上海古籍出版社，1988.

⑤ 司马迁. 史记 ［M］. 北京：中华书局，2013.

与"质""实"相对，《论语》中说"质胜文则野，文胜质则史，文质彬彬，然后君子"，即是此意；三是用来指称"美、善、德"之义，如《礼乐·乐记》所谓"礼减而进，以进为文"，《尚书·大禹谟》中"文命敷于四海，祗承于帝"等。

"化"字在甲骨文中也已经出现，其字形如 λ，"象人一正一倒之形，所会意不明"①，在很多文献中，"化"字是指从无到有的生成，或已经存在物的造化、改易，即指事物形式或性质的改变，如《易·系辞下》中说"男女构精，万物化生"，指的是从无到有的生成；《庄子·逍遥游》中的"北冥有鱼，其名为鲲。鲲之大，不知其几千里也。化而为鸟，其名为鹏"，指的是已经存在的"鲲"的造化改易。后来"化"字引申出教化之意，《文化解字》中说，"化，教行也"②。

最早把"文""化"二字放在同一句中的文字出自《易·贲卦·象传》，其中说"观乎天文，以察时变；观乎人文，以化成天下"。而"文""化"二字联合在一起出现，是在西汉刘向的《说苑·指武》中，其中说"圣人之治天下也，先文德而后武力。凡武之兴为不服也。文化不改，然后加诛"，指的是采用作者所认同的仁义道德、礼仪制度去教化和改造民众。这里的"文化"明显与我们今天日常生活中所常用的含义不同，它更多指的是一种"自上而下"推动的变化过程，这个变化在"上方"的眼光中是一种日渐符合"我意"的具有"进步"意味的过程。也就是说，"文化"一词在汉语中本来有两个特征：一是包含有"价值判断"，二是意味着一个动态变化过程。

"文化"在英语对应的是"culture"，其较为古老的含义是 cultivation，即"种植、耕作"，或"种植、耕作的技术水平"之意。文化在英语中的现代意涵是任何人类社会都具有的一种超生物性的状态，最早被认为是从德语中借用过来。1843 年，德国人克莱姆出版了《普通文化史》，其中有使用"文化"来指代人类社会的风俗、宗教、科学、艺术等方面，这已经与文化的现代意

---

① 徐中舒. 甲骨文字典 [M]. 成都：四川辞书出版社，1989：912.

② 许慎. 说文解字注 [M]. 上海：上海古籍出版社，1988.

义非常接近。1871 年一位英国人类学家第一次将这个词语的现代含义从德语中借用到英语中，这位英国人类学家就是爱德华·泰勒①。

2. 中外学者对文化的定义

爱德华·泰勒在 1871 年的《原始文化》中，开篇就对文化进行了定义，认为"文化，或文明，就其广泛的民族学意义来说，是包括全部的知识、信仰、艺术、道德、法律、风俗以及作为社会成员所掌握和接受的任何其他的才能和习惯的复合体"②。这个定义很明显受到了德国学者克莱姆的影响，但克莱姆并没有给出一个关于文化的正式定义③，而泰勒不但将"文化"置于书名之中，而且给出了一个正式的定义，这个定义现在被认为是学界给出的最早的一个关于文化的科学定义。

在泰勒之后，学者对于文化的定义日益繁多起来。上文也曾提到，到 1952 年，美国文化人类学家克鲁伯和克拉克洪写了一个本书《文化：概念和定义的批判性回顾》，总结了 1871～1951 年 80 年间人们对于文化定义，发现共有 164 种之多。今天有关文化的定义自然是更多了。这里简单列举一些学者的观点。

对中国影响很大的英国文化人类学家马林诺夫斯基在《文化论》中认为，"文化是指那一群传统的器物，货品，技术，思想，习惯，及价值而言的，这概念实包容着及调节着一切社会科学""社会组织除非视作文化的一部分，实是无法了解的"。④

另一位英国人类学家玛丽·道格拉斯认为，"任何文化都是一系列相关的结构。它包括社会形态、价值观念、宇宙哲学和整体知识体系。通过它们，

---

① A Kroeber, C Kluckhohn. Culture: A Critical Review of Concepts and Definitions［M］New York: Vintage Books，1963：9–10，24–25.

② 爱德华·泰勒. 原始文化［M］. 连树声，译. 上海：上海文艺出版社，1992：1.

③ A Kroeber, C Kluckhohn. Culture: A Critical Review of Concepts and Definitions［M］. New York: Vintage Books，1963：9–10，25.

④ 马林诺夫斯基. 文化论［M］. 费孝通，等译. 北京：中国民间文艺出版社，1987：2.

所有的经验都能得到调和"①。

美国文化人类学家南达认为，"文化作为理想规范、意义、期待等构成的完整体系，既对实际行为按既定的方向加以引导，又对明显违背理想规范的行为进行惩罚，从而遏制了人类行为向无政府主义倾向的发展"②。

另一位美国文化人类学家格尔茨认为，"文化概念既不是多重所指的，也不是含糊不清的：它表示的是从历史上留下来的存在于符号中的意义模式，是以符号形式表达的前后相袭的概念系统，借此人们交流、保存和发展对生命的知识和态度"③。

我国近代学者梁启超认为，"文化者，人类心能所开积出来之有价值的共业也"④。

我国另一位学者梁漱溟在《中国文化之要义》中说，"俗常以文字、文学、思想、学术、教育、出版等为文化，乃是狭义的。我今说文化就是吾人生活所依靠之一切，意在指示人们，文化是极其实在的东西。文化之本义，应在经济，政治，乃至无所不包"⑤。

张岱年则认为，"文化一词有广义、狭义之分。狭义的文化专指文学艺术。最广义的文化指人类在社会生活中所创造的一切，包括物质生产和精神生产的全部内容。次广义的文化指与经济、政治有别的全部精神生产的成果"，"这所谓文化包含哲学、宗教、科学、技术、文学、艺术以及社会心理、民间风俗等"⑥。

以上学者身处不同时代，也跨越了中西方之间不同的文化，他们关于文化的定义看起来也迥然不同。实际上，这不过是列举了七位学者有关文化的观点而已，如果添加更多学者对于文化的定义，大概看起来就更纷乱了。有

① 玛丽·道格拉斯. 洁净与危险 [M]. 黄剑波，等译. 北京：民族出版社，2008.
② S 南达. 文化人类学 [M]. 刘燕鸣，韩养民，编译. 西安：陕西人民教育出版社，1987：46.
③ 克利福德·格尔茨. 文化的解释 [M]. 韩莉，译. 南京：译林出版社，1999：109.
④ 梁启超. 梁启超论中国文化史 [M]. 北京：商务印书馆，2012：1.
⑤ 梁漱溟. 中国文化要义 [M]. 上海：上海人民出版社，2005：6.
⑥ 张岱年. 文化体用简析 [A]. 文化与哲学. 北京：教育科学出版社，1988：81-82.

什么方法来让这些观点看起来更为有序吗？诸多的文化定义之间是否有共同点以便将它们进行归类？回答是肯定的。确实可以对繁多的文化定义进行归类，以便于理解。

3. 文化的六种定义方式

克鲁伯和克拉克洪在 1952 年所写的《文化：概念和定义的批判性回顾》中，曾经将他们所总结的 164 种文化的定义加以归类，分为 7 个类型，分别是描述式、历史式、规范式、心理学式、结构式、生成式和不完全式①。

虽然今天有关文化的定义，肯定远远超过 164 种，但克鲁伯和克拉克洪对于不同学者的文化定义的归类方法，依然是可以借鉴的。在此基础上，我们将文化的定义方式分为 6 种类型。

一是历史生成式。这种方式是从时间流动中看待文化的生成和发展变化，具体又可以分为两种类型。一种类型强调文化是一种穿越时间流而存在的社会传统和遗产，另一种类型关注文化是怎样形成的，是什么因素让文化得以生成，强调文化是人类的创造物。克鲁伯和克拉克洪在《文化：概念和定义的批判性回顾》一书中是将这两种类型分开讨论的，分别称为历史式和生成式。在上文所列举的例子中，梁启超对于文化的定义，即属于历史生成式的类型，或者更明确地说，属于生成式的次类型。

历史生成式的文化定义，其最大的优点是能够从时间的流动中看待文化，让人们能够明了文化并不是神圣的自然物，而是人造物，同时让人们能够跳出当下，具有纵向的视野。其缺点是有时候未免过于宏观，显得泛泛而谈，例如梁启超关于文化的定义，只说明文化是人类"心能所开积之有价值的共业"，但就这一句话看来，正如我们常常说的，"文化是人类智慧的结晶"一样，太过抽象且宽泛了。

二是列举描述式。这种方式是先将文化在总体上进行描述，然后将其构

---

① A Kroeber, C Kluckhohn. Culture: A Critical Review of Concepts and Definitions[M] New York: Vintage Books, 1963: 43-72.

成成分列举出来，因为常常实在是列举不完，只好加个"其他方面"之类的词语以做限定，上文中所举例子中，泰勒、马林诺夫斯基和张岱年的文化定义基本上可以看作属于此种类型。

列举描述式的文化定义，其优点是将文化看作一个综合性的复合体，承认文化构成的复杂性，同时将其中的成分列举出来，相较于历史生成式，更为具体，让人感觉亲切。缺点是文化构成的成分常常是列举不完的，所以列举时只能因人而异地选择每个人所认为的重要内容来加以呈现。

三是功能意义式。这种方式是从文化对于人类个体或整个人类社会所具有的作用和意义角度来定义文化。上文所述例子中，梁漱溟的定义就是主要从文化对人类的作用角度来定义文化的。这种方式的主要优点是它指出了文化存在的合理性和价值；其缺点是，功能只是看待事物的一个角度，功能用来说明事物的合理性和价值，有时候是片面的，也可能是同义反复的。

四是规范—动力式。这种方式将文化看作对人类心理、情感和行为进行塑造、推动、引导和约束的规范体系和价值体系。上文所举的例子中，美国人类学家南达的文化定义即属于此种类型。这种定义方式的优点是关注到了文化的实践方面，说明文化在实践中对于人类情感和行为的引导和约束作用，以及由此制定的人类社会的秩序和发展方向。其缺点是，在很多时候这都是从个体主义的角度，即从人类个体层面来对文化进行解读的，而且规范—动力式的定义方式，实际上也是一种功能主义的解读，同样具有功能主义文化定义的缺点。

五是系统结构式。这种方式采用系统论的思维方式，将文化看作一个具有特定结构和层次的系统，这通常是与功能式文化定义联系在一起的，例如上述例子中道格拉斯的文化定义即属此种类型。这种对文化的定义方式看起来是非常深刻而全面的，因为它不再关注于我们能够看到的文化现象和行为的表面，而希望考察它们之间的联系和结构，更希望能够从系统的角度定义之。但这种定义方式的缺点也正在于此，它有些抽象，不好理解和把握。

六是符号学式。这种方式采用符号学的思维看待文化，将文化看作具有意义和可以解读的符号或符号系统。典型的例子就是上文所举的格尔茨对于文化的理解。这种方式通过借用符号学，强调文化是作为符号的存在，从而更强调文化的主观性和交互理解性，当然也并没有说抹杀文化的客观性，因为在格尔茨看来文化的意义并不是个体自身所赋予的，而是社会性的意义，但毕竟在一定程度上消减了对于文化客观性的关注程度。另外，因为对于人类而言，世界万物无一不是符号，所以这种文化定义实际上是暗指文化的无所不在、无所不包。

上述六种关于文化的定义方式，大致能够涵盖人们对于文化的各种各样的定义，让人们能够比较清楚地和简洁地理解文化的定义，但正如上文所言，每一种方式都有优点，也有缺点，要达到对文化的全面理解，实际上应该综合以上 6 种定义方式，因为"任何一个定义只说到文化的一个或若干层面或要点。也就是说，在那些定义中，没有任何一个足以一举无遗地将文化的实有内容囊括而尽。之所以如此，原因之一，是文化实有的内容太复杂了，复杂到非目前的语言技术所能用少数的表达方式提挈出来"。①

4."文化"与"文明"区分

无论是在日常生活中，还是在学术研究中，人们在使用文化这个概念时，也常常使用另一个相近的概念——文明。在日常生活中，许多时候，人们在使用文化和文明两个概念时，其所表达的意义常常是统一的，即使有区别也很细微。但就本质而言，文化和文明毕竟是有区别的，要更好地理解"文化"，不能不对"文化"与"文明"之间的区别加以适当的辨析。上文已经对"文化"概念进行了论述，下面将对"文明"一词进行说明。

文明这个词在中国古代既已有之，例如《周易》中有言，"见龙在田，

---

① 殷海光. 中国文化的展望 [M]. 北京：中华书局，2016：34.

天下文明"，而《尚书·舜典》赞颂舜时说他"濬哲文明，温恭允塞"，对此孔颖达注释说"经天纬地曰文，照临四方曰明"。也就是说，"文明"一词在中国古代既可以形容人类整体意义上的"天下"，也可以形容个体——如"舜"这个人，表达的是被形容对象的一种"智慧、光明和进步"的状态。这与现代意义上的文明一词有某种相近的地方，但也有区别。一般认为，中文中"文明"的现代含义并不是自生的，而是从日语中转借来的，而日语的文明一词又是来自于英语中的"civilization"。一般认为是福泽谕吉1867年在《西洋事情》（外编）中最早将英语的"civilization"翻译为日本汉语"文明"和"文明开化"[①]，而早期中国人将这个词翻译为"教化""文雅"等词。黄遵宪是最早在文明的现代意涵上来使用该词的中国人[②]。到了民国初年，中国人使用"文明"一词，"往往是指新的东西而言。……同时所谓文明的东西，或是新的东西，往往也就是西化的东西"[③]。这明显是受到了当时西方"文明"一词的现代意涵的影响，将"文明"看作一种"进步"的状态，并将之等同于"西方"。

而事实上，在西方，"文明"一词现代意涵的形成也有一个过程。根据德国社会学家诺贝特·埃利亚斯在《文明的进程》中的论述，西方的现代"文明"概念最早来源于法国。16～17世纪，随着新贵族和市民阶层的兴起，出现了一个表现他们自我意识的词汇，用来表示他们特殊的行为方式和礼仪，以显示他们区别于普通人的身份和高贵品质，这个法语词是——civilité，意思大致是"礼貌的"。到了18世纪，随着欧洲资本主义的发展，资产阶级力量的壮大，为了反对来自王权的肆意妄为，捍卫自己的利益，在"有礼貌的"——civilite这个词基础上，又发展出文明——"civilization"这个词，用来指称国家和社会的一种符合客观社会规律的、进步的和完善的状态。一般

---

① 刘文明. 欧洲"文明"观念向日本、中国的传播及其本土化述评——以基佐、福泽谕吉和梁启超为中心 [J]. 历史研究，2011（3）：70.

② 刘文明. 欧洲"文明"观念向日本、中国的传播及其本土化述评——以基佐、福泽谕吉和梁启超为中心 [J]. 历史研究，2011（3）：73.

③ 陈序经. 文化学概观 [M]. 长沙：岳麓书社，2010：30.

人认为，是法国重农主义思想家维克多·雷克蒂·密拉波于 1756 年最早使用了文明"civilization"在这个词。"密拉波创造了这一概念，或者说，至少是率先在他的著作中使用了。"在这之后，随着欧洲人对世界各地的殖民，"文明"这个词一方面被散播到了其他地方，另一方面也成了欧洲人区分自我和他者的一种标志，将自我看作文明的一端，而将他者看作野蛮的一端，这也给了欧洲人进行全球扩张和殖民的辩护理由。①

可见，"文明"一词表现的是一种自我意识，一种以自我为中心的对自我的呈现和肯定，常常用来指自我（某些人或某个群体——特别是民族或整体人类）所达到在物质生活和精神生活两个方面的成就或状态，或应该达到的成就或状态。这其中的"自我"最初是欧洲人，就今天来看，已经是就整个人类群体而言。所以，今天的"文明"一词意味着人类整体的成就和进步，包括物质的和精神的、社会的和个体的。

通过以上对"文明"现代意涵的梳理，加上前文对"文化"现代意涵的论述，就可以说明"文明"与"文化"之间的区别了。

首先，就价值判断而言，文化和文明都是对人类自身的一种正向评价，都是指人类自身所具有或达到的一种"美好而较高级"的成就和状态，但明显地，"文明"一词所包含的价值赞颂程度更高，"文化"指的是人类区别于其他生物的状态，但"文明"不仅包含这一层意思，而且还含有另一层价值判断，即人类的一种区别于自己过去的以及区别于他者的、更为进步和完善的成就和状态。例如文化中具有好的部分也有不好的部分，在人类历史上普遍存在的各种酷刑、各种阴谋诡计，也是人类文化固有的一部分，只不过是其中的消极部分，这些部分一般是不被归为文明的名下的，因为文明不仅意味着"人类的"，还意味着"进步的"。

其次，就内容来说，如上文所言，文化是无所不包、无所不在的，可以很简单，也可以很复杂，同时可以是积极的，也可以是消极的，而文明的内

---

① 以上主要参考诺贝特·埃利亚斯. 文明的进程［M］. 王佩莉，译. 北京：生活·读书·新知三联书店，1998.

容通常相对狭隘一点，只包含有那些积极的、具有正向价值的部分。再如，抽烟，在某种程度上也是一种文化，而很难算作文明，特别是对在公共场合抽烟而言。

再次，就时间跨度而言，既然文化指的是人类区别于动物的状态，从理论上说，文化比文明所涵盖的时间跨度要长，而且事实上也是，文化与人类自始至终如影随形，自有人类以来，或者说在人类生物进化过程中，文化就发挥了很大的作用，"没有文化就没有人类"[①]，而人们一般谈论文明，并不是从人类生物进化开始的，无论是从用火开始，从制造工具开始，或者从使用文字开始。

最后，就关联的主体而言，文化常常相对的是群体，文化是群体层次上的事物，虽然我们也说某个人"没文化真可怕"，或者说"就怕流氓有文化"，但这个文化仅仅指的是这个人的知识方面，内容远远小于我们常用的文化一词，而文明不仅常常与群体关联在一起，如中华文明、基督文明等，同时也用来修饰个体，"做个文明守法的好公民""有一种风景叫文明"，都是指的个人的行为举止。

第二节　文化的构成与基本特征

1. 文化的一般划分

对人类而言，文化是无所不在、无所不包的，为了便于分析，人们常常对文化进行一定的划分，这样的划分最普遍的做法是将文化分为物质的和精神的两个方面，即物质文化和精神文化，如上文所说，张岱年认为最广义的文化包括物质文化和精神文化的全部内容。为了强调文化中的某些重要方

---

① 克利福德·格尔茨. 文化的解释［M］. 韩莉，译. 南京：译林出版社，1999：62.

面，有人会在这两者之外单列出语言或制度，形成物质文化、精神文化、制度，或物质文化、精神文化、语言的三分法。也有学者，比如美国人类学家莱斯利·怀特，采取另一种三分法，将文化分为技术系统、社会系统和观念系统。

对于物质文化、精神文化、制度或语言的介绍，一般文献中易见，通常也比较容易理解，这里主要介绍莱斯利·怀特对文化区分的技术系统、社会系统和观念系统三个部分。

技术系统主要是由人类社会从自然界中获得所需资源的直接手段构成的，包括各种生产工具、建筑房屋的材料、进攻与防御的器械等。

社会系统主要是由社会中的人际关系、组织和制度等构成，包括亲属关系和制度，政治、经济、军事等组织和制度等。

观念系统主要由人们的思想、信仰、知识等构成，例如语言、神话传说、文学、哲学、科学、民俗和常识等。

以上三个部分作为文化的子系统，在怀特看来，并不是相互独立的，而是相互影响的，同时三者在整个文化体系中的地位也不同。技术系统处于最基础的位置，在整个文化体系中具有决定性的作用，因为它是人类与自然直接沟通的中介，决定人类能否获得和能否在最佳程度上利用所需要的能量。社会系统从最本质上说取决于技术系统，简略地说，它是相应技术系统的社会组织方式，是与技术系统相适应的。例如，工业机器在生产上的应用，深刻地改变了人类社会中经济组织方式和制度，让现代企业成为一种"标准"的组织和制度方式。但社会系统也会反过来影响技术系统，比如不恰当的社会组织方式可能会影响技术的发展和发挥。观念系统处于最上层的位置，但也最不"自主"，即它受到技术系统的决定，也反映着社会系统，它为技术系统和社会系统提供"合法性"，让人们的生活得到解释。①

---

① L A 怀特. 文化的科学——人类与文明研究 [M]. 沈原，等译. 济南：山东人民出版社，1988：351-353.

2. 文化特质、文化丛与文化圈

除了如上文所述，将文化构成成分从类别上进行划分，以便于理解和研究之外，另外还有一个分析文化构成的路径，那就是一种类似于生物学上对生物组织的分析方法，即像从细胞这个生物组织的基本单元开始一样，尝试从文化的最小构成单元来考察文化。

人们将文化的最小构成单元称为"文化特质"（culture trait），比如一张弓、一种取火的工具、一种婚嫁观念，等等。这是人们为了便于认识和分析文化的需要而从文化的整体体系中人为抽离出来的一种文化成分，所以，一方面作为最小的文化构成单元，文化特质是相对的，"文化的特质或单位，是假定的，相对的，而非绝对的"①，一张弓可以被规定为文化特质，而一张弓的组成部分，比弓更小的部分——弓弦也可以被规定为组成单位，人们可以从弓弦的形式和材质上来对比和分析不同文化之间的关系；另一方面，文化特质被从文化体系中抽离出来，也就不再被注意到它在原来的文化体系中的功能和意义。②

文化丛（culture complex），或被称为文化集丛③，或被翻译为特质综合体④，指的是若干文化特质的组合体，这些文化特质在功能上相互关联，共同组成一个相对独立的单位。例如食用野生稻谷的印第安人，除了"食用野生稻谷"这个文化特质之外，围绕这个文化特质，还有收割、晒干、去壳、储藏、烹饪和食用等技术和相关工具，还有对土地的照料，还有相关的规则规范、权利义务、宗教仪式等文化特质，这些文化特质在功能上相互联系，共同构成一个可以称为"野生稻综合体"的文化丛⑤。

文化圈被规定为一个更大的分析单位，指的是包含一系列文化特质的、

---

① 陈序经. 文化学概观［M］. 长沙：岳麓书社，2010：253.
② 克拉克·威斯勒. 人与文化［M］. 钱岗南，等译. 北京：商务印书馆，2004.
③ 陈序经. 文化学概观［M］. 长沙：岳麓书社，2010.
④ 克拉克·威斯勒. 人与文化［M］. 钱岗南，等译. 北京：商务印书馆，2004：49.
⑤ 克拉克·威斯勒. 人与文化［M］. 钱岗南，等译. 北京：商务印书馆，2004：49.

在地理上具有一定分布范围的文化—空间。弗罗贝纽斯第一个提出了"文化圈"概念（Kulturkreis，英译为 culture circles），格雷布内尔完善了有关文化圈的理论和方法，他在澳大利亚和大洋洲地区分辨出 6～8 个文化圈，认为每个文化圈都包含一定数量的文化特质，比如其中的东巴布几内亚文化圈包含下列的文化特质：种植块茎植物的农业、使用固定网的渔业、木板制小船、两面坡盖的房屋、螺旋编制的篮子、沉重的棒槌、木制或编制的盾牌、依女性计算世系的两个外婚制群体、秘密男性结社、化装舞蹈、亡灵或颅骨崇拜、月亮神话、信号鼓、圆形装饰图案、单弦乐器、排箫等。①

与文化圈相关的一个概念是文化层，它被认为是文化圈在空间上相互重叠所造成的，不同的文化圈相互重叠，好似蛋糕一样，一个文化圈的成分在上，另一个文化圈的成分在下，形成一种混合和替代的关系。一般地，在某一地区内，文化层的叠加次序可以用来分辨不同文化圈在该地区的时间早晚，那些在上面的文化层所属的文化圈是该地区的后来者，而在下面的文化层所属的文化圈是相对较早的。

"文化特质、文化丛和文化圈"这三个分析文化构成的方式，主要是用来在跨文化比较中，衡量不同地区文化之间的或差异或相似的关系，探索不同地区文化之间的联系，通常为持传播论的文化人类学学者，以及博物馆人类学家所提倡和使用。

3. 文化的基本特征

特征是人们描述和认识事物的基本途径，如人们常说，"桃红杏粉梨花白"，再如，"诸葛一生唯谨慎，吕端大事不糊涂"，这些都是以特征来说明事物的例子。文化的特征也是描述和认识文化的基本途径，但不同的学者根据不同的标准和各自的理解，总结出的文化特征是不同的，其中哈维兰认为，文化有习得性、共享性、以符号为基础和整合性等特征②。本书认为，文化

---

① 夏建中. 文化人类学理论学派——文化研究的历史 [M]. 北京：中国人民大学出版社，1997：55-60.
② 威廉 A 哈维兰. 文化人类学（第十版）[M]. 瞿铁鹏，等译. 上海：上海社会科学院出版社，2006：36-45.

具有弥漫性、不可或缺性、认知性、解释性、差异性、习得性、实体性、建构性、反思性等特征。

（1）**弥漫性**。文化对于人类而言是无所不在、无所不包的，正如空气一样弥漫四塞于天地。人不能够逃脱出空气的范围，即使在太空也不得不需要氧气而生存，人也不能够逃脱于文化的范围，从出生到死亡，都是在文化的范围内生存和生活；即使是那些隐居山林的人，比如今天仍然有相当大数量存在的生活在终南山的隐居者，他们所能够逃脱的、所能够隔绝的只是他们所谓的红尘俗世，而他们并不能够隔绝文化，因为他们在世外的生存技能和生活模式都是文化赋予的，甚至他们隐居的观念和理想，也是中国传统文化所给予的，没有文化，他们不会有隐居的念头。

（2）**不可或缺性**。文化对于人类而言是一种必需品，而且是一种与“食色”具有同等重要地位的必需品，没有文化，人不能自存。与其他动物不同，人出生时毫无生存技能和生活经验，只有从一个生物人变成一个社会人，人才能够生存下去，获得生存技能，发展智商、情商，获得一定的人生成就，而从生物人变成社会人的所谓“社会化”过程，就是一个文化养成的过程。所以说，文化于人，正如水之于鱼，鱼无水不成活，人无文化而不成人。

（3）**认知性**。与其他动物不同，人是一个需要询问的动物，也是一个能够询问的动物。为什么要吃饭，为什么要结婚，为什么要工作，人生到底是为了什么，宇宙之外还有什么。从日常琐事到宇宙洪荒、天外飞仙，无一不是人类询问的对象。这种询问的需要和能力，正是文化赋予的。文化决定了人们会问什么，在什么时候以何种方式询问。一个生活在明朝的女性不会问“为什么女人要裹小脚”，因为当时的文化让她觉得这是理所当然的；同样地，一个生活在中世纪的西欧人也不会问“是不是我上辈子做了什么孽，让我此生无子，家族无后”，因为他没有“不孝有三，无后为大”的文化观念，也不会将此生的幸与不幸归结于“因果报应”，而只会联系到上帝的旨意。所以，文化包含有认知的内涵。

（4）**解释性**。文化在给予人们认知的需要和能力的同时，也提供了对人类所询问的诸多问题的答案，也就是说给予了相应的解释。为什么要吃饭？"人是铁，饭是钢，一顿不吃饿得慌"，是从生存需要上给出的解释；"食色，性也"，是从人的本性上给出的解释；"口腹之欲"是从享受美食的角度给出的解释；"吃饭是为了活着，活着并不是为了吃饭"，是从人生意义上给出的解释。从这些例子可以看出，文化的解释性有两个特点，一个是解释的多元，对于同一个问题，可以有不同的答案，对于"为什么要吃饭"这个问题，上面简单列举了四个答案，其实还可以有其他的答案，比如为了保持健康；一个是解释的体系性，文化所给出的对于人类可以询问的问题的解释，常常是彼此相联系在一起，共同构成一个体系，往大了说称为一种"哲学"，一种"宗教"，世界上诸多的"哲学""宗教"，比如基督教、道教，都可以说是一种文化的解释体系。从本质上说，文化的解释性就是文化为人类面临的客观世界和自身生活经验提供的一种秩序，使之成为可以理解的，可以阐释的，可以利用的，以及可以接受的。

（5）**差异性**。文化具有差异性，这是在文化比较时很容易就被体验到的一个事实，特别是在全球化日益深入、地球村已经成为事实的今天。每时每刻与你擦身而过的都包含有"文化的差异"，从日常的饮食，到婚姻家庭观念，再到世界观、人生观、价值观，皆是如此。比如我国各地的饮食差异甚大，大的菜系就有鲁、川、粤、苏、浙、闽、湘、徽等，更遑论其他更细小的划分，在这一点上《舌尖上的中国》为我们做出了充分的展示，在其中你在看到中国各地的特色美食的同时，也看到了中国各地的饮食差异。一国之内尚且如此，将范围扩大到跨国跨文化，则文化的差异更为明显。在网络上流传着一个"段子"，说的是一个外国人对"娶一个中国妻子"的吐槽，内容大致如下：

下场之一：家被中国人占领了。一旦你娶了一个中国太太，就等于娶了她全家，不到半年，她爹、她妈、她二姐、她二姐的孩子就排着队全来了。我好端端的一个美国家庭，一眨眼的工夫，就被中国人给占领了。我本是一个苏格兰种的白人，我们家祖孙十几代从来没见过一个圆底炒锅，嘚，现在我们家厨房里有两个。打开抽屉一看，除了三副刀叉，剩下全是筷子，折磨的我呀。

下场之二：再也没有隐私了。一旦中国人占领你家，你就别想有隐私（privacy）了。某天我正坐在马桶上方便，老岳父（就是我太太他爸）推门就进来了，进来就开水管洗手，一边洗手一边和我练英文："How are you? And you?"在我自己家里，不论我走到哪儿，都发现老岳父或者老岳母或者他们这一对组合总是跟着我，我前边走，他们就在我后面关灯。基本上我走过的地方，身后都一片黑暗。

下场之三：家里哪儿都不敢碰。好好的楼梯，厚厚的地毯，中国太太在地毯上蒙了一层塑料布。后来我仔细一看，家里所有容易招土的东西基本全被塑料布蒙上了，比如，遥控器、钢琴键盘，等等。

下场四：中国人啥都敢吃。天底下所有带腿的东西，除了桌子以外，中国人都会毫不留情地做出特别香的味道吃下去。我一般爱吃他们做的所有东西，就是别告诉我吃的是什么。说中国人爱吃肉，这我能理解，可是鸡爪子、鸭嘴、猪耳朵上有肉吗？我太太他们全家吃起来没完，顿顿吃，我看着都惊呆了。我本人很爱吃鱼，可是我不能忍受吃鱼头，因为怕无意中和死鱼对上眼睛，这么说吧，所有带眼睛并且能用眼睛看我的动物我都不吃。

下场五：千万别和中国太太吵架。中国女人最可怕的是她们的记忆力，一点小事得罪她，她就开始回忆十年以前一模一样的某件事，没完没了。如果得罪美国太太，大不了说句"sorry"，你要是和中国太太说"我错了"，她马上问你，"错哪儿了？"

下场六：把自己的孩子逼死。美国人养孩子是为了让他们生活得快乐、幸福；很少有美国人发毒誓非要让自己的孩子做人上人。中国人对自己的孩子下手可狠了，逼着他们从小学钢琴，学武术，学芭蕾，学中文，学数学，最好18岁就把硕士博士都读完，跳过青春期，直接进入中年，30岁退休。所有小孩子喜欢玩的，年轻人喜欢干的，中国家长都禁止他们去干。可以这么说，中国家长是绝对不把自己的孩子当人的，他们的唯一目标就是如何尽快把自己的孩子逼疯。①

以上的吐槽实际上就是一次关于中西文化差异的简单描述，诙谐地表达出中西方在家庭观念、隐私观念、节俭观念、饮食、男女关系、教育孩子等方面的差异。这样的差异并不是个体自身的差异，而是个体养成背后的文化差异造成的。

（6）**习得性**。人非生而知之，文化对于人来说并不是生而具有的，不是通过生物遗传而直接获得的，而必须通过后天的学习来获得，这就是文化的习得性。这有四个方面的内涵。第一，文化的习得是人类保持世代连续性的一种必需的手段，只有通过文化的习得，人们才能了解遥远的过去，才能够保持与过去的某种程度上的连续性；第二，文化的习得于个体而言，是一个过程，而且常常是一种持续一生的过程，在此过程中必须付出一定的努力和代价，想想我们艰苦的学校学习过程就可以明白这一点；第三，文化的习得必须有相应的正式制度和非正式制度的保证，如果没有制度的保证，文化习得的程度是难以保证的，任何人都知道如果没有正式的学校教育系统，那么很多古代文化就会湮没不传了，中国古代所谓的"法不传六耳"式传承教育方式，实际上是很多古代文化失传的重要原因；第四，文化的习得性意味着文化的变异性，文化的习得并不是文化的复制，文化在习得的过程中，会不可避免地发生某种程度的"遗失"和变异，这在失去文化"原貌"的同时，也促成文化的变迁和创新。

（7）**实体性**。文化的实体性是指文化是客观存在的、不以人的意志为转移的。有的学者，比如莱斯利·怀特将文化看作超有机体，也包含有实体性的意涵。具体地说，实体性意味着文化是外在的、客观的、共享的。一般地，文化超越于人类个体而存在，也超越于某一个世代的人们而存在，文化先于他们而存在，在他们之后也一般会存留下去。这表现的就是文化的外在性和客观性。同时，文化还是共享的，"文化是公众所有的"②，某个个体的独特

---

① http://blog.sina.com.cn/s/blog_40058e950101dfp3.html.
② 克利福德·格尔茨. 文化的解释［M］. 韩莉，译. 南京：译林出版社，1999：15.

的行为、观念，如果存在的话，也不能称为文化，而只能称为个性，文化必须为某种数量的人群共同所有才能成立，由此，文化必须是共享的。人们通过共享的文化，理解、交流和分享彼此的态度和观念，定位和预见彼此的行为，让彼此整合在一起。从一个社会的常见单位——家族来看，就是通过共享家族记忆、谱系、身份、责任和权利的观念等联结在一起的。然而，需要注意的是，文化的共享性并不意味着文化的整齐划一、完全一致、"和而不同"，在共享文化的同时，人类群体中个体总是也应该具有权利来保持"不同"，任何人都不可以以任何形式来规定文化的完全一致，事实上，文化的共享性是与文化的差异性共同存在的，正如我们在认同中华民族的同时，也可以同时认同自己为汉族，为满族，为苗族等一样。

（8）**建构性**。"文化是为人的，也是人为的"[①]，文化一方面超越个体而存在，另一方面也是人类的创造物，文化并不是超验的神灵所给予的，也不是某个伟大的圣人独自创造的；它是人类群体的创造物，拥有自己的历史，在历史长河中也在不断地发生变化，所以文化并不是自然的、天然的，也不应该是神圣的和一成不变的，虽然每个人都对养成自己的文化怀有深厚的感情，每个人都认为养成自己的文化是最好的，每个人都常常认为养成自己的文化是不言自明的，但在面对养成自己的文化的时候，应该明白文化的建构性，应该理性地对待自己的文化。例如，一个人可以最喜欢自己家乡的饭菜，可以认为自己家乡的饭菜是最好的，也可以认为自己家乡的饭菜是每个人都应该喜欢的，但同时应该明白，自己家乡的饭菜是世代创造和传承下来的人造物，是恰好养成自己的众多菜系的一种。

（9）**反思性**。文化在事实上是反思性的，也应该是反思性的。就事实而言，文化在个体习得过程中，在世代传承过程中，会发生变异，而这种变异常常是反思的成果。例如，有了对传统女性地位的反思，才有了今天的男女平等观念及其各种表现。就应然而言，文化必须有反思性，如果没有反思性，

---

① 费孝通. 反思·对话·文化自觉 [J]. 北京大学学报（哲学社会科学版），1997（3）：19.

文化就不会有进步。例如，若王守仁不反思程朱理学，就不会有王氏心学；如果马克思不反思德国传统哲学，也就没有马克思主义哲学。

第三节　文化的基本功能

文化的功能是指文化对于人类个体和人类社会所发挥的作用和所具有的价值。从本质上说，文化不是神圣之事，也不是神秘之事，它是人类为了生存生活的需要，为了自身的繁衍而创造出的一种功能体系，"一切文化要素，若是我们的看法是对的，一定都是在活动着，发生作用，而且是有效的"①。从现实看，文化也确实在发挥着功能，正如哈维兰在《文化人类学》中所说的，"文化必须为生活所必需的物品和服务的生产及分配提供保证。它必须通过其成员的繁衍，为生物的延续提供保证。它必须使新成员濡化，这样他们才能成为有用的成人。它必须维持其成员之间的秩序，以及他们与外人之间的秩序。它必须激发成员持续生存下去并参加持续生存所必需的各种活动"②。如果文化不再发挥作用，不再有效地发挥功能，那么文化就会被改变，被扬弃。

正如在讨论文化的定义方式时所阐述的那样，从功能角度看待文化实际上是文化学的一个重要流派，包括涂尔干、拉德克里夫–布朗、马林诺夫斯基等著名的社会学家、人类学家。一般地，文化的功能可以分为对于人类个体的功能、对于人类社会整体的功能两个层次，涂尔干和拉德克里夫–布朗强调后者，马林诺夫斯基既强调后者，也强调前者。具体地，文化的功能大致有调适、整合、规范、导向、娱乐等几个方面。

（1）**调适的功能**。地球上一切的有机体都需要与其所在的环境相适应，并到达有效利用环境来满足自我需要的目的。调适即指这样一个过程。人与

---

① 马林诺夫斯基. 文化论［M］. 费孝通，等译. 北京：中国民间文艺出版社，1987：14.

② 威廉 A 哈维兰. 文化人类学（第十版）［M］. 瞿铁鹏，等译. 上海：上海社会科学院出版社，2006：53.

其他生物有机体不同的是，其他的生物一般通过生物遗传所获得的生物特性而与环境进行调适，例如变色龙具有可以在不同环境中变色以伪装自己的生物能力，仙人掌的天性使其能够适应戈壁干旱环境。人类主要不是依靠生物天性，而是依靠文化来对环境进行调适，虽然人类没有变色龙随时变色的能力，但人类拥有进行伪装的各种文化技能，各种颜色的服装、面具等都可以让人做到这一点；人类虽然没有仙人掌一样的富含黏液性物质以利于保持水分的茎，但具有掌控水源的技术能力，同样可以在干旱的戈壁环境中生存。人类在利用文化与环境进行调适时，一方面，通过文化来定义环境，人类并不是根据环境的客观状况来进行文化调适，而是经由文化来感知环境，由此，对于同样的客观环境，不同的文化的定义是不同的，做出的反应也不同，例如对于同样的洪涝灾害，有的文化可能认为是气候变化原因，有的文化可能归结为神灵，中国传统文化里的灾异论就常常将洪涝灾害归结为人主失德以及由此引发的上天示警；文化对环境的感知不同，做出的调适行为自然也不同；另一方面，文化的调适也是相对的，"在一种环境中是适应的，在另一种环境中可能是严重不适应的"，"短期是适应的行为，在长时期内就可能是不适应的"[①]，例如，从短期看，大规模使用农药可以有效控制病虫害，从长期看却可能造成对生态环境的难以祛除的污染。

（2）**整合的功能**。整合指的是一个结构性的整体，其各个要素和组成部分彼此之间存在统一、协调的秩序，运行良好，融为一体。文化的整合功能，并不是指文化自身的整合，并不是说文化自身的各个组成部分之间可以协调、统一，而是指文化对于人类社会能够整合在一起所具有的功能和意义。人类社会具有秩序，并不是一群人人为敌的乌合之众，"为什么人类社会是可能"，这就是一个社会整合问题。对于这一个问题的回答，大致来说，学者们有几种不同的答案。一种是新古典经济学的整合观点，认为自由竞争的市场机制可以让人们基于个人效用最大化的理性，达到社会资源的最优配

---

① 威廉 A 哈维兰. 文化人类学（第十版）[M]. 瞿铁鹏，等译. 上海：上海社会科学院出版社，2006：52.

置，从而带来人类社会的"人间天堂"，虽然其中可能有人有欺诈以及其他方面的违法乱纪行为，但自由竞争市场的优胜劣汰机制总归会淘汰这些人；无疑，经济学的整合观点主要是基于利益之上。一个是利维坦假说，认为为了克服"一切人反对一切人"自然状态，保持社会秩序和每个人的自由，必须有一种"必要的恶"，比如"绝对君主"来承担这样的社会整合功能①。另一个是社会学的整合观点，在社会学中，"社会是如何可能的"是一个非常重要的话题，以斯宾塞、涂尔干、帕森斯、格兰诺维特等为代表的社会学者进行了丰富的论述。其中，斯宾塞以生物有机体的类比来看待社会，认为社会也是一个结构日益分化和各部分日益联系紧密的有机体，社会的整合基本上是一种有机体成长、社会分工提高的过程；涂尔干主要持一种文化整合论，提出"集体意识"的概念，认为文化，如法律、道德、宗教等，犹如生物有机体的神经系统一样，起着将社会成员整合在一起的功能。格兰诺维特则认为，最好的信息来自自己亲身获得的信息，次之则来自社会关系，是社会关系产生社会信任，将社会整合在一起，没有社会关系，就没有信任，没有信任，就没有社会秩序，也不会有社会组织，由此，既不会产生有益的社会行为，也不会产生有害的社会行为，从理论上说，没有社会关系及其产生的社会信任，那么霍布斯所说的"一切人反对一切人"的自然状态也不会产生很大的社会混乱，因为单个人的破坏力总是有限的②。

实际上，在社会现实中，社会整合并不仅仅依靠单方面的因素，是在利益、道德、社会分工、社会关系、外在强制力等因素复合之上的整合。其中任何一个因素都不可能在离开文化的条件下发挥作用。道德、法律、宗教等本身就属于文化的范畴；社会关系的建立、维持和结束，充满了"文化"的参与，例如人类最重要的社会关系之一——婚姻，其中的文化规定，无论中外都是非常烦琐而精妙的，中国古代有所谓"六礼"，纳采、问名、纳吉、

---

① 霍布斯. 利维坦 [M]. 黎思复，等译. 北京：商务印书馆，1981.

② Granovetter Mark. Economic Action and Social Structure: the Problem of Embeddedness [J]. The American Journal of Sociology, 1985: 91 (3).

纳币、请期、亲迎，今天没有这么复杂，一般人结婚也会有结婚仪式，无论这种仪式采用的是中式还是西式。利益、社会分工、外在强制力，也如社会关系一样，不能离开文化而对于社会整合单独发挥作用，利益的认定、划分和协调，社会分工的协调与合作，外在强制力的存在和在多大程度上有效发挥力量，都需要文化提供认同和动力。比如，交易价格是市场机制最基本的因素，但什么样的价格是合适的，这个问题并不完全是一个经济问题，也是一个文化问题，随便涨价的兰州牛肉面、大蒜、大豆等可以招致社会的调侃、抗议，乃至引起政府的干预，正说明了这一点。比如，作为外在强制力以维持社会秩序、整合社会的政府，其权力来源的合法性和权责范围的划定，都是由文化所决定的。

总而言之，社会整合并不是基于单一的因素之上，而是基于不同元素的复合之上，而且就单一因素而言，无论是利益、社会关系、社会分工，无论是外在强制力，还是道德、宗教等，都不可能离开文化而单独地对社会整合发挥作用。可以说，文化是社会整合的关键因素。

（3）规范的功能。文化的调适功能主要指的是文化在人类适应其所在环境中所发挥的作用。其实，除了要适应所在的自然环境之外，人类还需要协调社会内部的、个体之间、不同层次群体之间的关系，还需要对于社会内部的、不同个体的、不同群体的行为进行规定，使之可以预期、可以接受，以便不同行动主体之间可以和谐相处、协同共力。这就是文化的规范功能。它指的是文化体系中所包含的法律、制度、规则、价值观念等对于人类个体、不同层次群体行为的制约和型塑作用。文化的规范功能的最终目的是让人类个体和不同层次群体的行为是可以接受的，符合文化的要求，古人有言，"发乎情，止乎礼"，如果宽泛地理解，就是要控制自己的情感和行为，使之符合"礼"也就是文化规范的要求；也是让人类个体或不同层次群体的行为可以预期的，人们在社会互动过程中，总是以预想的他人的社会行为为前提，而这种预想来自这样一个预设，即所互动的这个人是遵守文化规范的，例如，一个男生在求婚的时候总是预想女方可能的行为反应，总是认为如果女方接受了求婚，就意味着她要嫁给自己。这种文化的规范功能所达到的他人行为的可预期性是非常重要的，是社会互动可以存在和完成的关键，因为如果他人的行为不是在文化的规范下可预期的，那么我们将无所适从，假设男生不知道女生接受了求婚是否意味着同意嫁给自己，那么又将如何完成与自己心仪的女生结合这件事情呢？文化的规范功能最终可能造成两种形式，一种是人类个体或群体在强制力的作用下，自觉地规范自己的行为，例如女生在接受男生求婚后，总会有一定的压力，即使有所迟疑，也总可能倾向于嫁给求婚的男生；另一种是人类个体或群体认同于文化规范，不自觉地遵守并维护文化规范，例如女生认同于接受求婚即意味着缔结了具有一定约束力的婚姻契约这个文化规范，她就会对违反这一规范的其他女生持一种不自觉的反感和贬斥态度。

（4）**导向的功能**。宽泛地说，文化的导向功能也属于规范功能的范围，指的是文化中存在的法律、制度、规则、价值观念等对于人类个体、不同层次群体行为的引导和激励作用。文化体系总有一定的价值判断，对于某些行为具有正向的、肯定的判断，虽然不同文化体系所肯定的行为可能不同，比如许多文化都对于利他行为表示肯定，再比如中国文化对于集体利益比较强调，对于为了集体、牺牲小我的行为比较肯定，而西方当代文化比较强调个人权利，对于实现自我价值的行为比较肯定。文化体系对于自身所正向评价的行为，通常给予相应的奖赏以引导人们，这些奖赏可以是物质性的，也可以是非物质性的，比如尊重、名誉、信任、社会地位等。

（5）**娱乐的功能**。虽然文化通常被认为是"解决生存问题的人类机制"[①]，但毫无疑问，文化具有娱乐功能，有些文化组成部分具有很强的娱乐性，比如歌舞、体育活动、影视节目、节日集庆等，有些文化组成没有那么明显的娱乐性，看起来非常严肃，比如科学研究、劳作活动、市场交易、政治活动等，其实际上也具有娱乐的成分，因为总是有人可以在这些活动中体会到

---

① 威廉 A 哈维兰. 文化人类学（第十版）[M]. 瞿铁鹏，等译. 上海：上海社会科学院出版社，2006：3.

乐趣，而不仅仅为了功利性的目的。"将生活变成艺术"的实质就是在所有的人类生活中体会到娱乐性。

当然，除了以上论述的调适功能、整合功能、规范功能、导向功能、娱乐功能之外，根据上文讨论文化特征时的叙述，可以知道文化还有满足需要的功能、认知的功能和解释的功能等。

 思考题

1. 定义文化的常见方式有哪些？

2. 文化的基本特征主要有哪些内容？

3. "文化"和"文明"两个概念的区别是什么？

4. 为什么中外学者关于文化的见解是众说纷纭的？

第二章
文化学及其发展历史

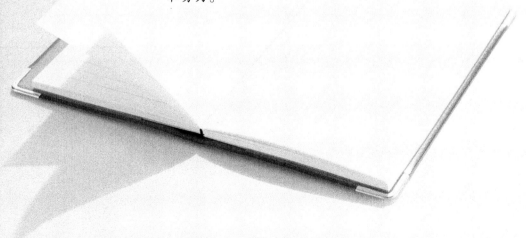

⊃ 本章提要

　　文化学不同于研究文化某一个特定方面的专门性学科，如音乐学、宗教学、影视学、语言学等；文化学是从整体上研究文化现象和问题、文化的产生、动态变化过程及其规律的一种多视角、综合而具体的学科；文化学具有整体性、综合性、实践性、开放性等特点；从有学者提出建立一种"文化科学"算起，文化学至今已有一百多年的历史，中西学者都对文化学的构建进行了富有成果的探索和努力。

第一节 文化学及其特征

顾名思义，文化学研究应该是围绕"文化"来展开的，但事实上已经存在许多以文化为研究对象的学科，如音乐学、艺术学、影视学、语言学、文字学等，它们所研究的对象音乐、艺术、影视、语言、文字，都属于文化的范围。文化学与这些学科有什么不同呢？在文化的各个组成方面都已经有专门性的学科进行研究的情况下，为什么还需要文化学呢？文化学有什么独特的价值吗？事实上，文化学与对文化的某个方面进行研究的专门性学科不同，文化学是从整体上研究文化现象和问题、文化的产生、动态变化过程及其规律的一种多视角、综合而具体的学科。也就是说，文化学与音乐学、艺术学、语言学、文字学等专门性学科既有联系，也有区别。第一，它们之间有联系，它们的研究对象有所重合，文化学研究的对象"文化现象与问题""文化的产生与动态变化过程"，自然包括对文化的各个方面的研究，包括对音乐、舞蹈、语言、文字、影视、民俗等方面的研究，而且文化学在作具体研究的时候也会与这些专门的学科进行对话，吸收和借鉴它们的研究成果和研究方法；第二，它们之间有区别，文化学并不像这些专门学科那样，只是研究文化的一个特定的方面或领域，而是将文化看作一个整体来进行研究，即研究"整体意义上的文化"，例如文化学当然也研究舞蹈，但在研究舞蹈时并不将重点放在舞蹈的分析、编舞的技法、舞蹈欣赏等方面，而是将舞蹈放在更为广泛的社会文化体系中去考察，研究舞蹈在人们社会生活中的地位、功能、意义等方面；同时在研究理论、研究的历史脉络、研究方法上，文化学与其他专门性学科也有很大的区别，文化学主要延续的是文化人类学的研究理论、研究方法，在追溯历史时，也主要以文化人类学的历史脉络为主干，而其他专门性的学科并不是这样。与此相应，一般来说，文化学也形成了几个独特的学科特征，包括整体性、综合性、实践性、反思性、多元性等。

（1）**整体性**。如上文所述，文化学在对文化现象和文化动态变化进行研究时，将其作为一个整体来看待。这表现在两个方面：一是，在文化学看来，文化并不仅仅局限于某一个群体所有的形式，如精英文化、官场文化等，也不仅仅局限于文化的某个方面，如舞蹈、音乐等，文化乃是人们生活方式的总和，乃是人类的意义之网，无所不在，无所不包，本身即是一个现实存在的整体；二是，既然文化乃是一个现实存在的整体，那么文化研究就应该将文化看作一个体系、一个整体，无论研究文化现象和问题还是文化的动态变化，都应将之放在整个体系中，以整体的、联系的眼光去考察和解释。

（2）**综合性**。文化学在对文化进行研究时采用一种多角度、多因素的立场。文化学对于文化的研究，无论在对比较宽泛意义上的现象进行论述时，如对文化接触、文化冲突现象进行讨论，还是对较为具体的文化现象进行论述，如对"萨满""国学热"进行讨论，都不采用单一的视角、单一的因素来进行考察和解释；文化学认为，人类社会所有的文化现象、文化变化过程，都是复杂的，在其中起作用的因素不可能只有一个，必须采用多因素的解释，同时也不会只有某一个特定的视角是合适的，不会只有某个特定的解释是正确的，每一种视角和解释都有其相对的价值和不足之处。例如，对于当下的"国学热"现象，如果仅仅从心理角度，从人们对于传统文化的热爱来解释，或者从经济角度，从市场上以"国学"谋利的经济动机来解释，无论哪一种解释都是不完全的，即使结合这两种解释，也是不完整的，而需要增加更多的角度和解释因素，加上历史的角度，即从"国学热"的历史过程来解释，加上民族认同角度，以民族情感和认知来解释。

（3）**实践性**。文化学对于文化的研究强调问题意识和问题取向，在研究过程中也强调参与性，即研究主体常常会参与到所研究的文化过程中，比如采用参与观察的方法去研究异域中的某种宗教，或者研究主体所研究的文化对象本身就是自己身处其中的，例如研究自己身边的饮食文化。这种参与性是研究者深入理解和解释自己研究对象的必需，同时也让研究者涉入文化实践和社会过程之中，不可避免地在某种程度地保持了某种价值立场，而且常常是对处于边缘地带的文化现象、文化人群的理解与尊重，例如对于所谓部落社会中一些"不可思议"之宗教仪式的理解与尊重，再例如对于现代社会中某些 Cosplay 之类的青年亚文化现象的理解与尊重。

（4）**反思性**。文化学的一个最重要的源头是文化人类学，文化人类学是从研究"他者"和"异文化"中发展出来的，文化人类学在对他者和异文化的研究中发展出了"反思性"的理念，"对不同民族的研究中所取得的巨大收获之一就是获得了开始从外部观察我们自身文化的观点或视角"①。文化学也延续了这种反思性。这种"反思性"第一体现是对于自我文化的反思，就是"置于他人之上来反思自身"，明了自身的文化并不是"不言自明的"，并不是神圣的，同时反思自身文化的长处和缺点；第二体现在文化学本身是在不断反思自身学科的前提预设、理论视角以及与现实政治的相互渗透中而不断前进的，文化学时刻保持着警醒，不断检视自身学科的科学性、人文性和真实性，不断在现实政治、人文关怀和学科发展三者之间寻找平衡。

（5）**多元性**。丰富多样是人类文化存在和发展的一个特性。文化学正视文化多元的现实，强调文化多元的价值。在文化学的发展历史中，文化学向人们呈现了不同社会的丰富而差异巨大的文化面貌，也向人们呈现了同一社会中不同群体可能拥有的文化差异，成功地向人们说明了文化多元性是一种"事实的""合理的"和"有价值的"存在，普及了文化多元的理念。文化学的这种正视文化多元现实、强调文化多元价值的倾向，是其所具有的一个重要特征。

总之，文化学是研究文化现象和问题、文化的起源和动态变化的一种整体性的、多视角的、综合而具体的学科，具有整体性、综合性、实践性、反思性、多元性等特征。就研究对象而言，具体包括：从静态看，人类社会的文化现象和问题以及文化与其他社会因素，比如与地理环境、经济、民族、

---

① 克拉克·威斯勒. 人与文化 [M]. 钱岗南，等译. 北京：商务印书馆，2004：8.

权力之间的关系；动态地看，文化在时间流逝中的起源、传承与变迁，以及
文化在空间上的接触、涵化与冲突等方面。

第二节　文化学的发展历史

1. 国外学界对文化学构建的努力

如果向上追溯的话，在国外，"文化学"一词出现的时间已经有 170 多
年，1838 年，德国学者列维·皮格亨①在《动力与生产法则》中使用了德文
"Kultur Wissenschaft"即"文化学"一词，主张建立一种文化学，目的是"确
定或认识人类与民族的教化的改善上所依赖的法则"②。在这之后，德国学
者 C.E.克莱姆于 1843 年到 1852 年，又出版了十卷本的《人类普通文化史》，
于 1854—1855 年又出版了两卷本的《普通文化学》，其中均使用了德文"文
化学"一词，并主张建立一种文化学。这之后，在德文中使用文化学一词，
变得"很为普遍"③。

在英文中首先提出类似观念的人是英国文化人类学家泰勒，也就是上文
所述第一个为文化给出一个学术定义的人，他在 1871 年的名著《原始文化》
中，不但在第一章使用了"文化科学"（the science of culture）作为标题，而
且"以一种简洁的风格陈述了文化学的观点，勾勒出文化科学的轮廓"④。
这之后，"许多人类学家如克鲁伯、罗维、莫多克和其他人"，都使用过"文
化科学"一词⑤。"涂尔干（Durkheim）、克鲁伯、罗维（R. Lowie）、威斯勒
（C. Wissler）和其他许多人发展了这门新兴科学。然而，进展并不平稳，也

---

① 陈序经在《文化学概观》中翻译为拉弗日尼·培古轩，参见《文化学概观》第 42 页.
② 陈序经. 文化学概观 [M]. 长沙：岳麓书社，2010：60，65.
③ 陈序经. 文化学概观 [M]. 长沙：岳麓书社，2010：61.
④ LA 怀特. 文化的科学——人类与文明研究 [M]. 沈原，等译. 济南：山东人民出版社，1988：序言 3.
⑤ LA 怀特. 文化的科学——人类与文明研究 [M]. 沈原，等译. 济南：山东人民出版社，1988：393.

未曾持续下去。后来，出现了对文化学观点和目标的离弃。"①其中，阿尔弗雷德·克鲁伯被认为是较早对文化科学进行体系化研究的人。克鲁伯主张文化是一种超有机体，独立于人类个体之上，有其自身的发展轨迹和规律；文化可以分为基本形貌和次级形貌两个部分，"基本形貌指的是与生存、生计有关的文化事物；次级形貌则是与创造力、艺术活动有关的文化活动，如语言、艺术、文学和音乐等"，在这两部分中，文化的次级形貌有着自身的、独立的发展规律，"构成次级形貌的各文化要素都有其历史发展模式，每个文化要素都要历经成长、发展、顶峰和衰落这些阶段"；人类历史的发展是由文化决定的，而不是人类个体，个体仅仅是文化力的代言人②。在克鲁伯之后，另一位美国文化人类学家莱斯利·怀特在 1939 年正式提出英语"culturology"，即"文化学"，认为应该用这个词来取代"Science of Culture"，即"文化科学"一词。怀特一直力倡构建一门如同天文学、物理学、化学一样的、专门以具有独立性的文化为研究对象的文化学。在怀特的学术生涯中，对于构建"文化学"进行了系统而富有创见的探讨，大致来说，其观点主要包括：（1）文化就是使用符号的能力；（2）从本质上来说，人与其他动物的区别之一就在于文化，就在于使用符号的能力，"符号是一切人类行为和人类文明的基本单元"，人类通过使用符号将自己与其他动物区别开来，"人使用符号，此外再无其他生命种系使用符号"③，通过使用符号人类社会产生了文化和文明，并使之延续下来，通过使用符号人类个体可以社会化为社会人，"人类的行为是符号行为；……符号就是人性之全体"④；（3）文化可以分为三个系统，即技术系统、社会系统和观念系统，这在第一章论述文化的构成时已经进行了说明；（4）人类文化不断从低级向高级进化，文化的进化可以以能量获取能力为标志进行阶段划分，根据人类获取能量能力的变化，

---

① LA 怀特. 文化的科学——人类与文明研究 [M]. 沈原，等译. 济南：山东人民出版社，1988.
② 夏建中. 文化人类学理论学派——文化研究的历史 [M]. 北京：中国人民大学出版社，1997：81-83.
③ LA 怀特. 文化的科学——人类与文明研究 [M]. 沈原，等译. 济南：山东人民出版社，1988：25.
④ LA 怀特. 文化的科学——人类与文明研究 [M]. 沈原，等译. 济南：山东人民出版社，1988：22.

可以将文化的进化阶段分为依靠体能阶段、获取太阳能阶段、依靠煤炭石油等的能源阶段以及核能阶段，本书在下一章"文化学理论"中还将对之进行介绍；（5）文化是一种超有机体，具有独立性，文化的现象和变化必须从文化自身来解释，而不应该从地理环境、人类体质特性或心理特性等外部因素来进行解释，"从科学分析和科学解释的立场出发思考问题，就应当把文化当作自成一格的事物，当作基于其自身的公理和法则而运转，因而归根结底也只能根据其自身的要素和发展来说明的一类事物和进程"[①]；（6）文化是人类行为的决定性因素，人类行为是文化的函数，而不是相反；（7）应该建立一门研究文化的科学，命名为文化学（culturology），取代文化科学（Science of culture），对具有独立性的文化进行专门的研究；（8）文化学具有美好的前景。可以看出，怀特关于构建文化学的论证是非常严密而完备的，正是由于这样的贡献，怀特被称为文化学之父。

2. 中国学界对文化学构建的努力

中国是世界上较早进行构建"文化学"学科努力的国家。一般认为，"文化学"一词由李大钊于 1924 年最早使用，与美国文化人类学家克鲁伯、怀特等人提倡建立"文化学"的时间大致相当。中国学界之所以较早地对文化进行研究，具有构建文化学的意识，大致是因为两个方面的原因。一是西学东渐，"'文化学'在中国的倡导，受到欧洲的学科概念启发颇深"[②]，但由于当时西方也没有发展出清晰的文化学学科，所以中国学界也只是受到了学科概念上的启发，并没有输入系统的文化学学理，因为并没有可供直接借鉴的学术渊源，中国学界对文化学的构建努力有很大的独立自主成分；二是在中西方接触中，从文化上思索中西方的差异，探求文化与现代化之关系，谋求中国的富强和发展；具体地，一方面尝试认识和总结中国文化的特征和优势，保持和传承中国传统文化，这在梁漱溟、钱穆等被称为新儒家的中国传

---

① L A 怀特. 文化的科学——人类与文明研究［M］. 沈原，等译. 济南: 山东人民出版社，1988: 序 2.
② 赵立彬. 近代知识转型与中国"文化学"的产生［J］. 华中师范大学学报，2012（2）: 70.

统文化研究学者身上表现得非常明显，另一方面，希望从中西文化差异上寻找中西发展差异的原因，探求中国发展的道路。

李大钊在 1924 年使用"文化学"一词，是在他的《史学要论》一文中。在这篇文章中，李大钊提出，对于政治、经济、宗教、教育、法律等社会现象，可以综合起来，将之看作是一个整体性的现象进行"记述和考究的"历史研究，因而"尚有人文学或文化学成立的必要"①。两年之后，1926 年张申府在《文明或文化》一文中同样使用了"文化学"一词，认为，"为取以往各种文化之陈迹而研究之，或设立一种'文化学'，定不会白费工夫，这也是今日瞩照宏远的社会学者一椿特别的责任"。随后"文化学"一词在中国学界的使用渐渐广泛起来，出现了不少努力进行文化学构建的学者，如黄文山、陈序经、阎焕文等。

黄文山是一位"'三十年如一日'地建设文化学"②的学者，他希望综合文化人类学、文化社会学、文化史学等学科，建立一门研究文化现象的形态、发生、变化、规则等方面问题的、客观的文化学。为此，他 1932 年发表了《文化学建设论》《文化学方法论》等文章，并于 1931—1935 年在中山大学、中央大学等大学开设了文化学课程，在讲课内容的基础上于 1938 年出版了《文化学论文集》。后来他在 1968 年出版了《文化学体系》一书，在 1983 年出版了《文化学及其在科学体系中的位置》，继续提倡构建文化学。

陈序经对构建文化学提出了一个比较完善的设想，并付诸行动。在 1928 年，他提出"文化学"是自有其对象、自有其题材的一门学问；1931 年他写了《东西文化观》一文，研讨东西方文化问题；1932 年完成了《中国文化的出路》一书，产生很大的影响；1933 年，他又完成了《东西文化观》的书稿。而且，如黄文山一样，陈序经也在大学里开设了文化学的课程，从 1938 年开始在西南联大教授文化学课程，并在授课内容基础上出版了

---

① 杨琥. 中国近代思想家文库——李大钊卷 [M]. 北京：中国人民大学出版社，2014.
② 黄有东. 近 30 年来中国文化学建设之得与失 [J]. 学术论坛，2008（12）：152.

《文化学概观》一书。这本书对文化学进行了系统的论述，内容分为四个部分，对文化的概念、构成、发生、发展、解释路径等问题，以及文化学学科的发展历史、人物和理论等，都进行了深入而详细的论述，至今仍有参考意义。

值得一提的是，黄文山、陈序经曾经与美国构建文化学的倡导者——怀特有所交流，怀特对黄、陈构建文化学的努力进行了正面的评价，并引用两者的工作来为自己构建文化学和使用文化学一词来做佐证①。

当然，正如上文提到，除了以上明确提出建立文化学的学者之外，还有一些研究文化问题以传承中国传统文化的学者，包括梁启超、梁漱溟、钱穆等人，如梁漱溟撰有《东西文化及其哲学》《中国文化要义》，钱穆撰有《中国文化史导论》《文化学大义》等。

新中国成立后，出于种种原因，文化学的构建并没有更进一步，成为大学里正式的学科，反而销声匿迹了。从20世纪80年代开始，随着风气转变和文化热的出现，学界开始重新出现了构建文化学的呼声，到了今天，文化学的构建有了一定的进展。一是出现了相当数量的文化学方面的著述，如顾晓鸣的《追求通观——在社会学、文艺学、文化学的交点上》，覃光广等编的《文化学辞典》，萧扬、胡志明主编的《文化学导论》，郭齐勇的《文化学概论》，吴克礼主编的《文化学教程》，陈华文主编的《文化学概论》和《文化学概论新编》，等等。二是不少大学开设了文化学及相关课程，特别是随着文化产业的发展和国人文化经济意识的增强，"文化产业管理"在大学里成为相对热门的专业，文化学成了一门基础课程，由此文化学所教授的学生数量日益增加，影响日广。但是，文化学依然没有学科化和体制化，虽然曾经有人建议国家将文化学设为一级学科，但现在文化学并不是一级学科，并没有进入教育部《学位授予和人才培养学科目录》，甚至不是二级学科。没有制度性的认可和空间，即使从文化学自身所包含的文化传承理论来

---

① L A 怀特. 文化的科学——人类与文明研究 [M]. 沈原，等译. 济南：山东人民出版社，1988：390.

看，这对文化学的发展和传承都是非常不利的。

3. 文化学与文化人类学

文化人类学是文化学的一个重要"源头"，大致上可以说，文化学是从文化人类学发展而来的。首先，"文化"作为一个被普遍接受和关注的概念和研究对象，主要是文化人类学的贡献，至少在西方是这样，"恰如克鲁伯所说，正是人类学家'发现了文化'"①。其次，对于构建文化学做出了贡献的学者，特别是在国外，如泰勒、罗维、克鲁伯、怀特等人，主要来自文化人类学领域。最后，文化学主要借用了文化人类学的理论、方法。正因为如此，要说明文化学的发展历史，就不得不介绍文化人类学的发展历史。

文化人类学是人类学的一个分支，就美国的学科划分来看，人类学包括体质人类学和广义的文化人类学，而广义的文化人类学又包括语言人类学、考古学、民族学或狭义的文化人类学。文化人类学作为人类学的一个组成部分，被认为是研究人类文化或社会生活方式的一门学科。但研究人类文化或社会生活的人类学不一定都被称为是文化人类学，在英国一般称为社会人类学或社会—文化人类学，在德国传统上一般被称为民族学。在美国被称为是文化人类学也有一个过程。1901年，美国学者霍尔姆斯（W. H. Holmes）首次提出"Cultural Anthropology"，即"文化人类学"这一个术语，用来指代人类学中研究人类文化的部分，以与从生物特性角度研究人的体质人类学相区别。"二战"以后，1946年美国正式将民族学改为文化人类学。

人类学学科的发展历史，包括文化人类学的发展历史，大致可以分为三大阶段，分别是"前现代"人类学、现代人类学和后现代人类学。

所谓"前现代"人类学，指的是作为一个学科的人类学在现代产生以前的一个"史前时期"。虽然人类学是一个现代才产生的学科，是现代科学和

---

① L A 怀特. 文化的科学——人类与文明研究 [M]. 沈原，等译. 济南：山东人民出版社，1988：序 2.

社会发展的结果，但"人类学的思想古已有之"①，有的学者将人类学的思想追溯到古希腊时期②；有的学者认为人类学在现代西方产生，在某种程度上延续了西方基督教神学意义上的人类学和西方哲学意义上的人类学所讨论的一些根本议题或核心关注③；还有的学者指出，对于作为现代人类学主要对象的他者和异文化的书写，在遥远的古代就已经开始了④。在这里所称的前现代人类学时期，或现代人类学的"史前时期"里，一方面，人们已经在思考"人是什么"的问题，西方基督教给出了自己的神学答案，即人既是上帝模仿自己的样子的创造物，也是一个负罪者，西方的哲人，例如康德也讨论过这个问题，认为人之所为人，是因为人能够具有自我观念；另一方面，对于他者和异文化的书写也在进行，例如古希腊历史学家希罗多德在其著名的《历史》中描述了地中海沿岸的许多民族及其社会文化，并试图解释其中的差异性；著名的威尼斯人马可·波罗在其著作《马可·波罗游记》中记述了他在东方的旅行见闻，对于西方人来说，这也是一个对于他者的书写，可算是"地理大发现之前的民族志的代表"⑤。当然不仅在西方，作为一个文明古国和对文献、对历史尤为重视的国家，中国古代对他者和异文化的记述非常丰富，在先秦文献中有许多对"非华夏"群体和文化的记载，如对于西戎、狄、羌等的记载；在《山海经》中有很多描写远方民族的文字；司马迁的《史记》中有匈奴列传、西南夷列传、朝鲜列传，记述周边的异文化群体；《史记》以后的史书中一般都有对周边异文化群体的记载。但是，尽管在前现代人类学时期，有关于人之本性的人类学思想和讨论，有关于他者和异文化的书写，但一是由于人们对于他者的接触，其数量和程度都非常有限，资料的来源和处理都谈不上科学、系统和规范，关于他者和异文化的记述其真实性和科学性是可疑的，有很多想象的成分；二是人类学关注他者和异文化

① 黄剑波. 人类学的历史与历史中的人类学 [J]. 思想战线，2013（3）：8–14.

② AC 哈登. 人类学史 [M]. 廖泗友，译. 济南：山东人民出版社，1988.

③ 黄剑波. 人类学的历史与历史中的人类学 [J]. 思想战线，2013（3）：8–14.

④ 高丙中. 民族志发展的三个时代 [J]. 广西民族学院学报，2006（3）：58–63.

⑤ 高丙中. 民族志发展的三个时代 [J]. 广西民族学院学报，2006（3）：58–63.

其中一个很重要的取向是在对比中反思自身，而这个时期对于他者和异文化的描述并不含有这样的思想意识，人们囿于自身的文化背景，普遍将自己的文化视为理所当然的和先进的，而对他者和异文化或多或少有所误解和贬低，也就是说在价值取向上多是以自我为中心的；三是就学科而言，当然并没有人类学或文化人类学这个学科。

现代人类学是与后现代人类学相对应的一个范畴，有人将这个时期从20世纪20年代算起，直到20世纪七八十年代，而将19世纪中期之后形成的人类学称为古典人类学，这里为了叙述方便，将之合并，统称为现代人类学时期。现代人类学的形成一方面是因为随着地理大发现、西方对世界的经济扩张和殖民活动，西方人接触到了众多的、与自己文化差异巨大的他者，对比之下，开始反思自我和人类本身；另一方面是因为文艺复兴、启蒙运动、达尔文自然进化论的产生而形成的知识积累。从19世纪中后期开始，现代人类学开始形成。组织上，1839年法国巴黎民族学会成立；1863年英国创立了伦敦人类学会。在著作上，泰勒1871年出版《原始文化》，摩尔根于1862年发表了《人类家族的亲属制度》、于1877年发表了《古代社会》，弗雷泽1890年发表了第一版的《金枝》，等等；在学派上，人类学也逐渐形成了第一个理论流派——进化论流派。在学科化上，在美国，1879年第一次在大学中开设了普通人类学含学分的课程；在英国，1896年泰勒在牛津大学负责组建人类学系，并成为其第一位人类学教授。时间到了20世纪早期，人类学的发展又进入了一个新时期，进入了一个以田野工作为中心的实证主义时期，其标志就是马林诺夫斯基于1915年到1918年在太平洋特罗布里恩德岛上进行了长时间的田野调查，由此形成了一系列具有说服力的人类学著述；更重要的是，在此过程中，马林诺夫斯基在前人的基础上总结形成了田野工作的科学规范，为人类学找到了一种独有的、可以取信于人的科学研究方法，向世人承诺了或保证了人类学知识生产的真实性、客观性、科学性和系统性。这之后，田野工作成了人类学的安身立命之本。当然，现代人类学时期的学科发展图景并不仅仅是进化论理论流派和田野工作方法的形成，从研究方法上来说，田野工作的形成自然是一件值得大书特书的事件，从理论流派上来说，人类学则从进化论理论流派之后，又兴起了传播论、历史特殊主义、新进化论、功能主义、心理文化分析、结构主义、象征主义、解释人类学等理论。总的来说，现代人类学时期，人类学受到现代主义价值观念和思维方式的影响，倾向于追求科学实证和客观性，实现了学科化、科学化和规范化，无论从组织上、成果上、理论流派上还是方法上都呈现出一派繁荣景象。

从现代人类学到后现代人类学有一个过渡时期，这个过渡时期开始于 20 世纪 60 年代，这个时候后现代主义的思想开始兴起，人们开始怀疑现代社会形成以来的一些不言自明的思想，特别是科学、理性以及两者为人们所许诺的幸福、自由和进步的美好社会；正是在这种后现代主义思想影响下，到 20 世纪 80 年代人类学界出现了后现代主义人类学，标志性的事件是两本书的出版，一本是乔治·马尔库斯和米开尔·费彻尔所著的《作为文化批评的人类学——一个人文学科的试验时代》，另一本是詹姆斯·克利福德和乔治·马尔库斯所编的《写文化——民族志的诗学与政治学》。由此以后，人类学知识生产的科学性、真实性和客观性受到质疑，表现在：田野工作方法的客观性和真实性受到质疑；作为人类学知识成果形式的民族志，其书写过程受到质疑，被认为是充满了"诗学"和"政治学"；人类学者与被研究他者之间的关系受到质疑，认为人类学者与被研究者之间存在着权力结构。相应于这些质疑，后现代人类学突出强调民族志形式的革新，提倡用"实验民族志"代替以往的现实民族志和阐释主义的民族志。但后现代主义人类学并没有完全取代现代人类学，现实中现代人类学与后现代人类学共存一起，处于相互借鉴、相互启发、相互补充的状态①。

4. 文化学与"文化研究"

这里所说的"文化研究"（Cultural Studies）并不是一般意义上所说的

---

① 张连海. 从现代人类学到后现代人类学：演进、转向与对垒 [J]. 民族研究，2013（6）：50–62，124.

对于文化的研究，而是指 20 世纪 60 年代以来在欧美兴起的对于文化的一种特定的研究方式，包含有特殊的问题意识、价值立场、研究旨趣和分析路径。一般认为，英国伯明翰学派是文化研究的开创先锋，1964 年，担任伯明翰大学英语系教授的理查德·霍加特（Richard Hoggart）因获得了企鹅出版社的一笔资助，在伯明翰大学建立了当代文化研究中心，这之后围绕该中心众多学者对于阶级文化、青年亚文化、大众传媒、种族和性别问题等进行了卓有成效的研究。之后，文化研究在世界各地迅猛发展起来，在 20 世纪 70 年代英国国内许多大学开设了文化研究课程并授予学位，80 年代文化研究在美国、加拿大、澳大利亚等地兴起，在 80 年代末到 90 年代，开始进入中国。

总的来说，文化研究其影响较大的有三大潮流，第一个是英国伯明翰学派的文化研究，第二个是法兰克福学派在 20 世纪 40 年代开始的对于大众文化的研究，第三个是后现代主义的文化研究，如福柯、丹尼尔·贝尔、詹明信等人的研究。就研究对象而言，虽然文化研究一直倡导研究主题的开放性，并不给自己划定一个清晰的研究领域，但可以从罗斯伯格等人编选的论文集《文化研究》的归纳里窥见一斑，包括：文化研究自身的历史、性别问题、民族性与民族认同问题、殖民主义与后殖民主义、种族问题、大众文化问题、身份政治学、美学政治学、文化机构、文化政策、学科政治学、话语与文本性、重读历史、后现代时期的全球文化等[①]。在学科化上，"文化研究"并不是一个严格意义上的学科，对此也持一种否定态度，不寻求建构一种界限明确的学科领域，认为学科化会让"文化研究弱化乃至失去参与现实、批评现实的干预功能，降低乃至扼杀其公共性"[②]，但文化研究并没有脱离体制化，它通常会在大学中建立研究机构，如北京大学文化研究工作坊、首都师范大学文化研究院等。

在文化学一词出现的时候，在文化学进行学科构建努力的时候，文化

---

① 转引自陶东风. 文化研究：西方话语与中国语境 [J]. 文艺研究，1998（3）：25.

② 陶东风. 文化研究：在体制与学科之间游走 [J]. 当代文坛，2015（2）：4–10.

研究还没有兴起，一般在勾勒文化学的发展历史时也不会论及文化研究，而只是主要论述作为文化学之重要源头的文化人类学的发展历史。但作为一个开放性的学科，文化学应该借鉴一切可以借鉴的学术资源，包括文化人类学、文化社会学，也包括文化研究。首先，文化研究和文化学实际上都借用了文化人类学所发展出来的文化概念，文化学自不待言，文化研究也是如此，文化研究正是借鉴文化人类学，方才将文化看作是一种整体的特殊生活方式，改变了狭义的、等同于高雅文化的文化概念，将研究对象扩大到阶级文化、大众文化、性别文化等范围，由此有了自己的发展空间。其次，文化学和文化研究的研究对象有所重合，由上文所述，文化研究的研究领域，也应该是文化学研究的领域；再次，文化学的重要源头文化人类学主要从研究他者和异文化发展起来，其理论视角、研究方法有与这种研究对象相适应的地方，如田野工作方法，而文化研究主要从研究现代社会中的文化，特别是大众文化发展而来，其研究方法可以与文化人类学的研究方法互补，而且，文化人类学已经转向了现代社会，文化学可以取文化人类学和文化研究各自之长，构建自身；最后，文化研究所形成的理论观点，如青年亚文化理论、单向度人理论等，是文化学研究可资利用的学术资源。

 思考题

1. 文化学的研究对象是什么？
2. 文化学与艺术学、舞蹈学等专门学科有什么不同？
3. 中外学者构建文化学的设想是什么？做了哪些工作？
4. 文化人类学发展的历史过程是怎么样的？

第三章

文化学理论

➲ 本章提要

文化学研究理论丰富。进化论相信人类文化处于一个不断进化的过程之中，试图从整体上构拟具有普适性的整个人类文化的发展史，将人类社会文化的诸方面都划分了不同阶段并为之排序；传播论认为人类不同文化之间的互动与借用促进了文化的更新与进步；历史特殊论不再构拟关于整个人类文化的发展史，而是建构关于某个具体民族或地区文化的特殊的历史，并认为世界上存在的不同文化之间没有高低优劣之分别，评价文化没有绝对的标准；心理文化分析学派关注文化与群体人格或个体人格之间的关系；法国社会学学派持社会整体论和唯实论，区分了因果解释和功能解释，将文化与整体性社会联系在一起，或者认为宗教是社会力量的象征，或者认为道德承担着社会整合的功能，等等；功能主义采用共时性的视角，持有文化整体论，将文化看作是一个在功能上相互联系的整体，探求不同文化要素对于整体文化系统或者人类个体生理和心理需要的功能，并追求将这种经验性的功能法则一般化和普世化；结构主义认为隐藏在丰富多样的人类文化现象之下有一种起着支配作用的"结构"，主要指的是一种先验的、非历史的、无意识的人类心智结构，这种心智结构的最大特征就是"二元对立"思维，在人类社会中，以这种人类心智结构为转换规则，生成了纷繁复杂的各种人类文化现象，如亲属关系、神话、宗教等；象征主义和解释主义都是"后结构主义"的一员，他们将人类文化看作一种象征系统或符号系统，他们认为，文化研究重要的是探求象征系统或符号系统背后的意义，这意义或者与社会结构相联系，或者与人类的生活和生命体验相关联。

第一节 进化论和传播论

1. 古典进化论

（1）古典进化论形成的背景

大致上说，文化学被认为是从文化人类学发展而来，而早期的文化人类学者多持有进化论的观点，从而形成了文化人类学的第一个理论学派——进化论学派，这也称得上是现代学者研究人类文化的第一种理论思想。

提到进化论思想，人们通常会想到达尔文及其在 1859 年发表的、被后人称为划时代著作的《物种起源》；在这本书里，达尔文提出了生物进化论，认为生物是由简单到复杂、由低级到高级，逐步进化而来的，在这个过程中存在着自然选择规律，适者生存，不适应者则会被逐渐淘汰。1871 年，达尔文发表了他的另一部主要作品《人类的由来和性选择》，其中阐述了人类与猿类具有共同祖先，人类是由猿类进化而来的观点。达尔文的这种进化思想对于人类认识整个世界，包括认识自身和自身的文化具有非同一般的意义，以至于英国人类学家马雷特在 1912 年的《人类学》中说"人类学是达尔文的孩子，达尔文学说使人类学成为可能，取消了达尔文式的观点，就是同时取消了人类学"①。但实际上，也并不能把人类解释自身、自身社会和文化的进化思想完全归功于达尔文，而是应该归功于"达尔文式的观点"，因为进化思想并不开始于达尔文，也并不限于达尔文及其生物进化论。美国人类学家马文·哈里斯在《人类学理论的兴起》中将现代人类学的兴起回溯到启蒙时期，并提到了不少在研究人类社会、历史方面持有进步思想的学者，例如法国学者孔多塞在《人类知识进步图解》中认为，人类在知识、道德、生

---

① 马瑞特. 人类学 [M]. 吕叔湘，译. 北京：商务印书馆，1931：2. 转引黄淑聘，龚佩华. 文化人类学理论方法研究 [M]. 广州：广东高等教育出版社，1996：17.

活等方面是不断进步的,可以分为四个阶段,从部落到游牧和农业社会,以至发明文字,然后便进入了欧洲的历史①。这就是说,至少自西方启蒙时期以来,进化思想在人类认识自我和自我文化的过程中就占据有重要地位,在诸多的领域中都有所发展。更重要的是,在关于人类社会文化的研究中,对于进化理论的建立做出重大贡献的还有另一位学者——斯宾塞,是他首先提出了社会进化理论,最系统地阐述了社会进化的这一理论观点②。斯宾塞将人类社会与生物体相类比,认为人类社会也是一个有机体,与生物有机体一样,也经历着规模上从小到大,结构上从简单到复杂,功能上逐渐分化等过程;不过,作为有机体,人类社会也有与生物有机体不同的地方:生物有机体的各部分联系紧密,而社会有机体各部分联系相对松散;生物有机体的意识主要集中于特定的部位,如大脑,而社会有机体的各个人类成员个体都有自己的意识;另外,在生物有机体中,整体处于优先地位,部分为了整体而存在,担负着各自的功能,而对于人类社会而言,个体应该处于优先地位,整体应该是为成员的福祉而服务的。

总的来说,自西方启蒙时期以来进化思想在各个领域的进展,特别是达尔文的生物进化论和斯宾塞的社会进化论,对于学者们从进化的视角来分析研究人类社会和文化提供了知识上的准备。这些知识上的进展同时也与西方殖民活动和全球贸易发展交织在一起,后者让西方遭遇到了众多的、与自己文化存在或大或小差异的他者,让解释这些文化差异成了一种殖民活动和知识活动的需要。对于人类文化的科学研究就是在这样的背景下起航的。

(2)古典进化论简要

早期研究人类文化的、持有进化观点的学者所形成的理论学派一般被称为古典进化论派,其代表性人物有德国人类学家阿道夫·巴斯蒂安(Adolf Bastian),英国文化人类学家爱德华·伯内特·泰勒(Edward Burnett Tylor)、詹姆斯·乔治·弗雷泽(James George Frazer),美国文化人类学家路易斯·亨

---

① 转引黄淑聘,龚佩华. 文化人类学理论方法研究 [M]. 广州:广东高等教育出版社,1996:5.
② 夏建中. 文化人类学理论学派——文化研究的历史 [M]. 北京:中国人民大学出版社,1997:16.

利·摩尔根（Lewis Henry Morgan）等。代表性作品有巴斯蒂安的《历史上的人类》、泰勒的《原始文化》、弗雷泽的《金枝》和摩尔根的《古代社会》，等等。

古典进化论研究和分析人类文化，基本上采用的是一种宏大视角。其中的学者相信人类社会和自然世界一样，都遵从一定的规律，由此，他们根据传教士、殖民地官员、冒险家等人士所记述的、关于他者的文化资料，或者根据自己的旅行考察和调查所得，试图从整体上构拟人类文化发展史，将人类文化的诸方面都进行不同阶段的划分和排序，例如，英国人类学家弗雷泽提出了人类智力发展的三阶段论，即人类智力的发展经过了巫术阶段、宗教阶段和科学阶段；另一位英国人类学家约翰·卢伯克也提出，人类宗教信仰经历了无神论、拜物教、自然崇拜或图腾崇拜、萨满教、偶像崇拜或神人同形论阶段、至高造物主崇拜六个阶段①。大体上说，古典进化论的基本观点包括：人类社会是整个世界的一部分，与自然世界一样，人类社会也遵循一定的规律；因为人类社会是整个世界的一部分，遵循一定的规律，所以研究人类社会与文化也可以采用自然科学的方法，由此也能够得到关于人类社会与文化的科学的理解；世界各地的人类群体在本质上是一样的，具有心理一致性；因为世界各地的人类在本质上是相同的，具有心理一致性，所以会沿着同样的路线进化；世界各地不同人类群体所具有的社会文化差异只是由于他们处于不同进化阶段的表现。

作为文化人类学和文化学的第一个理论学派，古典进化论反击了当时流行的关于人类文化起源和发展的、具有宗教意味的"退化论"，也冲击了当时的具有种族主义意味的、关于不同人类群体文化差异的"种族论"，第一次采用系统的方法来研究和分析人类文化，对人类文化的起源、发展和其中的差异问题进行了科学的回答，具有开创意义。但古典进化论也有其缺点，一是古典进化论学者所得以立论的经验资料多是第二手资料，来自没有多少

---

① 夏建中. 文化人类学理论学派——文化研究的历史 [M]. 北京：中国人民大学出版社，1997：46—47.

学术训练和素养的冒险家、传教士之类的人士，其可靠性、全面性不能不令人产生疑问；二是古典进化论学者在利用这些经验资料的时候，为了理论构建需要有时会任意裁剪文化特质而不顾文化整体，削足适履的结果自然是常常张冠李戴；三是古典进化论学者的研究结论，他们关于人类文化进化阶段的划分和人类各群体会在同一路线进化的"单线进化论"未免太过武断；四是古典进化论所持有的单线进化论的顶点常常是欧洲现代的社会文化形态，有浓厚的欧洲中心主义倾向。

（3）爱德华·泰勒

爱德华·泰勒（1832—1917），英国文化人类学奠基人，主要代表作有1865年发表的《人类早期历史的探讨》，1871年的《原始文化》等。作为古典进化论学派的最为重要成员之一，泰勒相信人类在本质上的一致性，反对种族主义，认为各地人群之间的文化差异是进步阶段的不同，而与生物遗传无关，"我们应该而且也有可能打消关于人种遗传变化的考虑，而承认人类在本质上是一样的，虽然是处在不同的文化阶段上"①。具体地说，泰勒的主要观点包括：人类文化是自然历史的一部分，自然是不断发展进化的，人类文化也是；自然的发展与进化有固有的规律，人类文化的发展与进化也当有规律；自然世界可以通过科学的方法加以研究和认识，人类文化也可以采用类似于自然科学的方法加以认识；人类在本质上是一致的，各民族在生活和文化上的不同，例如在宗教信仰、婚姻家庭形式等方面的差异，是因为各自的发展阶段和水平不同；对于各民族不同的发展水平，可以将各民族从低到高排序，成为一个连续的系统，可以分为原始、野蛮、文明等阶段。

泰勒被认为是第一个为文化给出一个科学定义的人，他的文化定义，"文化或文明，就其广泛的民族学意义来讲，是一复合整体，包括知识、信仰、艺术、道德、法律、习俗以及作为一个社会成员的人所习得的其他一切能力和习惯"②，将文化看作是一个复合的整体，指出了文化的整体性和各部分

---

① 爱德华·泰勒. 原始文化 [M]. 连树声，译. 上海：上海文艺出版社，1992：7.
② 爱德华·泰勒. 原始文化 [M]. 连树声，译. 上海：上海文艺出版社，1992：1.

之间的勾连性，为文化人类学界定了大致的研究对象和研究范围，在对文化进行研究的诸多学科中都影响很大。虽然后人对这个定义褒贬不一，甚至有人认为它所能提供给人们的知识比所遮蔽的还要多①，但却为众多的研究文化的学者所引用，成为绕不开的一个经典定义。

在具体研究领域上，在《原始文化》中，泰勒研究了原始民族的巫术、语言、算术、神话、宗教信仰等文化形式，探讨了它们的进化过程。以对原始民族的宗教信仰研究为例，泰勒认为，如果对于宗教信仰进行简单的定义，那么可以"把神灵信仰判定为宗教的基本定义"②，如此，则"在较近能够了解的一切野蛮种族里都能发现有对神灵的信仰"。也就是说，泰勒由此将世界各民族统一到了"拥有宗教"的一致性上，并进一步将在这种一致性基础上对之进行了进化阶段的划分，将世界各民族的宗教信仰分为万物有灵、泛灵信仰、祖先崇拜、精灵崇拜、多神崇拜、一神崇拜等几个进化阶段。

在文化研究方法上，泰勒也做出了贡献。泰勒主要采用了比较法、残存法、统计法等方法来进行人类文化研究。比较法是对世界各地存在的人类文化中的相似部分进行比较，因为泰勒相信人类文化中的相似或相同现象可以用共同的原理进行解释。统计法是对人类文化现象进行统计学分析，泰勒被认为是最早对人类文化进行跨文化统计分析的学者。残存法是分析现有文化中残留的较古老的文化形式遗迹，如古老的仪式、习俗等，以获得关于较古老文化和新文化进化的知识。

（4）路易斯·摩尔根

路易斯·摩尔根（1818—1881）是美国文化人类学的开创者，古典进化论学派的主要成员之一，有的学者认为他的成就远远在这个学派的其他人之上③。摩尔根的文化人类学生涯开始于他与印第安人易洛魁联盟的接触和对之的研究，于1851年出版了《易洛魁联盟》一书；后来，摩尔根开始研究

---

① 克利福德·格尔茨. 文化的解释 [M]. 韩莉, 译. 南京：译林出版社, 1999：4.
② 爱德华·泰勒. 原始文化 [M]. 连树声, 译. 上海：上海文艺出版社, 1992：412.
③ 黄淑聘, 龚佩华. 文化人类学理论方法研究 [M]. 广州：广东高等教育出版社, 1996：30.

人类社会的家庭和亲属称谓，于 1870 年出版了《人类家庭的血亲和姻亲制度》；摩尔根最为著名的代表作是《古代社会》，于 1877 年出版。摩尔根秉持进化论思想，认为人类同源，具有相同的大脑和智力，在相似的社会条件下有相似的需求和心理；人类社会不是一开始就是处于一种高级的、文明的状态，而是变动发展的，这种变动发展的过程是从低到高、从简单到复杂的过程，可以对之进行进化阶段的划分。在其《古代社会》一书中，摩尔根用一种进化的眼光来研究和分析人类社会及其文化，将人类社会分为蒙昧、野蛮和文明三个阶段，并具体考察了人类社会文化中生产技术、家庭婚姻、政治观念和政治组织、财产观念四个方面的进化过程，分别为之构拟了不同的发展阶段，例如人类社会的政治观念和政治组织的进化轨迹是从氏族、胞族、部落、联盟到民族，然后是结合于财产观念、地域而发展为国家，人类社会的家庭与婚姻形式是从血婚制，经由伙婚制、父权制、偶婚制，最后到了专偶婚，等等。

在研究方法上，摩尔根是早期文化人类学者中深入所研究对象之中进行实地调查的先驱之一。与当时通行的利用传教士、殖民官员、冒险家、旅行家等记述的第二手资料的做法不同，摩尔根多次深入到自己的研究对象印第安人部落中进行调查，例如他在 1859 年到 1862 年每年夏季都到印第安人地区进行调查。同时，摩尔根还较早地利用问卷调查的方法进行人类文化研究，在研究人类的家庭和婚姻制度发展时，他曾经设计了详细的调查问卷，寄给美国各地的传教士、印第安人事务管理人员，以及太平洋岛屿、非洲、远东、印度等地的人们，以获得所需资料。

2. 新进化论

19 世纪 60—90 年代，古典进化论处于活跃时期，但在 90 年代之后，古典进化论逐渐为人们所抛弃。直到 20 世纪四五十年代之后，学界对进化论的态度才发生改变，特别是在美国文化人类学界兴起了一种新的、以进化论观点研究和分析人类文化的流派，被称为新进化论。新进化论的领军人物是莱斯利·阿尔文·怀特（Leslie Alvin White），他在当时美国文化人类界以博厄斯式历史特殊主义占据主流的情况下，力倡进化论观点，恢复当时在美国文化人类学界被人冷落的进化论思想及其代表人物摩尔根的学术历史地位，并先后发表《文化的科学》《文化的进化》等著作，对新进化论的兴起有开创之功。新进化论的其他代表人物还有朱利安·海内斯·斯图尔德（Julian Haynes Steward）、爱门·罗格斯·塞维斯（Elman Rogers Service）、马歇尔·萨林斯（Marshall Sahlins）等。斯图尔德的代表作有《原始部落的经济与社会基础》《文化变迁的理论》《传统社会的现代变迁》等；塞维斯的代表作有《进化与文化》《原始社会组织》《文化进化论》《国家与文明的起源》等；萨林斯的作品有《波利尼西亚的社会分层》《石器时代经济学》《历史隐喻与神话现实》等。

新进化论学派中怀特的理论也被称为"一般进化论"或"普遍进化论"，因为怀特追求和构建的是以"能量获取"这种绝对标准来划分人类文化进化的阶段，是对整个人类社会来说都具有普遍适用性的理论；斯图尔德的理论也被称为"特殊进化论"或"多线进化论"，因为斯图尔德强调文化与生态环境之间的互动，认为不同文化在不同的生态环境条件下可以具有不同的形态和进化过程；而塞维斯和萨林斯两人则试图调和怀特的"普遍进化论"和斯图尔德的"多线进化论"。

（1）莱斯利·怀特

莱斯利·怀特（1900—1975），是新进化论的代表人物，也被认为是文化学之父，他对于文化学的贡献我们在上一章中已经有所论述，一是深化了对于文化概念的理解，二是提出了建立文化学的想法。怀特的另一大成就是复兴了进化论。怀特的进化论思想开始形成于他在纽约州布法罗大学任教期间，当时他接触到了与布法罗大学邻近的印第安人易洛魁联盟塞内卡部，并由此阅读了摩尔根的著作和遗稿，从而开始转向了进化论，而之前怀特接受的是在当时美国占据主流的博厄斯式文化人类学传统。在这之后，怀特先后整理出版了摩尔根的一些著述，例如《摩尔根印第安人日记》，重版了摩尔根的《古代社会》，以宣传摩尔根和进化论思想，同时他自己也撰写了众多的文章、著作来宣传自己的进化论思想，包括前文所说的《文化的科学》《文化的进化》等。

怀特的新进化论以能量获取为标准来构建和划分人类文化的进化过程，他借用物理学和热力学中的能量概念，认为能量获取是文化进化的动力，人类对于不同能量形式的认识和利用决定了人类文化的进化过程；更具体地讲，可以根据每人每年所可能利用的能量总和的大小来判断文化阶段的高低，在其他条件不变的情况下，每人每年所可能利用的能量越多，文化的水平越高。怀特提出了一个公式：$C=ET$，其中，C 代表文化（Culture），E 代表人均年利用能量（Energy），T 代表利用能源的技术与工具所可能产生的效率。所以，技术效率越高，人均年利用能量越高，那么文化水平越高。由此，怀特将人类文化进化的过程分为四个阶段：依靠身体力量的阶段，如狩猎、采集经济中完全依靠人的体力来进行工作；利用太阳能阶段，这对应着农耕—游牧社会里种植农作物和牧养家畜的经济形式；燃料革命阶段，即人类利用煤炭、石油等能源的阶段，这对应着工业社会；核能阶段，即认识和利用核能作为能量的阶段。

（2）朱利安·斯图尔德

朱利安·斯图尔德（1902—1972）与怀特一样，反对当时美国文化人类学界占据主导地位的、重视资料收集而理论建构较弱的博厄斯式人类学，希望重振文化人类学的科学性，去发现人类文化的进化规律。因此，斯图尔德重视在研究人类文化时寻找和构建因果关系。他强调生态环境与文化的关系，在他看来，相似的生态环境可以有相似的文化形式和进化过程，不同的生态环境则会造成不同的文化形式和进化过程。在现实情况下，前一种情况是非常少的，"一定的基本的文化在相似的条件下，可以沿着相似的道路发展，但是在人类所有集团中，这种按照正常顺序出现的具体文化是很少的"，常见的情况是后者。所以，斯图尔德认为，我们应该认识到人类文化进化路线的多样性，用多线进化的方法去研究和分析人类文化的发展及其规律。同时，在他看来，生态环境也并不是完全地、单一地决定了与之互动的人类文化的类型，而是在与文化的互动中给予了文化一定的变异空间，这个时候历史因素就可能成为决定文化形式的另一个决定性因素。

斯图尔德认为，自己的多线进化论和怀特普遍进化论是不同的。一是，两者的研究对象不同，怀特的普遍进化论的研究对象是包含世界上所有人群文化的一个抽象的、整体意义上的人类文化，而多线进化论的研究对象是特殊的、特定的人群与文化。二是，普遍进化论因为研究对象是抽象的、整体意义上的人类文化，所以忽视了由于不同生态环境所造成的、不同人群之间的文化差异，研究结论便非常空泛，"以致不易招惹批评但也不具有多大用处"[①]，即是老生常谈，正确而无用，而多线进化论假设文化变迁具有规律性，关注于特殊文化以及它基于文化与生态环境互动之上的变迁，是经验性的，而非抽象演绎，研究结论更为具体、精细而有价值。

3. 传播论

传播论是古典进化论所遭遇的第一个"反对派"。顾名思义，传播论是一种将文化间的互动和相互借用作为主要原因来解释人类不同文化间相似性，乃至它们各自发展变化过程的理论。传播，也称为散布，其对应的英语是 diffusion，就人类文化而言，指的是文化特质的分布从一地向其他地域的扩展，主要是一种空间性的视角。

古典进化论主要基于人类心理的同一性来构建普适性的人类文化发展的轨迹，暗示了人类各地不同的文化即使是在彼此隔绝的情况下也可以独自不断发展进化，甚至即使在这种彼此隔绝的情况下也会走上相同的进化轨迹。这种暗示无疑是有问题的。世界上那么多民族所拥有的各种文化及其发展的动力都是来自独自发明吗？特别是对于那些彼此并不隔绝、文化间又多有相似之处的民族而言，难道彼此之间没有相互借用吗？而且，如果说人类

---

① 斯图尔德. 文化变迁的理论［M］. 张恭启，译. 台北：台湾远流出版事业股份有限公司，1989：23.

的心理同一性可以解释人们相同的需要，由此可以说明相似的文化形式在不同地区和民族中的独立出现，但这种解释却是不完全、不彻底的，假如说人类的同一的宗教或娱乐需求在不同的民族中都产生了节日这种文化习俗，那么，以此理由又如何能够说明两个民族都存在着相同的节日名称和内容呢，比如中韩都有端午节。所以，人类不同文化各自独立发明和进化的古典进化论假设并不完全符合现实。持有传播论观点的文化学者反对将心理同一性和独立发明作为人类不同文化之间相似和它们发展进化的动力，认为传播是更为优先的原因，是传播造成了人类各地文化的相似与发展，"全部人类文化史归根结底是文化传播、借用的历史"。由此，传播论学者通常致力于寻找不同文化之间的相似性，构建判断这些相似性的标准以及文化传播的路线，描述传播和借用各文化的发展过程等。

传播论产生于 19 世纪末期，又分为德奥传播学派和英国传播学派。

（1）德奥传播学派

德奥传播学派主要在德国、奥地利等德语国家中流行，主要成员有弗里德里希·拉策尔（Friedrich Ratzel）、李昂·弗罗贝纽斯（Leo Frobenius）、菲里茨·格雷布内尔（Fritz Graebner）、威廉·施密特（Wilhelm Schimidt）等。

拉策尔是传播论的先驱，也是德国人类地理学的开创者，他原是地理学家，后来才从事民族学研究，主要著作有《人文地理学》《民族学》《地球与生命：比较地理学》等。拉策尔反对古典进化论的"心理一致"和"独立发明"说，主张对"独立发明"的观点采取极其审慎的态度，认为地理环境、与之相连的民族迁徙以及其他形式的接触导致的文化传播，是人类各地文化之间相似的主要原因。

为了研究人类各地文化之间相互传播而相似的过程，拉策尔首先从空间视角入手研究了不同文化要素的地理分布，以及相似的文化要素在地理上分布的范围，并在此基础上提出，这些相似的文化要素是随着民族迁徙而传播造成的。其次，为了确立相似文化要素是否属于传播所致，他提出用形式的标准进行判断。也就是说，在拉策尔看来，如果两个不同地方的文化相似，那么可以断定这两处的相似文化来自同一个地方，相似是因为传播所致。再次，拉策尔确立了"民族学"的独特研究对象。他认为，相对来说，物质文化更有利于用来说明各族在历史上的联系，物质文化与民族迁徙同步进行，也同精神文化的传播同步进行。最后，拉策尔还将文化现象的研究置于具体的地理环境之中，避免了古典进化论将文化现象抽离出其存在的具体条件和环境进行研究的做法①。

弗罗贝纽斯是拉策尔的学生，主要著作有《非洲文化的起源》《非洲文化史》等。弗罗贝纽斯继承和发扬了拉策尔的文化传播论思想，致力于寻找不同地区之间文化的相似性，在他老师拉策尔的"形式标准"的基础上，弗罗贝纽斯提出了"数量标准"，即根据不同地区间文化要素相似的数量来判断它们之间是否有传播关系；弗罗贝纽斯也是第一个提出"文化圈"概念的学者，这是一种从空间上讨论文化的思想，每一个文化圈都具有一系列的物质文化特征，不同文化圈之间可以比较相互之间是否存在相似性，并由此判断彼此之间是否存在传播关系。他曾根据自己对非洲的研究，确定了一个"西非文化圈"，并将之与新几内亚和美拉尼西亚的一些地区进行比较，最终认为这两者之间有传播关系。

格雷布内尔是文化圈理论的重要提倡者，他也是一位德国学者，主要著作有《大洋洲的文化圈和文化层》《民族学》《民族学方法论》等。格雷布内尔认为，人类文化是一次产生的，历史没有任何重复性，因而也没有任何规律性；因此，如果在不同地方出现了相同的或相似的文化现象，那么，它们之间肯定有传播关系，应该属于同一文化圈；文化圈整体上是可以比较的，可以从中发现不同地区之间的文化相似性和传播关系；文化圈可以在不同地域上移动和传播，因此世界文化的历史就是若干文化圈及其组合在世界范围内迁徙的历史；不同文化圈在空间上可以重合，从而形成文化层，文化圈混合而形成的文化层在时间顺序上应该是较晚出现的。

---

① 夏建中. 文化人类学理论学派——文化研究的历史［M］. 北京：中国人民大学出版社，1997：55—56.

施密特是奥地利的传播论者，是奥地利"维也纳民族学派"的领袖，其著作主要有《矮人在人类发展史上的地位》《民族与文化》《地球上一切语言类及语言文化圈》《原始宗教与神话》等。施密特为文化传播论提供了两个具有创造性的贡献。一是在"形式标准"和"数量标准"之外，提出了"性质标准""连续性标准"和"关系程度标准"以判断不同地区文化间的相似性。"性质标准"指的是不同地区文化在质的方面的相似性。"连续性标准"指的是具有文化相似性的不同地区之间如果中间有过渡地区，则这种相似性更有可能。"关系程度标准"指的是相互隔离的不同地区，如果距离它们的主要地区越近，两者文化之间的相似性在质和量上都越增加，则两者具有传播关系的可能性越大。二是施密特结合传播论和进化论，提出了"文化圈进化学说"，认为文化圈具有进化上的等级性，具体地说存在着狩猎与采集、园艺种植与畜牧、较发达农业、亚欧美高级文明四个阶段，而每个阶段都包括若干个文化圈，反过来说，不同的文化圈之间可以有进化水平或阶段上的差异。

（2）英国传播学派

英国传播学派的成员主要有威廉·里弗斯（William Rivers）、艾利奥特·史密斯（Elliot Smith）、威廉·佩里（Willian J. Perry）等人。与德奥传播学派相比，虽然英国传播学派也反对古典进化论，将传播作为文化间相似和文化发展的首要原因，但英国传播论中有比较极端的倾向，史密斯和佩里形成了极端的传播论思想，认为埃及是唯一的中心，是这个中心将文化传播到了世界各地，所以英国传播学派有时候也被称为"英国极端传播学派"。

威廉·里弗斯原是心理学家，是实验心理学剑桥学派创始人，后在1898年参加了对托雷斯海峡进行考察的"剑桥考察队"，由此转向文化人类学研究。他的主要著作有《托达人》《亲属与社会组织》《美拉尼西亚社会史》等。在一开始，里弗斯是一位进化论者，但在研究美拉尼西亚的时候，他感到单纯依靠进化论难以解释美拉尼西亚社会的发展，由此开始转向传播论，并试图结合传播论和进化论进行文化研究。里弗斯认为，美拉尼西亚居民及其文化的形成是非常复杂的，是多次来自东南亚的人群迁徙和文化传播的结果。

史密斯和佩里都是"泛埃及主义"的极端传播论学者。史密斯的主要著作有《古埃及人和文明的起源》《早期文化的迁徙》《开端：文明的起源》等。佩里的主要著作有《印度史前巨石文化》《太阳之子》等。史密斯认为，埃及曾是世界文化的中心，世界上其他各地的文化都是从埃及传播过去的，制陶技术、木乃伊制作、住宅技术、驯养家畜、船舶技术、造物主信仰等文化要素都是由埃及所首先创造，后来才传播到世界各地，并在其他地方建立起了许多新的文化中心；这些文化中心后来衰落了，所以才有了现存的世界各地的原始部落。与史密斯相似，佩里也认为埃及是世界文化的唯一传播中心；他认为，人类文化曾有两种形式，一种是原始的采集狩猎文化，遍布世界各地；另一种是以埃及为代表的高级文化，这种文化有灌溉农业、制陶技术、冶炼技术、石头金字塔、外婚制等特征。后来由于寻找贵金属、珍宝，一些高级文化里的人们四处迁徙、定居，并与当地的文化结合，于是埃及文化就传播到了世界各地。

第二节　历史特殊论和心理文化分析

1. 历史特殊论简要

19 世纪末 20 世纪初，在古典进化论和传播论之后出现了历史特殊论学派。历史特殊论也被称为历史特殊主义，是在美国兴盛起来的一种文化研究视角，由曾被称为"美国人类学之父"的弗朗兹·博厄斯（Franz Boas）开创，所以还被称为"博厄斯学派"，其主要成员除了博厄斯本人之外，多是博厄斯的学生，包括阿尔弗雷德·克鲁伯（Alfred L. Kroeber）、爱德华·萨丕尔（Edward Sapir）、罗伯特·罗维（Robert H. Lowie）、克拉克·威斯勒（Clark Wissler）等人。在 20 世纪 20 年代，历史特殊论占据了美国各大学的文化人类学研究阵地，是最为流行的、占主导地位的学派。

历史特殊论对于古典进化论和传播论都有所摒弃和继承。一般地，历史特殊论反对古典进化论的"心理一致说"和"单线进化论"，反对在不经过科学的、充分的经验资料收集的情况下根据各民族的独特的文化资料去武断地抽象出具有普适性的文化发展规律，但历史特殊论认为文化研究的主要目的之一也是去构建人类"文化史"，但他们所要构建的"文化史"是世界上各民族基于自己特殊的地理环境和其他条件下所形成的各自的特殊历史，以及其中的事件和可能存在的发展规律。历史特殊论也反对传播论根据各地区文化的表面相似性来匆匆构建传播关系的做法，认为表面相同的现象可能有不同的起源和作用，并不一定能说明其中存在有传播关系。相对来说，历史特殊论对古典进化论的批评要大于对传播论的批评。

简要来说，历史特殊论主张"历史主义""文化相对主义"和"实地资料收集"。所谓"历史主义"，就是如上段所说，历史特殊论并不像古典进化论一样去构拟整个人类文化的历史或进化过程，而是关注于不同民族的各自的特殊历史，将不同民族的文化置于其所处的环境和自身历史脉络中去考察，强调去具体地记述和描述各民族的特殊文化事实，重点研究具体民族的文化事实、事件和特殊发展规律。所谓"文化相对主义"，就是历史特殊论认为世界上各民族文化之间没有价值上的高低差别，衡量文化没有绝对的评判标准，每一种文化都有其独创性和充分的价值，对于其所在的群体来说都有其独特的价值。所谓"实地资料收集"是说历史特殊论学派重视通过实地调查或者说是田野工作来对各个民族文化资料进行收集；在历史特殊论学派所在的时代，田野工作还不是文化人类学研究的必需方法，古典进化论和传播论所使用的经验资料多是第二手的资料，但历史特殊论学派却为了获得关于各民族的各自特殊的文化资料，在北美、非洲、太平洋岛屿等地进行了大量的实地田野工作，参与到被调查对象之中，站在被调查者的立场思考和评判问题，成了最早实践实地调查或田野工作的学派。

2. 博厄斯和克鲁伯

博厄斯原是德国人，犹太裔，1858 年生于德国威斯特伐利亚明登市，1881 获得基尔大学物理学博士，1887 年加入美国籍。博厄斯是自然科学出身，因为与古典进化论学派成员巴斯蒂安和传播论学派开创者拉策尔接触而逐渐有志于人类文化研究。在 1883 年，博厄斯由巴斯蒂安推荐而参加了对加拿大北极巴芬岛地区的爱斯基摩人的考察，他由此彻底转向了文化人类学。这之后，博厄斯先后在克拉克大学、世界博览会人类学部、美国自然史博物馆、哥伦比亚大学任职并从事文化人类学研究；他还曾担任美国人类学会主席、科学促进会主席。在一生的文化人类学研究生涯中，博厄斯发表了 600 多篇论文及众多专著，其中包括《夸扣特尔印第安人的社会组织和秘密结社》《种族、语言与文化》《原始艺术》《人类学与现代生活》《原始人的心智》等，同时也培养了众多的学生，他们其中的不少人成了美国文化人类学界的著名学者，所以博厄斯有时也被称为"美国人类学之父"。

博厄斯本人与古典进化论和传播论的人物都有所接触，两者在其身上都有影响，但他自己于两者都有批判。一方面，博厄斯并不完全否认人类文化现象中存在规律的可能性，但他反对古典进化论去构拟普适性的文化进化规律的做法，他将文化看作"包括一社区中所有习惯、个人对其生活的社会习惯的反应，及由此而决定的人类活动"，因此他注重研究的是具有一定地理范围的、具体的文化①。另一方面，博厄斯也认为传播论并不能成功地解释世界各地相似文化的一再出现，因为相似的文化之间未必有相同的起源和传播关系。博厄斯认为，文化是社会的产物，相似的文化可能具有各自独特的历史过程。因此，在古典进化论和传播论之外，博厄斯开创了自己的文化研究学派，注重对于各民族具体文化的研究，构拟各民族具体文化的独特历史，即历史特殊论。在这之外，由于当时美国文化研究中流行种族主义观点，认

---

① 夏建中. 文化人类学理论学派——文化研究的历史 [M]. 北京：中国人民大学出版社，1997：70.

为欧美与其他地区的人们以及白人与其他人种在生物学上有着巨大的差异，充满了"欧洲中心论"和"白人优越论"等观点，所以博厄斯基于自己的研究坚决反对这些"种族主义"论调，认为世界上一切民族在生物学上都是一样的，那种认为其他落后民族的智力、身体素质天生低下的观点是毫无根据的肤浅之论，世界上各民族文化上表现的差异并不是由生物学上的差异造成的，而是由于地理环境、社会和各自历史的原因。由此，博厄斯主张"文化相对主义"，认为衡量文化没有绝对标准，每个民族的文化都有自己的历史和价值，各民族文化之间没有高低优劣之分。

克鲁伯是文化学发展历史上的重要人物，是较早对"文化科学"进行体系化研究的学者，这在本书第二章论述文化学的发展历史时已经有所涉及。克鲁伯"可能是博厄斯的学生中年纪最大、寿命最长、著作最多的一个"①，1901年成为博厄斯的第一个人类学博士，以后的学术生涯多在加州大学伯克利分校度过。克鲁伯的著述很多，主要有《北美的文化区和自然区》《文化成长的形貌》《文化的性质》《一个人类学家看历史》《加利福尼亚印第安人手册》《三个世纪妇女服饰变量分析》等。

克鲁伯提出了"文化超有机体"观点，认为文化是人类所独有的，任何其他动物都没有文化，但文化并不是人类遗传所得，而是后天在社会中所习得的，所以文化是超越于人的生物性之上的"超有机体"存在；由此，文化是不受人类个体影响的；文化有自己的发生发展以及消失的规律，这种规律不与人类个体相关，其中也不存在因果关系；因此，人们如果要研究文化，只需要研究文化本身就可以了。为了证明自己的观点，克鲁伯在《三个世纪妇女服饰变量分析》中试图证明妇女服饰在时间的长河中的变迁是由其本身发展规律所决定的，而不受人为因素的影响。在"文化超有机体"之外，克鲁伯还将文化分为基本形貌和次级形貌两个部分，"基本形貌指的是与生存、生计有关的文化事物；次级形貌则是与创造力、艺术活动有关的文化活动，

---

① 黄淑聘，龚佩华. 文化人类学理论方法研究 ［M］. 广州：广东高等教育出版社，1996：176.

如语言、艺术、文学和音乐等"，在这两部分中，文化的次级形貌有着自身的、独立的发展规律，"构成次级形貌的各文化要素都有其历史发展模式，每个文化要素都要历经成长、发展、顶峰和衰落这些阶段"。

3. 心理文化分析学派

心理文化分析学派，也被称为文化与人格学派，或被称为心理人类学，是文化人类学与心理学相互结合、相互影响的产物。一方面，心理文化分析学派有文化人类学中历史特殊论的传统，成员中不少是博厄斯的弟子，"继承了博厄斯的多学科的调查研究，掌握丰富的资料，从中概括出各种文化形态"[1]，是历史特殊论学派向理论化方向努力的成果，也受到了博厄斯关于文化对人类个体人格影响大于生物影响之观点的影响；另一方面，心理文化分析学派主要借鉴了心理学中弗洛伊德的精神分析理论，主要研究个性、人格、国民性等文化与人格之间互动的相关主题。

简要来说，心理文化分析学派特别强调文化因素与心理、人格因素之间的互动关系，或者强调文化对于个体或群体心理、人格的决定性影响，或者强调心理和本能是文化的基础，对于文化形态有决定性影响。其成员主要有著名心理学家西格蒙德·弗洛伊德（Sigmund Freud）、博厄斯的学生鲁思·本尼迪克特（Ruth Benedict）和玛格丽特·米德（Margaret Mead）、在美中国学者许烺光等。

弗洛伊德是著名的心理学家，以精神分析理论闻名于世。弗洛伊德的理论为心理文化分析学派的文化研究奠定了基础，同时他本人也应用自己的精神分析理论进行人类文化研究，先后有《图腾与禁忌》《摩西与一神教》等相关著作问世。

弗洛伊德在心理学研究中提出了"无意识"概念和"自我、超我、本我"的人格结构划分。通过临床治疗神经官能症，弗洛伊德发现了心理现象中的

---

① 黄淑聘，龚佩华. 文化人类学理论方法研究［M］. 广州：广东高等教育出版社，1996：188.

压抑机制，通过对压抑机制的进一步研究，他发现压抑机制造成了人类意识的两大部分的分野。其中，能被我们清醒觉知的那一部分意识内容称为意识；而被压抑机制所控制的那一部分意识内容，则无法顺利进入我们的意识之中，这部分内容称为无意识。在无意识范畴里，还有一个临界状态的意识层即前意识。无意识是人类世代遗传的动物本能，它是人类行为的动力之源；而前意识则是担当了"守门人"的功能，正是通过前意识的把关从而决定将无意识内引入意识或者压抑回去，因此造成意识与无意识之间的张力。在弗洛伊德本我、自我与超我三部分人格理论中，本我处于结构的底层，反映了本能的要求，其所遵循的基本原则是立刻满足。因此，本我相当于意识结构中的无意识内容。在人格结构的最高层则是超我，这是将社会规范与道德标准内化后理想的我，其所遵循的原则是道德标准。中间层则是自我，自我充当了本我和超我的仲裁者的角色，调节着本能要求和得到要求之间的关系。因此，本我遵循的原则是现实原则。

弗洛伊德将自己的无意识理论和人格理论运用到对人类文化的研究之中，1907 年他发表了《固执行为与宗教仪式》一文，其中认为，宗教仪式与人类的神经官能症在外在形式和内在本质上相似，因为它们都是一种自然本能受到压抑的产物，神经官能症是性欲本能受到压抑，而宗教是教徒利己的、危害社会的本能受到压抑。也就是说，弗洛伊德认为，宗教是一种心理变态现象而引起的，宗教这种人类文化形式具有它的心理学基础。其后在 1913 年，弗洛伊德出版了《图腾与禁忌》一书，在美国文化人类学界产生了重大影响。在该书中，弗洛伊德研究了原始民族的图腾制度，根据德国生物进化论者海克尔的"个体发展与类的进化相互等同"的观点，认为人类个体的童年时期相当于人类总体上的文明初期，由此，原始民族的图腾制度这种文明初期现象与人类个体的童年期对父亲又爱又恨的心理现象具有相同的内在机制；具体地说，图腾制度乃是由于人类社会早期俄狄浦斯式历史所产生的。

米德是博厄斯的第二个女弟子，个人有心理学背景，曾于 1923 年在哥伦比亚大学攻读心理学硕士，后结识了博厄斯及其第一个女弟子本尼迪克特而转向文化人类学研究。米德的文化人格研究主要关注文化对于人类个体心理成长、人格发展的影响，其代表性著述有《萨摩亚人的成年》《新几内亚儿童的成长》《三个原始部落的性别与气质》，等等。

在《萨摩亚人的成年》中，米德讨论的一个主题是，青春期是由遗传的生物因素所决定的，还是由社会文化所决定的。当时在美国，一些心理学家认为青春期是由于人类的生物因素所造成的，是具有普遍性的现象，而青春期是一个叛逆的时期，是一种个人的成长危机和对社会秩序的威胁。米德通过自己在萨摩亚人中的调查发现，萨摩亚人少女并不存在一个叛逆的、困难的和混乱的青春期，在心理上没有什么危机可言，而造成这种状况的原因是由于萨摩亚人社会文化与拥有现代社会文化的美国不同；在萨摩亚人社会中，文化是单一而稳定的，处于青春期的少女并没有选择的压力和迷茫。也就是说，青春期并不是一个普遍的生物学事实，而是一个文化意义上的社会事实，是由于文化所造成的。根据大致类似的思路，在《三个原始部落的性别与气质》中，米德分别考察了阿拉佩什人、蒙杜古马人、德昌布利人社会，发现三个社会中男女性别所表现出的行为、气质并不完全一致，也并不与现代社会中人们对于男女性别的定位或印象一致。在阿拉佩什人中，男性和女性都像一般人们所认为的女性那样，是温柔、顺从而女性化的；在蒙杜古马人的社会里，男性和女性都如一般人们所认为的男性那样，粗暴、冷酷而具有攻击性；在德昌布利人社会里，男性和女性和一般人们的认知相反，女性知识丰富，精明能干，负责经济与家务，而男性则易伤感、小心眼、爱美且不事生产。由此，米德认为，男女性别所表现出来的人格差异并不是由于遗传生物因素所决定的，而是由文化所决定的。

另外，民族性格研究或者说是国民性研究，也是心理文化分析学派的一个重要研究领域，其最具代表性的人物是本尼迪克特、许烺光等人，这方面的内容将在本书第九章"文化与民族"中加以论述。

第三节　社会学学派与功能主义

1. 社会学学派

社会学学派是在法国形成的一个社会学和文化人类学学派，时间大约在19世纪末20世纪初，晚于古典进化论，大约与传播论同时。社会学学派的奠基人是戴维德·爱弥儿·涂尔干（David Emile Durkheim），其他成员还有他的外甥马塞尔·莫斯（Marcel Mauss）、吕西安·莱维·布留尔（Lucien Levy Bruhl）、罗伯特·赫兹（Robert Hertz）、马塞尔·葛兰言（Marcel Granet）等人。因为法国社会学学派在1898年创办了《社会学年鉴》，以刊登该学派的著述，传播该学派的思想，故而也得名为"法国社会学年鉴学派"。

法国社会学学派秉持"社会学主义"，在当时社会科学研究生物还原主义和心理学个体主义思想盛行的情况下，主张社会唯实论和社会整体论，提倡实证主义和功能主义，成了社会学和文化人类学发展历史中具有重要影响力的学派。其成员涂尔干被认为是与马克思、韦伯并列的社会学三大家之一，而有的学者也认为现代人类学的基础是涂尔干和他的社会学学派在19世纪90年代所奠定的。具体来说，法国社会学学派的主要思想观点包括：（1）主张社会唯实论和社会整体论，认为社会并不仅仅是一个名称，而是一种外在于人类个体的客观存在；（2）认为社会科学研究的对象是社会事实，社会事实是一种社会现象，但并不是所有的社会现象都是社会事实，社会事实是那些不受人类个体影响，并相对于人类个体来说具有外在性、强制性和普遍性特征的社会现象；（3）认为社会事实只能用另外一种社会事实来解释，并不能够还原为生物学层次或个体心理层次，"用心理学现象不足以准确地解释社会现象"①，"社会现象的确切原因应该从那些以往的社会现象中去寻找，

---

① 迪尔凯姆. 社会学研究方法论［M］. 胡伟，译. 华夏出版社，1988：85.

而不能从那些个人意识状况中去挖掘"①；（4）注重社会道德、宗教信仰、认知思维等集体意识方面的研究，并认为个人的心理与思维受到集体意识的影响，表现了集体意识；（5）因为将社会看作一个具有一定结构和秩序的整体，所以注重社会整合和社会秩序方面的研究；（6）区分了因果（历史）解释和功能解释之间的区别，认为在社会科学研究中在因果解释和历史解释之外应该增加功能主义的解释，"社会现象的原因不能包括它的功能，而功能却能包括它的原因。至少在许多情况下是这样，似乎知道了事物的功能以后再考察它的原因会更加容易些""要想完整地解释社会现象，同样必须解释清楚它的功能""解释社会现象，只找出它所依附的原因还不够，必须进一步把这种现象所以能够协合一致的功能找出来"②。也正因为如此，英国功能主义学者拉德克里夫–布朗认为涂尔干是功能主义的奠基人。

涂尔干有时也翻译为杜尔干、迪尔凯姆、或杜尔克姆，法国犹太人，既是一个社会学家，又是一个文化人类学家。大致以 1903 年出版《原始分类》为分界线，这之后他的主要研究兴趣属于文化人类学，发表有《原始分类》《宗教生活的基本形式》等著述。在这之前，涂尔干主要从事今天看来属于社会学方面的研究，代表性作品有《社会分工论》《社会学研究方法论》《自杀论》等。涂尔干的社会学研究受到了英国斯宾塞和法国圣西门、孔德等人的影响，同时由于他曾经在 1885 年到德国访问考察，所以也受到了德国教育学、哲学和心理学的影响。涂尔干的社会学一方面注重社会整合和社会秩序，主张社会唯实论和社会整体论，强调从社会事实本身来解释社会事实，另一方面在看待社会变迁时有进化论倾向，比如他在《社会分工论》中认为从传统社会向现代社会的发展时社会组成部分功能分化和个人专门化程度提高的过程；他将传统社会看作一个基于同质的个体之上的"机械团结"的社会，将现代社会看作基于分工与合作之上的"有机团结"的社会。因此，有些学者，如美国文化人类学家罗维和我国学者杨堃将涂尔干列入进化学派

① 迪尔凯姆. 社会学研究方法论 [M]. 胡伟，译. 华夏出版社，1988：88.

② 迪尔凯姆. 社会学研究方法论 [M]. 胡伟，译. 华夏出版社，1988：77.

中①。涂尔干在社会学研究中所主张的社会整体论、进化论倾向以及功能主义，都渗入了他后期的文化人类学研究之中；甚至，在某种程度上说，他对于非西方的、无文字社会的文化资料的分析研究乃是进一步佐证了他的社会学思想观点。在《原始分类》中，通过对人类定义、分类等认知能力和方式的研究，认为它们并不是先天的东西，也不是单凭个体力量就能够构成的能力或单纯的个体活动，而是名副其实的社会制度，是社会和文化的产物，"最初的逻辑范畴就是社会范畴，最初的事物分类就是人的分类"②，无论分类采用的外在形式还是分类产生的类别之间相互关系都起源于社会，而且特定的社会结构和形态产生相对应的概念和分类系统。在《宗教生活的基本形式》中，涂尔干研究了宗教现象，认为宗教是一套与神圣事物有关的信仰和仪式系统，宗教有一个发展的过程，图腾崇拜是最原始的宗教，而本质上宗教是社会本身的象征，其所信奉的神圣事物在本质上乃是社会本身。可以看出，在研究宗教和人们的认知思维能力时，涂尔干是通过突生性的社会来对之进行分析和解释的，采用的也是一种"社会学主义"立场。

莫斯是涂尔干的外甥和学生，也是涂尔干之后法国社会学学派的领军人物，他虽然和涂尔干一样没有做过田野调查，但由于学识渊博，在文化人类学研究中依然卓有成就。作为社会学学派的成员和涂尔干的忠实继承人，莫斯同样主要采用社会整体论和功能主义来从事文化研究，主要著述有《论礼物》《原始分类》《爱斯基摩人的季节变化》《社会人类学》。其中，《论礼物》是莫斯最为著名的作品，在这本书里，莫斯通过考察在原始部落社会中普遍存在的礼物交换习俗，即主要由强制性赠送、强制性接受和强制性回赠所组成的习俗，认为这种礼物交换习俗乃是为了团结整个社会，构建和维持社会关系与社会秩序。

---

① 黄淑聘，龚佩华. 文化人类学理论方法研究 [M]. 广州：广东高等教育出版社，1996：81.
② 爱弥儿·涂尔干，马塞尔·莫斯. 原始分类 [M]. 汲喆，译. 上海：上海人民出版社，2005：89.

2. 功能主义

在文化人类学对人类文化的研究中，在 20 世纪 20 年代在英国兴起了一个功能主义的流派，该流派与古典进化论、传播论和历史特殊论不同，后三者或者追求构拟关于整个人类的普遍适用的宏大进化历史，或者追求构拟关于某个具体民族文化的特定的发展历史，都是从历史的观点来研究人类文化，尽管传播论是从空间角度来研究人类文化，但同样认为空间传播是人类文化发展的动力，通过空间传播来构拟人类文化的历史同样是它的重要目的所在。英国功能主义却采用共时性的视角，持有文化整体论，将文化看作一个在功能上相互联系的整体性系统，探求不同文化要素对于整体文化系统或者人类个体生理和心理需要的功能，并追求将这种经验性的功能法则一般化和普世化。另外，在研究方法上，英国功能主义也与先前的学派大不相同，它强调通过长时间的、科学的实地田野工作来获得文化资料，并通过科学分析和研究以民族志的形式加以呈现；古典进化论和传播论主要依据的是第二手的资料，历史特殊论虽然强调实地田野调查，但一般认为，科学的田野工作的建立是从英国功能主义学派开始的，特别由英国功能主义的代表性人物马林诺夫斯基所奠基完成的。

英国功能主义在人类文化研究中是一个具有长久影响力的学派，其思想来源有法国社会学学派涂尔干的影响，也有来自心理学、生物学方面的影响，在其之后美国出现了帕森斯的结构功能主义，美国的一些文化人类学家也追随功能主义的范式，而中国的社会学、文化人类学界中的一些知名学者，如吴文藻、费孝通、杨庆堃等人也深受功能主义影响。

英国功能主义流派产生的标志是 1922 年布罗尼斯劳·马林诺夫斯基（Bronislaw Malinowski）的《西太平洋上的航海者》和阿尔弗雷德·拉德克里夫–布朗（Alfred R. Radcliffe–Brown）的《安达曼岛人》的出版。马林诺夫斯基和拉德克里夫–布朗也是英国功能主义的奠基人和领军人物，其他成员还有爱德华·埃文斯–普里查德（Edward Evans–Pritchard）、马克斯·格拉格曼（Max Gluckman）、威廉·弗思（William R. Firth）等。

马林诺夫斯基于 1884 年出生于波兰，先曾于 1908 年获得物理学和数学博士学位，后因为阅读了英国文化人类学家弗雷泽的著作《金枝》而对人类学产生了兴趣。他于 1910 年来到英国，在伦敦政治经济学院学习人类学，并于 1916 年获得博士学位。1920 年后，马林诺夫斯基在伦敦经济学院任教，直到 1938 年赴美。在这期间马林诺夫斯基出版了许多知名的学术著作，培养了众多的人类学专业学生，担任了伦敦经济学院人类学系主任，可以说是处于他学术生涯的全盛时期。1938 年马林诺夫斯基赴美，因为"二战"爆发而滞留，并受聘于耶鲁大学，直到 1942 年 5 月在美去世。

马林诺夫斯基的首部人类学著作出版于 1913 年，名为《澳大利亚的土著家族》，他的其他为人所知的作品还有《梅鲁岛的原住民》《西太平洋上的航海者》《原始社会的犯罪与习俗》《原始社会的性与压抑》《野蛮人的性生活》《珊瑚岛上的田园及巫术》《自由与文明》《文化的科学理论》《性、文化和神话》《文化论》《一本严格意义上的日记》等。

作为功能主义的领军人物，马林诺夫斯基主张文化整体论和功能分析，认为文化是一个整体，对文化现象的考察应该放在整体之中进行，考察其对社会文化整体以及人类个体生理和心理需要的作用，即功能，"文化实体是自成一格的""文化是一个组织严密的体系"[1]，"文化……都是直接的或间接的满足人类的需要""人类学的重要工作就在研究文化的功能"[2]。马林诺夫斯基思想上既受提出因果解释和功能解释区分的法国社会学学派涂尔干的影响，又受心理学家冯特、弗洛伊德等人的影响，所以他的功能分析，既是指文化要素对社会文化整体的功能，也是指文化要素对于人类个体生理和心理需要的功能，而且在很大程度上，马林诺夫斯基更为强调文化对于人类生理和心理需要的满足功能。

马林诺夫斯基还对文化人类学科学的、驻在式的田野工作方法的确立做

---

① 马林诺夫斯基. 文化论 [M]. 费孝通，等译. 中国民间文艺出版社，1987：11.
② 马林诺夫斯基. 文化论 [M]. 费孝通，等译. 中国民间文艺出版社，1987：14.

出了无可替代的贡献，甚至被有人称为"马林诺夫斯基革命"。关于此一方面的内容，将在本书第四章第一节进行论述。

拉德克里夫–布朗 1881 年出生于英国，1901 年进入剑桥三一学院，学习心理学和道德科学，受英国人类学家里弗斯、哈登等人影响而转向人类学。1906—1908 年和 1910 年拉德克里夫–布朗两次到印度洋上的安达曼岛进行调查，后于 1922 年发表了《安达曼岛人》一书。拉德克里夫–布朗曾先后在英国、澳大利亚、南非、美国从事学术研究和教学工作，也曾于 1935 年应燕京大学邀请到中国讲学，并撰写有"对于中国乡村生活社会学调查建议"一文。因为这样的经历，所以拉德克里夫–布朗也将他自己的学术观点和功能主义的思想带到了这些地方。

拉德克里夫–布朗的主要著作有《安达曼岛人》《原始社会的结构与功能》《非洲的亲属制度和婚姻制度》《社会人类学方法》等。与马林诺夫斯基相比，拉德克里夫–布朗更忠实于法国社会学学派涂尔干的思想，认为社会现象必须从社会角度进行分析和解释，人类学的目的是研究社会结构以及社会结构中各部分对于整体的存续所发挥的功能。他认为社会结构是在一定社会制度制约之下所形成的人与人之间的关系，如果不研究这种人与人之间的关系，不研究社会结构就不可能真正理解和解释各构成部分所发挥的功能。所以拉德克里夫–布朗的功能主义也被称为"结构功能主义"。既讲功能，又讲社会结构，这是拉德克里夫–布朗与马林诺夫斯基不同的地方，后者更强调文化对人类个体的生物和心理需要的满足功能。

第四节　结构主义

1. 结构主义

在第二次世界大战之后直到 20 世纪 60—70 年代这段时期，在文化人类学研究中出现了结构主义流派，并一时成了研究人类文化的非常有影响力的范式。但实际上，结构主义并不仅仅限于文化人类学领域。结构主义是一种遍及数学、语言学、哲学、社会学、心理学、文学、艺术学等领域的持续性思潮。在这诸多的领域中，人们都用结构主义的思想和方法去分析自己的研究对象，人们一致地认为"结构是普遍的、并且显然是有必然性的某几种特性，尽管它们是有多样性的"①，也就是说，不同领域里的学者们都认为，结构乃是隐藏于事物之中的普遍的存在，而且这些所有的结构尽管可能有不同的形式，但却拥有共同的特点。瑞士学者让·皮亚杰曾经对诸多领域的结构主义思潮进行了归纳总结，写成了《结构主义》一书，其中认为，所有领域里的结构主义者所讨论的结构，都是"一个由种种转换规律组成的体系"②，都具有整体性、转换性和自我调整性三个特征。所谓整体性就是结构本身超越于组成成分而存在，结构虽然由若干组成成分所构成，并由之表现出来，但组成成分服从于结构体系的转化规律。所谓转换性，就是结构能够借由它的转换规则而不断地生成，正如在棋类游戏中，如在中国象棋中，根据不变的象棋规则可以不断地出现不同的棋局，只要有人在下棋就会出现一个棋局和棋谱。所谓自我调整性是说结构的不断生成并不会超出结构的边界之外，这保证了结构的守恒性和某种封闭性，正如中国象棋只要按照它的规则来下，任何时候完成的都只会是中国象棋棋局和棋谱，而不是围棋棋局和棋谱。

文化人类学中的结构主义也符合皮亚杰对于结构主义的总结。一来文化人类学结构主义同其他领域里的结构主义一样，认为隐藏在丰富多样的人类文化现象之下存在有一种起着支配作用的"结构"，它们的研究目的就是找出这种"结构"，以找到关于人类文化的普世性的法则；二来文化人类学结构主义所找出的"结构"本质上也是一种转换规律的体系，具体来说，主要指的是一种先验的、非历史的、无意识的人类心智结构，这种心智结构的

---

① 皮亚杰. 结构主义 [M]. 倪连生，等译. 北京：商务印书馆，1984：2.
② 皮亚杰. 结构主义 [M]. 倪连生，等译. 北京：商务印书馆，1984：2.

最大特征就是"二元对立"思维；文化人类学结构主义认为，在人类社会中，以这种人类心智结构为转换规则或者可以说以之为基础，生成了纷繁复杂的各种人类文化现象，如亲属关系、神话、宗教等。结构主义的这种结构观与社会学者、文化人类学者一般所说的结构不同，后者常常指的是社会关系。

文化人类学结构主义的出现与流行有其政治和学术背景。一来第二次世界大战之后全世界许多的殖民地获得了独立，殖民体系崩溃，以西方学者为主的、以非西方的无文字社会为研究对象的、传统的文化人类学研究模式面临着挑战，西方文化人类学学者进入殖民地地区进行研究的困难相比以前大大增加，这使得他们不得不将注意力更多地转向理论；二来文化人类学经过多年的发展，积累了大量的关于不同民族和社会的文化资料，可以让文化人类学者进行研究和理论建构，如列维-斯特劳斯所说，"大约从1世纪半以前开始，到现在已收集起来大量的民族学研究资料。根据这些资料，民族学家们可以继续进行数百年以至数千年的研究"[①]，同时也需要文化人类学者去做这一工作；三来根据知识积累和发展的规律，当一个理论刚刚出现的时候，会得到人们的热烈响应，往往将之奉为圭臬，将之运用于尽可能广泛的研究对象上，以试验其一般原理和衍生原理，而时间一长，当这种理论成了人们知识库的一部分，当人们对它的适用性得出了较为公正的判断之后，人们的热情就会冷却下来[②]，这个时候人们需要新的理论，基于这样的原因，在以往的古典进化论、传播论、历史特殊论、心理文化分析等理论已经成了人们知识宝库的一部分，人们已经对其适用性进行了众多试验和有了评判之后，人们便希望有新的理论出现，而结构主义满足了这一期望。

文化人类学结构主义的流行是与克劳德·古斯塔夫·列维-斯特劳斯

---

① 列维-斯特劳斯. 民族学者的责任 [J]. 民族译丛，1979（4）. 黄淑聘，龚佩华. 文化人类学理论方法研究 [M]. 广州：广东高等教育出版社，1996：241.

② 克利福德·格尔茨. 文化的解释 [M]. 韩莉，译. 南京：译林出版社，1999：3.

（Claude Gustave Levi-Strauss）的贡献分不开的，是他在文化人类学的文化研究中首倡了结构主义，并撰述了丰富的著作，让结构主义的影响超出了文化人类学的范畴，让文化人类学成了受人尊敬的社会科学，所以列维-斯特劳斯也被称为"结构主义之父"。结构主义的其他成员还有埃德蒙·罗纳德·利奇（Edmund Ronald Leech）、罗德尼·尼达姆（Rodney Needham）、范·巴尔（J. Van Baal）等人。

2. 列维-斯特劳斯

列维-斯特劳斯是法国犹太人，1908 年生于比利时布鲁塞尔，1927 年进入巴黎大学，就读于法律系和文学系，1931 年取得法学学位，后在公立中学担任哲学教师。因为对教授哲学逐渐失去兴趣，又加上他阅读了马克思、弗洛伊德以及美国历史特殊论学派文化人类学家罗伯特·罗维的著作，遂转而从事文化人类学研究。1934 年到 1939 年，列维-斯特劳斯在巴西圣保罗大学任社会学教授，在此期间曾对马托格罗索高原和亚马逊河流域的印第安人进行实地考察，但据说只是简短的访问。1939 年 2 月，列维-斯特劳斯回到法国，因创作小说未成而写作调查纪实，即是后来他鼎鼎大名的著作《忧郁的热带》。至 9 月，"二战"爆发，列维-斯特劳斯入伍服兵役；1940 年德国占领巴黎，他流亡美国。1941—1944 年和 1946—1947 年在美国期间，他先后任大学客座教授和法国驻美国大使馆参赞。1948 年回法国后获得巴黎大学文学博士学位，以后先后任巴黎人类学博物馆副馆长、法兰西学院社会人类学讲座首任教授等职。1973 年当选为法兰西学院院士。

列维-斯特劳斯在 1945 年发表了《语言学和人类学的结构分析》一文，这是他将结构主义方法引入文化人类学研究的初步显现。他根据自己在巴西的调查所写的、于 1955 年发表的《忧郁的热带》让他一夜之间成了拥有广大读者的作家。他 1958 年问世的《结构人类学》奠定了他在学界的地位。除此之外，列维-斯特劳斯著述颇丰，重要的作品还有《图腾制度》《亲属关系的基本结构》《神话学》《野性的思维》《猞猁的故事》《嫉妒的女陶工》《象征与双关》等。

列维－斯特劳斯的结构主义受到马克思、弗洛伊德和语言学家索绪尔的影响，也有文化人类学者弗雷泽、涂尔干、莫斯等人的影响。前三位学者都相信隐藏于现象之下存在着更为本质的决定性因素，弗洛伊德找到了人类心理上的"无意识"，索绪尔找到了语言中的"能指"与"所指"，"语言"与"言语"，而马克思找到了"生产力"与"生产关系"，这种取向影响了列维－斯特劳斯去寻找隐藏于人类文化现象之下的更为本质的结构。文化人类学者弗雷泽注意到了人类文化现象与人类心理之间的关系，涂尔干的社会唯实论和社会整体论，这些也影响了列维－斯特劳斯去关注人类心理上超越了个体而存在的永恒的结构。具体来说，列维－斯特劳斯认为结构是一种深层的、隐于现象之下的先验性转换规则；在各种各样的文化现象之下发挥决定性作用的是人类的心智结构，以二元对立思维为特征；人类心智结构具有普遍性和永恒性，不因时代和地域的不同而不同，前现代社会的人们和现代社会的人们具有同样的思维方式。例如，他通过对神话的研究认为，世界各地看似纷繁的神话主题和故事，其实大同小异；神话是一个自足的符号体系，它根据一定的转换规则在自己的结构中生出各个具体的神话；神话是人类心智结构的最朴素的、最真实的外显，神话真实表现了人类心智结构的特征；神话的功能是解释和解决经验世界中的二元对立的矛盾之处，"神话思想总是从认识对立关系发展到解除这些对立关系"①。列维－斯特劳斯举了俄狄浦斯神话这个例子，在他看来，俄狄浦斯神话中的故事情节可以分为四种类型，分别是强调血缘关系、轻视血缘关系、否定人类来自土地和肯定人类来自土地，其中第一、二类型之间和三、四类型之间相互二元对立，而第一、二构成的整体与第三、四构成的整体又是相互对立的，因为前者意味着人类是由于男女结合而诞生的，而后者意味着人类诞生于土地。列维－斯特劳斯认为，这个俄狄浦斯神话之所以如此，是因为古希腊人一方面有人类起源于土地的信

---

① 列维－斯特劳斯. 神话的结构研究 [J]. 国外社会科学，2003（4）：116–125.

仰，另一方面又明确地知道，人类是男女结合才诞生的，人们找不到关于这种二元对立的合理的解释，于是便有了俄狄浦斯神话，通过结合成一个具有统一故事情节的神话的方式予以象征性地解决这种矛盾（见表 3.1）。

表 3.1　俄狄浦斯神话的结构主义分析

过于强调血缘关系	轻视血缘关系	否定人类来自土地	肯定人类来自土地
卡德摩斯寻找被宙斯劫走的妹妹欧罗巴		卡德摩斯杀龙	
	龙种武士自相残杀		拉布达科斯=瘸子
	俄狄浦斯杀父拉伊俄斯		拉伊俄斯=左腿有病
		俄狄浦斯杀斯芬克斯	俄狄浦斯=脚肿
俄狄浦斯娶母伊俄卡斯忒	艾特奥克勒斯杀其弟波吕涅克斯		
安提戈涅不顾禁令葬其兄波吕涅克斯			

资料来源：列维-斯特劳斯. 神话的结构研究 [J]. 国外社会科学，2003（4）：116–125.

第五节　象征主义与解释主义

象征主义和解释主义其实可以算作是同一种研究文化的理论流派，两者之间有差异，但也很难区分开来，有的学者将之归为一类，有的学者将之分开归类。两者都是在结构主义之后出现的，时间大致在 20 世纪 70 年代之后，是诸多"后结构主义"理论流派中的成员。

1. 象征主义

象征主义将人类文化看作一种象征体系，蕴含有或者说指示着一定的意义，例如，玫瑰花在现代中国社会中并不仅仅是一种花或植物，而是可以象征爱情或爱恋。文化中的象征是社会性规定的，并且可能指示着人类社会本身，例如结婚仪式，尽管在中国古代和现代内容不同，在今天的乡村与城市社会中也可能存在着差异，但结婚仪式都象征着结婚双方的身份变化以及社会对之的承认，所以文化这种象征体系是人类社会得以构成、再生产和运作的基础。同时，象征与意义也是人类个体行动的最为重要的动力。由此，对于象征主义来说，对于人类文化的研究就是发现不同文化要素或现象的象征意义，借以解读人类文化，并达到对整个人类社会和人类个体行动的更好的认知。

象征主义可以追溯到 19 世纪末 20 世纪初法国社会学学派开创者涂尔干。涂尔干在《宗教生活的基本形式》一书中对宗教这个人类社会普遍存在的文化现象进行了研究，认为宗教是社会的象征，是社会整体这一力量的外显。涂尔干认为，没有象征，整个人类社会将不复存在，象征产生了社会情感和集体意识，维持了社会团结，造成了社会秩序。承继涂尔干的思想，其学生也是法国社会学学派成员的罗伯特·赫兹曾经写过一篇名为《右手的优越：一项关于宗教两极性的研究》的论文，后被人将之与他的另一篇论文《一项关于死亡的集体表象的研究》一起合集成书，书名《死亡与右手》。这篇论文被认为是一个经典的象征主义研究。在其中，赫兹研究了在人类不同社会中普遍存在着这样一个现象：更多地使用右手和赋予右手更正面的价值、更优越的地位，而相对地较少使用左手进行工作并对之有所贬低。是什么原因造成了这种文化现象呢？赫兹认为，这并不是生物学的原因，而是由社会价值观念所决定的，但也不能简单地认为是人们赋予左和右不同的价值而造成的；他认为，人们的观念世界存在着二元性，左右手之间的差异只不过是象征着人们的这种观念世界的二元性。虽然有涂尔干、赫兹等人珠玉在前，但象征主义真正成为一种研究文化的思潮是从 20 世纪六七十年代才开始的，其主要代表人物有埃德蒙·罗纳德·利奇（Edmund Ronald Leech）、玛丽·道格拉斯（Mary Dougelas）、维克多·特纳（Victor Turner）等人。

玛丽·道格拉斯是著名的英国女人类学家，1943 年毕业于牛津大学，本来学习经济学，因为毕业后曾在英国殖民部工作了一段时间，由此转向了文化人类学。"二战"后，玛丽·道格拉斯再入牛津大学，师从功能主义者埃文斯·普里查德学习文化人类学。1951 年获得博士学位。玛丽·道格拉斯的著述有《洁净与危险》《自然象征：宇宙论的探讨》《文化偏见》《危险与文化》等。其中，最为人所知的著作是 1966 年出版的《洁净与危险》。在这本书中，玛丽·道格拉斯研究了人类社会中存在的污秽和禁忌问题，力图说明为什么有些事物和人会被认为是肮脏的、污秽的和具有污染性的。在道格拉斯看来，人类社会中关于肮脏与洁净之间的区分并不是出于自然的原因，被认为是肮脏和污秽的人和事物本身从物理上看并不是对人类有害的或者是丑陋的；过去的人们或者采用医学的理由，认为它们是有害于健康的；或者采用审美上的理由，认为它们是丑陋的；或者采用道德上的解释，认为它们是一种道德培养过程的牺牲品，人们将它们看作肮脏的和污秽的，是为了让人们远离它们可能带来的诱惑、罪恶和堕落；或者干脆诉诸本能，认为被视为肮脏和污秽的事物是因为人们本能上对之反感。道格拉斯认为这些解释都是不确实的。在道格拉斯看来，洁净和肮脏的观念实际上是一种分类体系的产物，那些不能被特定社会中特定的分类观念所容纳的事物和人就会成为肮脏的和污秽的，洁净和肮脏是社会秩序化、结构化的必然的和必需的产物。例如，《圣经·利未记》所告诫的不能食用的动物，并不是因为它们本身是肮脏的和污秽的，而是因为它们不能被当时人们将世界分为大地、海洋、天空三个部分的分类体系所容纳；更进一步，在道格拉斯看来，不同社会中存在着不同的分类观念和分类体系，这些分类观念和体系象征着社会结构和社会秩序的构建与维护，因此，任何禁忌和肮脏都应该放在特定的社会和社会分类系统中来理解。总体上来说，道格拉斯认为，人类生活在一个"象征世界"里，对客观事物的认识，当然包括洁净与肮脏的观念是由社会建构的，它表达着社会本身的秩序化体系和结构，同时关于洁净和肮脏的观念本身也在象征着和强化着社会结构和社会秩序。但这并不意味着，社会结构和秩序是永恒的和刚性十足的，其实它也是在动态发展变化之中。

2. 解释主义

解释主义认为人类文化是一套符号体系,对于人类文化的研究就是寻找符号之意义的过程,也是一种解释性的活动。解释主义是与美国人类学家克利福德·格尔茨(Clifford Gteertz)的名字联系在一起的。格尔茨 1926 年生于美国旧金山,"二战"期间曾在美国海军服兵役,1946 年 20 岁时"摆脱了美国海军",根据美国军人权利法案而入安条克学院学习哲学。当时正是"美国高等教育的大繁荣"和"学位普及"的开始之时。1950 年,格尔茨获得哲学学士学位,后根据乔治·盖格的建议和为研究生奖学金而心动,旋即入哈佛大学社会关系系学习人类学①。在 1956 年,格尔茨获得哈佛大学人类学博士学位,博士论文是《爪哇的宗教》。格尔茨文化研究的田野主要在东南亚和摩洛哥,特别是在印度尼西亚(以下简称印尼),他曾多次在印尼的巴厘、爪哇等地进行田野工作,这构成了他文化研究的坚实的第一手资料来源。格尔茨一生著述良多,包括《爪哇的宗教》《农业内卷化》《侯爵与贩卒》《一个印尼城市的社会史》《巴厘的亲属制度》《旧社会与新国家》《尼加拉:19世纪巴厘的剧场国家》《文化的解释》《地方性知识——阐释人类学论文集》《著述与生涯》《烛幽之光——哲学问题的人类学省思》《斯人斯世——格尔茨遗文集》等。

格尔茨在其一生的学术生涯中,关注点经历了一个变化的过程,大致有三个阶段,一个是 1954 年到 1960 年对人类宗教生活和符号体验的兴趣,一个是 1961 年到 1963 年对人类社会经济问题的兴趣,一个是 1964 年以后对文化和符号的兴趣回归。尽管有这样的转变,但格尔茨的学术研究并非没有一以贯之的思想,这个思想主线就是对于文化与理解的持续的兴趣②。格尔茨的思想主要受到了德国社会学家马克斯·韦伯的理解社会学、美国社会学

---

① 克利福德·格尔茨. 烛幽之光——哲学问题的人类学省思 [M]. 甘会斌, 译. 上海:上海人民出版社, 2013:4–5.

② 王铭铭. 格尔茨的解释人类学 [J]. 教学与研究, 1999(4):32–33.

家塔尔科特·帕森斯的结构功能主义社会学和英国分析哲学家吉尔伯特·赖尔的影响。韦伯是第一个将"理解"作为社会科学核心概念的人，他将自己的社会学称为理解社会学，认为人们有意义的社会行动构成了基本的社会现实，应该是社会学的研究对象，社会学应该是一门"致力于解释性地理解社会行动，并通过理解对社会行动的过程和影响做出因果说明的科学"，格尔茨强调意义与理解的观点无疑与韦伯的思想是一脉相承的。帕森斯继承韦伯的思想，同样将"社会行动"作为分析的基本单位，他的结构功能主义将文化视为一个整合了价值、信仰和符号的系统。格尔茨在哈佛大学受业于帕森斯，帕森斯的文化观点曾经对他产生了影响。赖尔认为，人的"心"实际上是一种倾向或意向，可以通过对外在的人类行动的研究来获得对之的认识，这种观点为格尔茨所借用，被认为是格尔茨文化解释论思想的本体论基础[①]；同时赖尔还提出了对于人类行动—意义理解的多层次性，这也是格尔茨"深描"说的一个源头。

格尔茨的解释主义的观点主要包括：人类文化的基本特征是符号性的和解释性的，从本质上说，文化是一个符号系统，"是以符号形式表达的前后相袭的概念系统，借此人们交流、保存和发展对生命的知识和态度"[②]。因此，对于文化的研究重要的是理解和解释文化背后的意义，"对文化的分析不是一种寻求规律的实验科学，而是一探求意义的解释科学"[③]。但意义并不是个体私有的，它并不是存在于个人头脑中的主观的意义，也不是由个人的心理结构所生成的，而是一种社会共同认定的文本与意义，是一种社会通行的密码，"文化是公众所有的，因为意义是公众所有的"[④]。为了达到对于文化—意义的理解和解释，应该采用"深描"的方法，所谓深描大体上可以认为是针对文化—意义的多层次的结构，厘清并尽可能地给出全面和深层次

---

① 夏建中. 文化人类学理论学派——文化研究的历史 [M]. 北京：中国人民大学出版社，1997：329.

② 克利福德·格尔茨. 文化的解释 [M]. 韩莉，译. 南京：译林出版社，1999：109.

③ 克利福德·格尔茨. 文化的解释 [M]. 韩莉，译. 南京：译林出版社，1999：5.

④ 克利福德·格尔茨. 文化的解释 [M]. 韩莉，译. 南京：译林出版社，1999：15.

的理解和解释。但这种"深描"肯定不会达到完全全面和最深层次的理解和解释，因为"文化分析本质上是不完全的"①，你永远不可能穷尽和达到最深层次的对于文化意义的多层次结构的认知。

思考题

1. 功能主义的主要观点是什么？

2. 进化论和传播论的分歧是什么？

3. 结构主义的主要观点有哪些？

4. 如何理解格尔茨的解释主义？

5. 如何理解历史特殊论和心理文化分析？

6. 社会学学派的主要观点有哪些？

7. 如何看待人类社会中存在的洁净与肮脏的文化观念？

---

① 克利福德·格尔茨. 文化的解释 [M]. 韩莉，译. 南京：译林出版社，1999：37.

第四章

文化学研究方法

➲ 本章提要

　　文化学研究方法具有开放性的特点，吸收和借鉴了包括文化人类学、社会学、传播学、历史学等多种学科的研究方法。田野工作主要是文化人类学发展出来的研究方法，集资料收集、整理、分析和成果撰写、呈现为一体，并包含参与观察法、访谈法、谱系法、个人生活史法等具体方法。问卷调查法是一般社会科学研究中都会采用的一种研究方法，一般包括确定研究主题、设计问卷、进行预调查和修改、对调查对象进行抽样、调查实施、回收问卷和审核、问卷资料整理和分析等步骤。文本分析与内容分析是文艺批评、传播学等常用的方法，文本分析属于定性分析，内容分析属于定量分析；口述史法主要是历史学发展出来的方法，是通过合作方式获得历史当事人的口述资料，进行整理、修正、分析和撰写成果的一种研究方法。

第一节 田野工作

1. 田野工作及其特点

田野工作（field work）主要是文化人类学发展出来的一种系统性的研究方法，指的是经过专门训练的研究者亲身进入到一个小规模的族群中，或大规模社会系统中的某一个社区中，通过一定时间的参与观察、深度访谈、居住体验等来获取整体性的第一手研究资料的过程。田野工作的时间一般应该在一年以上，或者至少应该在半年以上，以便深入、细致和全面地获得所需资料。

根据研究对象的不同，田野工作的类型可以分为对小型社会的研究、对大规模社会的研究两种。传统上，文化人类学主要研究界限清晰的、封闭的、同质的、没有文字的所谓部落社会，这就是对小型社会的研究。这样的田野工作地方，分布在非洲、澳大利亚、太平洋上的岛屿、北美等地。后来，文化人类学的研究对象扩展到地域广阔、人口规模庞大、异质性强、与外界联系较多、有着悠久文明传统的社会，例如中国、西方本土社会，这就是对大规模社会的研究。

作为一种综合性的研究方法，田野工作具有自己的特点。（1）以普通人及其日常生活为研究对象。田野工作不同于从文献中获得知识的方法，其研究的对象是"活态"的人，而且是"生活中的"普通人及其日常生活，田野工作给予"普通人及其日常生活"以宝贵价值，认为普通人的日常生活并不是琐碎的、盲目的、不值一提的，而是充满了文化意涵，隐藏着理解人类社会及其文化的线索，是产生有关人类社会、文化的有效知识的基础。（2）具有实践性。田野工作要求研究者能够亲身前往田野地点，在相当长的时间内生活在其中，学会当地语言，参与到当地的日常生活之中，在某种程度上成为其中的一员，有时甚至帮助解决当地的一些问题，这些都体现了田野工作的实践性。（3）收集资料具有整体性和微观性。因为田野工作常常将所调查的普通人及其日常生活看作一个整体，认为其中的各种组成成分之间是相互联系的，比如一个社区中的宗教、政治、经济、人们的社会地位等都是相互影响的，因此，田野工作在收集资料的时候要做到全面和细致。另外，田野工作作为一种深入到特定社区或小规模人群中的研究方法，收集资料明显具有微观性特点。（4）主位视角和客位视角相结合。主位（emic）和客位（etic）是肯尼思·派克（Kenneth Pike）在1954年从语言学的术语音位的 phonemic 和语音的 phonetic 类推出来的。所谓主位视角，就是将当地人的描述和分析作为最终的判断标准，力图获得当地人的知识体系、思维方式和价值观念，以产生当地人承认是真实的、有意义的或恰当的论述为目标；所谓客位视角，就是将旁观者的描述和分析作为最终的判断标准，并不使用当地人认为真实的、有意义的或恰当的概念，而是使用科学的概念，以产生富有科学性的知识为目标。美国人类学家马文·哈里斯曾经以他在印度南部喀拉拉邦所做的调查为例来说明这种差异性。在印度喀拉拉邦特里凡得琅地区，小牛性别与死亡率之间具有密切联系。根据哈里斯的调查，1岁以下的公牛数量远低于同年龄组的母牛数量，两者之间的比率是67:100，也就是说，幼年小牛中雄性的死亡率远高于雌性。就此现象，哈里斯访谈了当地农民，询问他们关于自家牛死亡的原因，每个农民都坚持说，他们都支持印度教不准屠杀家牛的规定，绝不会故意让任何一头牛饿死或杀死它们，之所以幼牛中牡牝不同而死亡率差异甚大，是因为小公牛相对于小母牛而言更虚弱，吃得更少，也更容易生病；而实际上，哈里斯认为，小牛中公牛比母牛的死亡率高，是因为在印度喀拉拉邦特里凡得琅地区生态和经济条件的关系，生产上很少需要畜力，所以人们会有选择性、有系统地采用提高公牛死亡率的方法来调整当地牛群的性别比率。这样，对于印度喀拉拉邦特里凡得琅地区的小牛中公牛死亡率远高于母牛的社会现象，就有了两种解释，一种是主位的解释，那就是当地人所认为的"小公牛吃得更少，更容易生病"；另一种是哈里斯作为一个旁观者综合各种因素所得出的解释，那就是"人们有意为之"。（5）历时性和共时性相结合。所谓历时性就是以动态的眼光在时间的流逝中考察社会文化的变化，通过长时段的研究，来得出对于社会文化本质及其变化规则的理解；所谓共时性就是以静态的眼光、通过将社会文化作为一个系统并考察其结构和各组成要素之间的关系，来描述和分析处于同一时期的社会文化现象。田野工作既注重历时性资料，也注重共时性资料，田野工作在研究小型社会的时候，由于这样的社会一般没有文字，所以通常以整体的眼光和功能主义的视角来收集和分析共时性的社会文化资料，在研究大规模文明社会时，又注重收集历时性的资料，将共时性和历时性结合在一起；而且，田野工作的历时性特征还表现在对于同一个田野调查点，同一个人或不同的人可以跨越一定的时期进行跟踪式或者说是重访式的调查，例如费孝通江村研究系列，再例如人类学家弗里德曼曾经重访了另一位著名人类学家米德的田野工作地萨摩亚人社会。（6）注重田野伦理。首先，田野工作要对研究对象负责，在收集资料的时候要告知研究对象，获得其允许，在资料运用上也要获得研究对象的允许，具体使用时要匿名，以保护研究对象；其次，田野工作要对自己的资助方负责，田野工作很多时候依靠外界的资助而得以进行，这样的资助可能来自政府、企业、大学、研究机构或个人，无论其来源如何，研究者都应该根据事先的约定，尽可能地在约定的时间内完成研究任务；最后，田野工作应该对学术界、对研究者自己负责，田野工作通常是不可重复和验证的，而且是在缺乏外界的监督下进行的，田野工作所收集资料的真实性、收集过程的规范性、科学性应该由研究者自己保证，研究者应该本着对学术界负责，维护学界荣誉，维护学术尊严的原则，本着对自己负责的原则，做到这一点。

2. "田野工作"的发展历史

在 19 世纪中后期古典人类学诞生的时候，学者们很大程度上依靠第二手资料，根据探险家、旅行家、传教士、殖民地官员等与非西方社会有直接接触的人所写的文字来构建自己对于人类社会文化的理解；典型的如英国人类学家泰勒的经典著作《原始文化》和英国人类学家弗雷泽的名作《金枝》，就是这样生产出来的。当然这个时期也并非没有学者进行实地调查，美国文化人类学的开创者摩尔根曾经对易洛魁印第安人进行了多次实地调查，并基于此发表了《易洛魁联盟》等著作，但毕竟当时这样做的学者非常少；深入异文化社会中进行实地调查并没有被认为是必不可少的步骤；大多数人类学家与泰勒、弗雷泽属于同一个类型，被称为扶手椅上的人类学家。随着时间的推移，人类学家逐渐认识到这种依靠二手资料构建理论的缺陷，对异文化社会进行的实地调查开始多了起来。在英国，由 A.C.哈登率领，包括人类学家塞利格曼、里弗斯等人的考察队，在 1898—1899 年对托雷斯海峡一带的土著民族进行了为期 5 个多月的实地调查；里弗斯 1901—1902 年对印度南部的托达人进行了大约半年的实地调查，并于 1906 年出版了《托达人》，1908年到西所罗门诸岛进行实地调查，1914 年到美拉尼西亚调查；塞利格曼 1904年到美拉尼西亚调查，1907—1908 年调查维达人；拉德克里夫–布朗 1906—1908 年到安达曼群岛实地调查，1910—1912 年实地调查澳大利亚的土著民族；在美国，博厄斯 1886 年对夸扣特尔人和其他印第安人部落进行了实地调查，以后还多次对夸扣特尔人进行田野考察；博厄斯的学生也对北美的印第安人进行了广泛的实地调查，如本尼迪克特曾对美国西南地区的普埃布罗部落进行过调查。同时，关于田野调查的操作规范也正在逐步形成和精细化。1874 年，由泰勒等人执笔写成《人类学笔记与问询》，主要目的是指导旅行者对土著民族进行准确的人类学考察，提供给英国国内人类学者可靠的资料，便于后者进行文化人类学研究。这本手册 1874—1912 年进行了改进，共有 4 个版本，4 个版本的变化说明田野调查操作的日益规范化，第 4 版已经对田野工作的语言和时间给出明确要求，相比较第 1 版，第 4 版更像是主要为受过很好专业训练的人类学观察者准备的，而不再是面向业余的旅行者①。总

---

① 高丙中. 民族志的科学范式的奠定及其反思［J］. 思想战线，2005（1）：79–80.

体上来说，从 19 世纪中后期文化人类学兴起到 20 世纪初，田野工作还处于萌芽阶段，田野工作并没有作为一种研究方法而被置于首要地位，有些人类学家从事田野调查，但更多的人类学家并不进行田野调查，田野调查处于一种"非常规性"的状态，而且，尽管田野调查操作正在规范化，但还没有成熟。

到了 20 世纪 20 年代，田野工作发展成熟起来，一种新的、被认为是科学的、规范化的"驻在式"田野工作出现了。一般地，人们认为马林诺夫斯基在其中做出了最重要的贡献。但实际上，他并不是"一个人在战斗"。马林诺夫斯基是在当时英国学界盛行实地调查之风的背景下，在人类学者塞利格曼和马雷特的支持下去澳大利亚，并以此为根据地对新几内亚进行田野工作的；而且，由他的田野日记可以明确知道，他携带有先前英国人类学界的田野调查操作手册《人类学笔记与问询》，并将其作为参考。也就是说，科学的、规范化的驻在式田野工作的形成，有先前的人类学发展的基础，但马林诺夫斯基个人成功的田野调查、丰富而具有说服力的著作、田野调查的经验总结以及对田野工作的大力提倡，对于田野工作成为一种科学规范的研究方法，贡献无疑是不可替代的。马林诺夫斯基在 1914 年参加罗博蒙特人类学考察团，到新几内亚和美拉尼西亚进行实地考察，由于第一次世界大战爆发，他是波兰人，属于英国敌对国奥匈帝国，被迫滞留在当地，由此分别于 1914 年 12 月到 1915 年 3 月在麦鲁岛、1915 年 5 月到 1916 年 5 月和 1917 年 10 月到 1918 年 10 月在特罗布里恩德岛进行田野调查。在此田野调查基础上，马林诺夫斯基出版了一系列的著作，其中 1922 年出版的《西太平洋上的航海者》被认为是驻在式田野工作出现的标志。正如上段所说，马林诺夫斯基之前虽然也有人从事田野调查，但是往往是"集中式"的，在时间上没有达到过 1 年或更久的，也没有生活在当地人中间，在语言上没有要求，不能掌握当地人的语言，资料的获得往往依靠翻译；马林诺夫斯基认为，这样的田野工作存在缺陷，他在《西太平洋上的航海者》一书中总结了自己的田野工作经验，认为田野工作要达到 1 年及以上的时间，要生活在当地人中间，掌握他们的语言，跳过翻译这一个中间环节，通过参与观察、访谈等手段，科学地记录当地人的言行，以获得当地的社会文化资料，以及当地人对于他们的世界的看法。这之后，这种被称为"驻在式"田野工作方法就成为一种文化人类学研究他者和异文化的典范，为人们所仿效、扩展和修正。

3. 田野工作的一般过程

田野工作的一般过程可以包括这样几个步骤：确定研究主题；选择田野工作地点；田野工作准备；进入田野点；实施田野调查；进行资料整理和分析；撰写民族志。

确定研究主题是任何学术研究的第一步，也是任何一种研究方法的第一步，学术研究要做到有的放矢，自然首先要找到这个"的"。在田野工作开始前，研究者要确定自己的研究目的是什么，研究对象在哪里，是要研究一个文化群体及其社会过程，还是要解决一个问题。研究主题的确定可以来自自己的兴趣，如对某个文化现象、某个文化群体感兴趣，可以来自自己的问题意识，如对于青少年吸毒问题的疑惑；无论研究兴趣还是问题意识，都必须与学界的知识积累进行互动，确定学界已有的成果是否已经满足自己的兴趣，解答了自己的疑惑，然后再确定研究主题。

确定好研究主题，下一步是选择田野工作地点。选择田野工作地点可以遵循几个原则。（1）与研究主题相符。田野点应该是典型地存在研究者想要研究的文化群体的地方，如果想要研究苗族服饰文化，自然不能到苗族人口生活的地方，而且应该去苗族服饰文化比较典型的社区，或者苗族服饰文化与其他地方苗族服饰文化不同的、"反常性"的社区去。（2）田野点应该有研究者可以进入的渠道，即研究者能在不受到攻击、阻碍和排斥的情况下，进入社区生活，从事田野调查，这常常意味着要从政府、社会组织、个人社会关系网络等方面去寻找合适的渠道。（3）可以到前人曾经进行过田野工作的地方，这样做意味着已经存在可以利用的进入渠道，因为可以利用前人的渠道，也意味着可以将自己的田野调查与前人的田野调查进行融合和对比，做长时段的分析。（4）到自己的家乡做田野调查。

确定田野点，在进入之前要进行必要的准备工作，主要包括物质准备、精神准备、知识准备三个方面。物质准备主要包括：一些在田野点不容易购买的必需品，包括个人衣物、必要的食品、通信工具、雨具等生活用品、药品、野外生存用品等；田野调查所需物品，包括笔记本、笔、电脑、照相机、录音笔、个人证件、介绍信、参考文献等；个人安全保障用品，田野工作实际上是一种比较危险的研究工作，许多人类学家曾经在田野工作中受伤、生病甚至是失去了生命，所以应该准备必要的个人安全保障用品，包括急救包、个人防卫用品等。精神准备指在思想上对于田野调查过程中可能遇到的困难和精神困境有所准备，田野调查过程中通常会遇到意想不到的困难，比如被调查对象的不合作、隐瞒，比如调查毫无进展，比如孤独、苦闷或焦虑等，对此研究者应该提前在精神上有所准备。知识准备主要是指提前收集和阅读有关田野点的一切可能的文献资料，特别如果有前人的调查，应该翻阅和参考，以便对田野点和自己所要调查的现象和问题有更多的了解，同时也要提前准备访谈提纲等，尽管以后还可能对之进行修改。

接下来是进入田野点。进入田野点的方式一般有两种，一种是通过正式的行政体制、自上而下的方式，另一种是通过非正式渠道进入的方式。自上而下的正式方式通常经过层层的行政管理机构，最后进到所调查的社区之中，在人类学发展早期通常是通过殖民地的行政管理机构来进入，现在通常是凭借介绍信，通过层层的地方政府机构，获得它们的支持和配合，以进入田野点。非正式渠道进入常常是通过个人的社会关系网络或者相关的社会组织等进入田野点，也可以是研究者个人寻找时机与田野点之间新搭建一个社会关系，例如与某个调查对象建立朋友关系，从而得以进入田野点。当然，如果田野点选择的是自己的家乡，那么进入方式就是"天生自带系统"了。

进入田野地点后，就进入了田野工作的实施阶段。在此阶段最主要是收集研究所需资料。通常情况下，需要涉及参与观察法、访谈法、谱系法、勾勒个人生活史等方法。

　　参与观察法是研究者长时间参与研究对象的实际社会生活，比如参加他们的日常劳作或节日仪式，在此过程中观察并收集和记录第一手的资料。参与观察要求研究者全身心地投入研究对象的社会生活，以当地人的主位视角来理解其社会生活。为了能够实施参与观察，研究者需要掌握当地的语言，在田野点生活较长的时间，以及学习像当地人一样生活。

　　访谈法指的是研究者通过有意识地向当地人提问或与当地人进行交谈的方式，来了解当地的社会规则、当地人的观念和想法。访谈的对象通常被称作报道人。报道人应该经过选择，而不是随机或任意寻找。选择的报道人一般应该了解研究者所要调查的内容，比如要了解田野工作地点当地的某个宗教仪式，那么当地的宗教人士，例如巫师，无疑是最好的选择；选择的报道人应该与研究者具有比较良好的关系，在比较信任的条件下才可能获得丰富而深入的信息；选择的报道人应该具有比较好的表达能力，能够较好地用语言表达当地的文化和他们自己的思想观念。访谈分为非正式访谈和正式访谈两大类。非正式访谈是研究者在事先没有准备的情况下，通过与访谈对象闲聊的方式来获得信息，其内容具有随意性和偶然性，常常可以让研究者得到许多意想不到的信息。正式访谈是指研究者在事先有充分计划的前提下，与访谈对象进行有针对性的、系统的谈话，以获取所需信息。正式访谈又分为结构性访谈、非结构性访谈和半结构性访谈三种。结构性访谈是指研究者根据研究目的事先设计好所要询问的问题，将访谈聚焦于这些问题，以获得相关资料。非结构性访谈指的是研究者提供一个话题，让访谈对象自由阐述，将访谈时间主要交给访谈对象，以获得相关资料。半结构性访谈指在一次访谈中同时包含需要访谈对象回答的封闭性问题和可以由访谈对象自由阐述的开放性问题这样一种访谈形式。

　　谱系法是收集家谱并编辑成谱系表以确定亲属制形式及其结构的研究方法。采用谱系法主要是为了更为快捷和简明地了解被调查人群中的亲属制度和结构，因为亲属制度和结构往往是人群中最基本也是最重要的一种社会制度和结构，所以通过谱系法，研究者可以大致上了解田野点的社会关系和社会运行规则。

　　勾勒个人生活史法是指在被调查田野点中的选择特定个人，通过对其进行深度访谈，了解其一生的或部分的生活经历，并记录下来，以构建其生活历史。通过勾勒个人生活史，一方面可以了解被勾勒人的个人生命历程，了解其作为当地人是如何行动、如何思考的；另一方面可以由这个人联系到他所处的社会文化背景，窥见更广泛的社会制度、社会关系和社会变迁，从而进一步了解当地的社会规则和社会运行的规律。

　　在经过以上方法收集资料后，就需要对田野资料进行整理。田野资料一般包括田野笔记、访谈记录、观察记录、拍摄记录、田野日记等形式。田野笔记是在田野工作中当场记录下来的以及后来及时补充完善的资料；访谈记录是在采用访谈法时所做的录音、对录音的文字复写以及访谈相关的情况，如访谈地点、时间、访谈对象及其简单个人资料等；观察记录是通过参与观察所得资料的记录；拍摄资料是采用现代技术工具获得的影像资料；田野日记是研究者在田野期间的日记，包括研究者自己的个人经历、疑惑、各种情绪和想法及在田野工作中所碰到的各种问题等，是较主观和感性的内容。在整理上述资料时，要奉行分类整理和审查的原则、有所取舍的原则、先事实后理论的原则和妥善保存的原则。所谓分类整理和审查，是指将上述资料根据某些标准进行集中整理，比如关于宗教问题的资料分为一部分。所谓有所取舍的原则，指根据研究者的研究目的、所依据的理论、所要采取的表达方式，将丰富而细致的田野资料选择合适的部分呈现到成果之中，比如秉持功能主义和象征主义的不同的学者，可能会选择不同的田野资料来解释同样的主题，因为他们所用的理论要求的支撑证据不同。先事实后理论的原则是说在整理田野资料时，应该先尽可能地呈现事实，然后再以之构建理论。妥善保存的原则是说对于田野资料应该想方设法使之可以保存的时间更久远，因为田野调查通常是不可重复的，每一次田野工作所获得的资料都是非常宝贵的，即使这一次在最终成果中没有用到的资料，在将来也可能为其他的主题所用到，所以应该妥善而有条理的保存，以备将来使用。在资料整理和分析的最后，是撰写最终的成果，这通常被称为民族志。

第二节　问卷调查法

1. 问卷调查法及其基本知识

问卷调查是现代社会科学研究中广泛使用的一种研究方法，是一种书面文字形式的调查方法，是以一定数量的、统一设计的、科学的、问答形式的问题，组合成一个具有一定结构的集合，构成问卷，通过让目标人群填写和完成问卷，以获得所需要信息的方法。从本质上说，每一次考试的考卷，都可以看作一次问卷调查，而我们在生活中也越来越容易遇到被要求填写问卷的情况。

根据是否对于回答有所限制，问卷中的问题可以分为开放式问题、封闭式问题和混合型问题。开放式问题是答案没有限制、可以由被调查者自由发挥的问题，例如"您对广场舞是怎么看的"；从本质上说，考试试卷中的简答题、论述题就属于开放式问题。封闭式问题是给出了回答的限定范围、由被调查者在既定答案范围内选择的问题，例如"您跳过广场舞吗"这样的问题必然会给出两个答案的限制，"有"或"没有"，此即是封闭式问题；从本质上说，考试试卷中的单选题、多选题就属于封闭式问题。混合型问题指的是对于被调查的回答既给出了一定的限制，又有一定的空间让其自由发挥的问题；从本质上说，考试试卷中的"对错题"或"是非题"常常不仅要求判断对错，还要给出理由，这就属于混合型问题。

根据问卷填写人的不同，问卷可以分为自填式问卷和访问式问卷。自填问卷是由被调查者自行填写的问卷，访问问卷是由调查者根据问卷内容向被调查者提问，并根据被调查的回答代为填写的问卷。自填问卷节省时间、金钱和人力，成本较低，具有很好的匿名性，可以避免人为因素影响；但回收率难以保证，问卷的回答质量也得不到控制，对填写对象的文化水平要求较高。访问问卷对填写对象的文化水平要求不高，回答质量较好，回收率也可以得到较好保证；但需要一定的人力、财力、物力和时间，成本较高，匿名性较差；由于调查者和被调查者之间有互动，可能影响调查质量；另外，对于作为调查者的访问员要求较高，特别是当访问员不是问卷设计者时，常常需要事先培训。我们一般常见的问卷多是自填问卷，访问问卷相对少一些，我国的人口普查一般采用的是访问问卷形式。

一般地，从结构上说，问卷可以由前言、指导语、问题和结束语四个部分组成。前言是写在问卷开头的话，内容是介绍问卷调查的目的和意义、调查的主要内容、调查者身份，说明问卷调查的匿名性和保密性，其目的是消除被调查者的疑虑和防备心理，增加他们参与问卷调查的积极性，因此前言的行文应该委婉、友好而明确。指导语是对于问卷填写方式和方法的具体解释和说明，正如药品使用说明书，目的在于减少问卷填写时的误解和误操作，提高问题回答的质量，因此指导语行文应清晰而简明。问题是问卷的主体部分，也是问卷最核心的部分，主要是由事先设计好的问题组成，正如上文所说，问题可以分为开放式、封闭式和混合型三种；结束语主要是对被调查者完成问题的感谢，并交代一些后续事宜，如可能的对于被调查的回访，或邮寄问卷调查时交代如何进行问卷回收的问题。

2. 问卷调查法的一般过程

问卷调查的一般过程可以包括确定研究主题、设计问卷、进行预调查和问卷修改、对调查对象进行抽样、实施调查、问卷回收和审核、问卷整理和分析、撰写成果等几个步骤。

首先，确定研究主题，这在上文已有介绍，在问卷调查时也要首先确定研究主题，而且应该明确研究主题或研究主题所包含的部分内容是否适合采用问卷调查。

其次，设计问卷。问卷设计是问卷调查非常重要的一步；"工欲善其事，必先利其器"，问卷调查通常是一项规模较大、成本较高的研究方法，如果问卷本身没有设计好，会导致调查质量不过关，调查失败，浪费人力和财力。问卷设计包括选择合适的问题、确定问题的数量、安排问题的顺序等内容。

其中，选择合适的问题又包括确定问题的内容、形式、语言等。这就涉及"操作化"，所谓操作化就是根据一定的程序和方法给概念一个明确的内涵和外延，并为之确定相应的维度和测量指标，以使之变得可以进行观察和测量的过程。问卷中的问题就是一个个的测量指标，都应该来自和指向调查的目的和相应概念。举例来说，如果要测量人们的社会地位，怎么测量呢？自然不应该采用"您的社会地位怎么样"这样的问题，而应该将"社会地位"这个概念进行操作化，为之确定明确的维度和指标。一般来说，维度的确定需要满足密切性原则、完备性原则、互斥性原则、统一性原则等。所谓密切性原则，即维度与所测量的概念之间应该是联系紧密的，比如对于"社会地位"这个概念，就不应该将"体重"作为其中的一个维度，因为这不是一个有效的维度，它与社会地位之间的联系不够紧密。所谓完备性原则，即维度应该是尽量涵盖概念所包含的所有方面。理论上说，一个概念总是有很多的维度，虽然由于研究目的和成本的原因，不可能将所有的维度都纳入测量，但对于那些与概念联系紧密的维度应该完全纳入，以使得测量更准确和全面，例如对于"社会地位"的测量，不应该只测量经济收入这一个方面。所谓互斥性原则，即各个维度之间应该是彼此独立的，互相之间并不重合。例如对于"社会地位"的测量不应该采用"经济收入"和"房租收入"两个维度，因为它们的内涵之间是有重合的。所谓统一性原则，即维度的选择应该尽可能地与学界其他学者的测量相统一，以利于彼此的比较和交流。根据这四个原则，对于"社会地位"这一个概念可以采用"经济收入、政治权利、社会声望"三个维度。在确定维度之后，下一步便可以根据这三个维度来确定具体的测量指标了。所谓指标（indicator），是对概念内涵的具体的、经验层面的指示和标记。指标层次一般在维度之下，比维度更具体，也更接近于我们的日常经验，是可以观察到的客观存在的现象或事物。例如对于"社会地位"的"经济收入"维度可以采用"一年中的月平均收入""一年中的总收入""最近三年的总收入"等指标。这样就可以转化为一个个具体的问题了，比如"您过去一年中的月平均收入是多少"这样的问题。再举个例子，如果要调查人们的同情心，那么可以确定两个维度，即"感情层面"和"行动层面"，相应于"感情层面"这个维度，可以用"看悲剧电影流泪次数"这一个指标来测量，相应于"行动层面"这个维度，可以用"对困难群体平均每年捐助的金钱额度""回答问路人的耐心程度"等指标来测量。由此，就可以转化为具体的问卷问题了，例如"您过去一年中捐了几次款""您过去一年中捐款数额最大的一次有多少钱"之类的问题。问题的内容确定之后，还要考虑问题的形式，是采用开放式问题，还是封闭式问题，或者是混合型问题。问题的语言也有要求，一般包括这几个方面：要具体，不要抽象，例如不应该问"您幸福吗"，因为幸福这个词对于一般人来说太抽象了，不容易弄明白什么是幸福或不幸福，而应该更具体点；要通俗，不要专业，在问题的描述中不应该使用专业术语，例如不应该问"您觉得当下育龄妇女的生育意愿不强是什么原因"这样的问题，因为其中"育龄妇女""生育意愿"这样的词都太过专业，一般人不容易明白；要客观，不要有引导倾向，例如，不应该问"您觉得自己勇敢吗"这样的问题，因为大多数人都会给出肯定的答案；要明确，不要模糊，例如不要问"你经常看电影吗"这样的问题，因为"经常"一词是比较模糊的，对于多少次算"经常"，每个人的理解可能都不一样，可以用"您一周大约看几次电影"这样的问题来替代；要含义单一，不要使用具有双重含义的句子，例如不应该问"您父母退休了吗"这样的问题，因为父母是两个人，如果被调查者父亲退休了而母亲没退休，该怎么回答呢；不要提有虚假前提的问题，比如"您喜欢做好事的原因是什么"这样的问题。

　　问题的数量也是一个需要考虑的问题。在一个调查问卷中，并不是问题越多越好，因为问卷调查常常是成本花费很高的一次性活动，所以很多时候调查者都是希望能够问尽量多的问题，由此造成问卷填写时间很长；这样做虽然是可以理解的，但会影响问卷调查的质量。一份问题数量过多、填写时间过长的问卷，往往让被调查者感到烦闷，选择消极填写，所以问题的数量以及与此相关的填写时间，是不得不考虑的。一般人们是不会喜欢超过半小时的调查问卷。

问题的安排顺序也需要注意，因为问题的顺序会影响到回答质量。比如，如果前面问到了"老人摔倒了扶不扶"的问题，在后面回答"中国社会面临的问题"时，社会信任问题就很可能被提到。一般地，问题的顺序安排应该遵循"先易后难""先一般后隐私"，"先行为后态度再个人背景""先封闭后开放"等原则。"先易后难"是将容易回答的问题放在前面，比较难回答、需要思考或计算的问题放在后面；"先一般后隐私"是将"一般性"问题放在前面，将比较"隐私性"的问题，如"您对婚前性行为的看法"之类的问题放在后面；"先行为后态度再个人背景"，是说将对于人们行为方面的询问放在前面，然后是对于人们态度和思想观念方面的问题，最后再安排对于个人背景方面的信息，这实质上遵循的是"先易后难""先一般后隐私"两种原则，因为有关行为的问题是比较容易回答的，有关态度和思想方面的问题是需要思考的，而这两者相对来说是一般性的问题，关于个人背景的问题则会涉及个人隐私方面；"先封闭后开放"是将封闭性问题放在前面，开放性问题放在后面，正如我们的考试试卷一般所设计的那样。

再次，在问卷设计好以后，要进行问卷调查的预调查。无论在问卷设计时考虑再周详，再仔细，再认真，还是肯定存在不足之处。例如问题的语言问题，问题的安排顺序问题，问题的内容问题，等等。为了找出这些问题，避免在贸然进行正式问卷调查后才发现问题，补救不及，浪费时间、人力和财力，就需要进行预调查。预调查的对象数量是有限的，但必须是相关的。通过让他们填写问卷，回收并审核，可以发现问卷中潜藏的问题，由此可以对问卷进行修改。

又次，对调查对象进行抽样。在问卷预调查并修改之后，正式实施之前，要对调查对象进行抽样。因为很多时候调查对象的总体规模是很庞大的，例如调查中国高校大学生的婚恋观念，那么调查对象的总体就是中国所有普通高校的在校学生，其数量规模是惊人的，不可能对每个人都发放问卷，在成本上做不到，实际上也不需要这样做；我们可以根据社会统计理论从中抽选出一部分大学生，对之进行问卷调查就可以。抽样的类型可以分为两大类，随机抽样（概率抽样）和非随机抽样（非概率抽样）。随机抽样是根据概率论的基本原理，根据已知的概率——并不一定是相等概率——来抽取样本。非随机抽样是不受概率限制的情况下进行抽样。随机抽样有简单随机抽样、系统抽样、分层抽样、整群抽样等类型。简单随机抽样是最基本的随机抽样方式，它要求每个研究对象被选中的概率是相同的，比如我们可以将研究对象进行编码，写在纸上，放置在纸箱里，将之弄乱后，随便抽取一些纸片，这就是简单随机抽样；系统抽样可以作为简单随机抽样的替代，是指将研究对象总体排列起来，然后根据一定的抽样比例和抽样间距，每隔一定的距离抽取一个样本，最后完成抽样的方法，例如要从某高校 4 万名在校生中抽取 400 名作为样本，那么抽样比例是 1%，根据抽样比例计算的抽样间隔是 100，将这 4 万名在校生按照顺序排列好后，随机抽取第 1 个，然后每隔 99 人抽取 1 个即下一个 100 位置的人被抽中，由此就可以组成一个 400 人的样本；分层抽样是先将研究对象总体根据一定的标准分为同质的次级群体，再从次级群体中抽取一定比例的样本，例如将研究对象分为男性和女性两大类，然后再从男性群和女性群中分别抽取一定数量的样本；整群抽样是从研究对象总体中随机抽取若干次级群体，将整个被抽取的次级群体成员全部纳入样本中的一种抽样方法。非随机抽样又有偶遇抽样、判断抽样、定额抽样和滚雪球抽样等类型。偶遇抽样是研究者根据自己方便的原则，将自己偶然遇到的人作为样本的一种抽样方式，这种抽样的代表性是很难估计的，所以是一种很冒险的抽样方式，除非在其他抽样方法不可得的情况下，不然不要贸然使用；判断抽样是研究者根据自己的主观知识和判断来选择对象，例如调查中国大学生的恋爱观，主观地从西南大学选择 1 000 名在校学生进行调查；定额抽样是根据某些标准将总体分组，然后用判断抽样或偶遇抽样的方法从每组选择对象的方法，例如在调查中国高校大学生的恋爱观时，先将高校根据地域分为东、中、西三个组，然后从东部的中央民族大学抽取 300 名在校生，从中部的武汉大学抽取 300 名在校生，从西部的西南大学抽取 300 名在校生；滚雪球抽样是先收集研究对象总体中少数对象的资料，然后根据这些对象的建议或关系逐渐扩大研究对象的范围的一种抽样方法，正如滚动的雪球，由原先的雪片去黏住更多的雪片，越滚越大。

最后，问卷的回收和审核。其中很重要的一项是衡量问卷的回收率。一般来说，问卷的回收率当然越高越好，因为问卷回收率高意味着问卷调查所获得的信息越多，问卷调查的问题设计较为合理，问卷调查的代表性也越好，但实际上问卷并不可能完全回收，达到百分之百的回收率。那么，多大的回收率才是可以接受呢？不同学者有不同的见解，一般认为回收率应该保持在 60% 及以上，最低的可接受的数值应该是不少于 50%，"我认为要进行分析和撰写报告，问卷回收率至少要有 50% 才是足够的；要至少达到 60% 的回收率才算是好的；而达到 70% 就非常好"①。问卷回收和审核之后，应该进行整理和分析，现在多是将问卷资料进行编码和数量化处理，采用计算机软件进行分析，如使用 spss、stata 等常用软件进行处理。最后一步当然是根据分析结果撰写论文、研究报告或书籍。

3. 问卷调查法的优缺点

问卷调查法在社会科学研究、民意调查、企业市场调研中都有广泛的应用，这是因为问卷调查法有其自身的优势。首先，问卷调查覆盖范围广，经济省时，效率较高；与田野工作只能深入到某个社区、在长时间内研究一个个案相比，问卷调查可以在短时间内调查规模可观的研究对象，甚至可以达到人口普查这样对一国之人口的大规模调查，在覆盖范围和时间上是很有效率的一种方法。其次，问卷调查采用的是标准化问题，每个调查对象所要回

---

① 艾尔·巴比. 社会研究方法（第 10 版）[M]. 邱泽奇，译. 北京：华夏出版社，2005：254.

答的问题都是一样的，其中很大部分问题也是封闭式问题或半封闭式问题，答案被限制在一定的范围之内，所以问卷调查所得数据便于整理，可以进行数量化及采用标准统计软件进行分析与比较。再次，问卷调查相对于访谈法，研究者主观参与过程较少，主要集中在问卷问题的设计和研究对象的抽样两个环节，因此相对来说可以较多地避免主观因素所造成的偏差，如偏见、情绪等，减少误差。最后，问卷调查，特别是自填式问卷调查，匿名性较强，与访谈法、参与观察法相比，人们有着更少的顾忌，可以相对自由地表达自己的观点。

当然，问卷调查法也有自己的不足之处。首先，调查问卷的设计要求比较高，需要很高的专业性，如上文所述，对于问题的内容、形式、顺序等都要进行精细考虑，而且对于研究对象的抽样、后期的计算机软件分析两个环节，也要求相应的专业知识；其次，调查问卷常常是一次性的，而且规模比较大，如果在问卷设计和抽样环节出现问题，常常是无可挽回的；再次，相对于田野工作来说，问卷调查的深度有限，不易发现社会生活中未曾预料的现象和问题，例如调查人们的同情心，只能采用一些可以设想的指标来衡量，但现实生活中人们对于同情心的理解可能是千差万别的，甚至是相对立的，只有深入的访谈才能了解人们内心的复杂的思想观念，而问卷调查常常做不到这一点；最后，问卷调查完全依赖于被调查者的回答，而被调查的回答是否具有真实性，回答是否准确，都需要控制，因此，问卷调查对于被调查者的要求比较高，对于文化教育水平比较低的被调查者，问卷调查常常难以保证质量。

由此可见，根据问卷调查的优缺点，问卷调查特别适合于那些大规模的调查、深度要求不高的调查、调查研究对象当面不好回答的问题、调查需要进行数量化处理和分析的问题、调查具有一定文化教育程度的被调查者、研究对象构成比较单一的群体。

第三节　文本分析与内容分析

1. 文本分析

文本分析法是由文学批评、文艺评论发展出来的一种研究方法，是指一种透过"文本"表层，利用理论指导和一定的程序、技术进行深入解读，以获得文本背后的意义及其结构、意义生产的规则及过程的研究方法。一开始文本分析所研究的"文本"主要指文字、艺术品，如小说、诗歌、电影等，后来逐渐扩展为一切具有符号性质的文化作品或产品，从而成为文化研究的一种重要方法。

文本分析法并不是一个单纯的方法，而是一个复杂的、包含众多具体理论和方法的方法体系，流派众多，有俄国形式主义、英美新批评、符号学研究法、结构主义研究法、现象学研究法，等等。

俄国形式主义兴起于 20 世纪初，其主要观点是认为艺术之所以成为艺术，是因为人们把对事物的感觉作为一种视像而不是作为一种认知提供出来，对于艺术来说，表现出来的对于事物的体验方式更为重要，被体验的事物本身反而是次要的，即形式大于内容；俄国形式主义提出一种艺术中普遍存在的形式创造原理——"陌生化"原理，认为艺术形式的陌生化，即采用与一般体验不同的形式，能够增加事物被体验的难度和时间长度，从而造成一种形式创新；如果以陌生化原理来看，那么中国古代的许多诗歌都符合这一原理，例如"旧时王谢堂前燕，飞入寻常百姓家""可怜无定河边骨，犹是春闺梦里人"，等等。

英美新批评出现于 20 世纪 20 年代的英国，兴盛于 1940—1950 年的美国，以兰瑟姆（John Ransom）1941 年的《新批评》一书而得名，其主要观点有文本本体论、语境理论等；"文本本体论"将文学文本看作独立的系统，与社会背景、作者意图、读者感受等都毫无关系；主张对文学文本进行严密的分析；它将文学研究分为"内部研究"和"外部研究"，前者指的是对于文本本身的研究，后者指的是对文学作品创作的时代背景、环境因素、创作动机等内容的研究，英美新批评主张前者。语境理论是强调某个词、句或段落在上下文中的关系，以及它们在当时写作话语语境中的含义，认为这些语境确定了该词、句或段落的丰富意义。

符号学研究法的代表人物有德国哲学家恩斯特·卡西尔、美国艺术理论家苏珊·朗格等人，符号学将文化看作一种人类不得不依靠的符号，认为艺术就是人类情感和生命形式的创造性的符号表达。

结构主义研究法受到索绪尔的结构语言学影响，其特点是从能指、所指之间的关系中探求隐藏的文本意义，代表人物有列维–斯特劳斯、罗兰·巴特、克劳德·布雷蒙等人。列维–斯特劳斯的思想观点在第三章曾有叙述。罗兰·巴特是另一位著名的结构主义者和符号学研究者，他使用结构主义和符号学来研究大众文化，认为大众文化中的广告、影视明星、沙滩等都是一种符号，隐藏着意义和意识形态。例如，在汽车广告中，汽车已经成了一种符号，而不仅仅是一种交通工具，其隐喻的是一种资产阶级的生活方式，人们在观看广告的时候，不仅仅是在观看一种商品的售卖，而且是在潜移默化中认同了这种生活方式；所以，大众文化的运作与神话相似，都具有向大众提供共同的价值观念和共同话题的功能。

可以看出，文本分析虽然由很多具体的理论和方法组成，但也有其共同点，首先，文本分析将文化看作一种文本，并将文本视为一种相对独立的本体，力求通过深入细致的分析来探求文本的深层结构和生产过程；其次，文本分析的研究对象是"文本"，而不是生活中的人，相比较于访谈法和问卷调查法，具有无实质介入性和无反应性的特点；再次，文本分析高度依赖于研究者本身的素质，研究者的理论素养、知识结构等都在很大程度上决定了文本分析质量的高低；最后，文本分析对于同一个研究对象，不同研究者可能得出不同的研究结论，好比对于一部电影，采用文本分析，每个人的评价可能是不一样的，即仁者见仁，智者见智。

2. 内容分析

内容分析是对文本、音频、图像以及其他保存介质所形成的资料进行客观的、系统的、可重复性的量化，并对量化结果进行解释的一种研究方法。这些文本、音频、图像等介质所形成的资料可以包括书籍、档案、期刊、布告、网页、绘本画本、信件、明信片、医学记录、研究成果、歌曲、电影、电视、网络剧等。内容分析可以广泛运用于文化研究、传播研究、历史研究等社会科学研究中，比如，可以通过对民国时期报纸上的征婚广告进行内容分析，以了解当时人们的婚恋观念；再比如，可以通过对流行歌曲进行内容分析，来了解流行歌曲中的爱情模式，等等。

内容分析法最早是由传播学发展出来的。第二次世界大战期间，美国学者拉斯韦尔等人运用内容分析法对德国公开出版的报纸进行分析，从而获得了许多有用的情报，显示出内容分析的有效性，并形成一种模式。20 世纪 50 年代贝雷尔森出版的《传播研究的内容分析》一书，奠定了内容分析法的地位。后来，在奈斯比特等人的努力下，内容分析方法逐渐系统化和成熟；奈斯比特和阿布尔丹所写的《2000 年大趋势》是采用内容分析法研究现代美国生活趋势的名作。

内容分析的一般过程大致包括确定研究主题、界定研究总体、进行内容抽样、确定分析单元、构建分析类目、对资料进行编码和量化、分析数据和进行解释等步骤。

确定研究主题，即用一句话表述研究对象、研究目标是什么，比如"20世纪 80 年代流行歌曲中的爱情观念""近年来网络剧中的暴力镜头"。表述应该尽可能明晰，因为表述过程也是对研究主题重新思索和明晰化的过程，表述越明晰意味着研究主题越明晰。

界定研究总体是根据研究主题而来的，这一个过程也是对研究主题中所涉及的概念的进一步细化。比如，对于"近年来网络剧中的暴力镜头"这个研究主题，其研究总体在哪里呢？这需要进一步梳理这句话中所涉及的概念——"近年来""网络剧""暴力"。"近年来"具体指的是多少年以来，是3年还是5年，这里可以暂时设定为"近3年"；"网络剧"是指所有通过网络媒介播放的影视剧，包括同时在电视台、电影院播放，又在网络上播放的影视剧，还是指制作出来专门在网络上播放的影视剧，影视剧中是只包括电影或电视，或者两者都包括，这些问题都需要根据学界通行的对网络剧的界定和研究目的相互结合来最终确定，这里可以先确定为"制作出来专门在网络上播放的电视剧"；"暴力"指的是什么也是一个复杂的、需要明确的概念。确定了研究主题中三个概念之后，研究总体就可以确定了，那就是近3年来专门在网上播放的网络剧中的所有暴力镜头。

以上所确定的研究总体其数量是非常庞大的，在网络媒体发达的今天，3年来在各种网站上播放的网络剧可能是一个天文数字，全部进行内容分析无疑是不可能完成的任务。这个时候就需要进行内容分析都会有的一个步骤，即内容抽样。所谓内容抽样就是从研究总体中选择部分个案组成研究的样本，上文所提到的所有抽样方法，包括随机抽样和非随机抽样，都可以运用到内容抽样中。一般地，内容抽样可以以来源、日期等标准进行分组，使用分层抽样方法进行抽样，例如这里可以根据网络剧播放的平台，即网络剧的来源，将网络剧进行分组，然后从中抽样，或者可以根据网络剧的首次播放日期进行分组，然后抽样，或者可以根据网络剧的类型进行分组抽样。

在内容抽样的同时，要确定分析的单元。所谓分析单元就是内容分析时所具体分析的最小单位，如对于报刊、小说等文字资料的分析可以是字词、句子，对于影视这样的视频资料的分析可以是人物角色、事件等。对于网络剧的暴力分析，其分析单位可以是每部电视剧，可以是每集电视剧，也可以是暴力场景、暴力角色、暴力行为，等等。同时应该注意的是，分析单位并不一定是研究时的考察单位，有时候它们是不一样的，比如，假设这里将分析单元确定为暴力行为，但在具体研究的时候考察的单位可能是每部电视剧的每一集。

　　确定分析单元和内容抽样之后，要根据研究目的来构建分析类目，即确定将分析单元进行归类的标准，以便进行资料的编码和量化。这些标准或者说是分析类目应该是与研究主题紧密相关的，这涉及对于研究主题的概念化和操作化，在上文"确定研究主题"时已经论述了概念澄清即概念化问题，在问卷调查法时论述了操作化的程序，主要是赋予概念以维度和指标，这些在构建分析类目的时候都需要用上。假设这里对于暴力行为进行概念化和操作化后，可以构建这样的分析类目：持续时间、有否死亡、展现风格等。持续时间的分析类目，就是将暴力行为根据其在网络剧中的表现时间的长短进行归类，例如可以分为"3 分钟以下"和"3 分钟（含）以上"两类，分别用数字表示为"0"和"1"，就将这两类进行了编码和量化；有否死亡的分析类目就是根据暴力行为中是否出现了死亡，分为两类；展现风格分析类目就是根据暴力行为在剧中的表现风格，例如公开、隐晦等，进行归类。很明显，暴力行为的持续时间长短、是否出现死亡、表现风格是否公开，是与一个网络剧的暴力程度密切相关的，也就是与研究目的密切相关的。

　　这之后就可以进入内容分析的统计和分析阶段，在这一阶段主要是对以上步骤分析得到的结果进行统计分析，例如，可以统计每部电视剧的每一集中暴力行为的持续时间分别属于哪一类，是在 3 分钟以下，还是 3 分钟以上，假设对网络剧的暴力行为进行统计分析可能得到这样的结果：其中某部电视剧暴力行为持续时间在 3 分钟以上的剧集占总剧集的 30%。最后一步是对这些分析数据进行一定的说明和解释，例如说明暴力行为的酷烈程度可能与网络剧的类型有关系。

　　内容分析有其自己的优点：首先，内容分析成本相对较低，相比较于田野工作和问卷调查，内容分析的对象比较容易获得，获得的代价也比较小，节省人财物和时间；其次，内容分析和文本分析一样，研究对象不是生活中的人，而是保存在不同介质上的资料，因此具有无介入性和无反应性的好处；再次，内容分析是一种可重复的研究方法，一个人对于某种主题和相应资料采用某种标准进行了内容分析，另外的人完全可以一步一步地重复前者的过程，这与田野工作、问卷调查和文本分析难以重复的特征不一样；最后，内容分析可以进行量化，比较客观。

内容分析也有其缺点：首先，内容分析只能根据已经保存的资料进行分析，如果研究主题相关的资料不可得，内容分析自然不可能进行；其次，内容分析只适用于那些明确的、显性的媒介内容，如果用来研究意识形态、价值观念、意义等含义模糊的概念，则比较困难；再次，内容分析的编码和量化有时候是比较复杂的和烦琐的，工作量比较大；最后，内容分析的效度不高。

第四节　比较法和口述史

1. 比较法

所谓比较法，就是根据一定的标准，选取两个或两个以上的个案进行对比，以寻找其异同及异同之中所蕴含的规则、规律的研究方法。比较法是人类的认知天性，人类对于任何事物的感知都蕴含比较的意味，日常生活中的"黑、白，高，低，大、小，多、少"是如此，学术研究中的"文明、野蛮、运动、静止、自然、人文"也是如此。事实上，比较法是社会科学研究中普遍采用的一种方法，对于文化学研究尤其如此。作为文化学的重要源头——文化人类学就是因为比较而产生的，正如第二章论及文化人类学的发展历史时所说，文化人类学是在西方遇到数量众多的、与自己不同的他者和异文化后，在对比中反思西方文化自身和人类自身而产生的；而其第一个理论流派，进化论流派，主要目的就是在比较中构拟整个人类社会文化的发展历史，在此过程中它们还发展出跨文化比较的方法。

比较法之所以可能和可行，是因为世界上的存在同时具有差异性和相似性，如果世界上的存在都是一样的，例如全世界所有人群的社会制度、风俗习惯、思想观念、行为模式等都一样，那么就不需要比较了，也不可能有比较的意识；如果世界上的存在彼此之间是完全不同的，也不会有比较的意识，正如人们一般不会在人与石头之间进行比较一样，因为如果事物之间一点也不相似，人们不会在意它们的关系，也就不会想到对之进行比较，而且毫无相似之处的比较也不知道该从何处下手，因为毫无参照系。所以说，比较是在差异性和相似性基础上的比较，并不是单单基于差异性而比较，也不是单单基于相似性而比较。

比较的类型可以分为纵向比较和横向比较。纵向比较是将同一事物或类似的事物在不同时期的表现形态进行比较，比如日常生活中常被父母提起而作为我们学习榜样的"先贤圣哲"们，比如那个让梨的孔融，实际上就是将我们个人与同属于人类的他们进行比较；比如人们常常比较不同时期的人们的审美观，将唐朝的欣赏体胖与今天的欣赏骨感相比较，说明美的标准并不是一成不变的；再比如人们会比较民国时期的中山装、旗袍的流行和今天的汉服运动，因为前两者和后者都是类似的、被定义为中国人自己的服装。横向比较是将同一时期内的属于同类而具有差异的事物进行比较，例如日常生活中的"邻居家的孩子"就是将我们与那个被认为是榜样的"邻居家孩子"进行比较；比如我们还会常常比较中国与其他国家的各个方面，经济上、军事上、科技上等，也是一种横向比较；再比如米德比较了萨摩亚人女性的青春期和美国人的青春期后得出来青春期是一种社会文化现象而非生理现象的结论，也是横向比较。

比较法还可以分为单向比较和综合比较。单向比较是指只对事物的某一个方面或某一个属性进行比较。比如日常生活中我们经常比较两个人的身高或比较两个人的学历等；比如我们还可以比较中国与美国的政治制度或中国人与美国人的家庭观念等。综合比较是将事物的多个方面或多个属性，甚至是全部方面或全部属性进行比较。比如，如果我们不仅可以比较中国和美国的家庭观念，还可以再加上一条——比较中美两国的家庭结构，以便对中美两国的家庭关系有更全面的认识。

在文化学研究中常见的一种比较方法是跨文化比较。跨文化比较是文化人类学发展出来的一种比较法，它是在综合不同民族文化的经验材料基础上进行比较，以发现人类行为的共性与差异性，验证或构建关于人类社会文化的理论。在文化人类学中，跨文化比较一直是一种非常重要的研究方法，直到今天依然如此。跨文化比较让文化人类学的文化研究可以超越于养成自己的"己文化"的束缚，避免"一叶障目"的陷阱，从而比其他学科更能够深入地理解各种文化现象和文化过程，发现其中的本质和通则。例如，现代都市社会中一般流行父母与婴儿分开睡的习惯，特别是在孩子 3 岁之前；一些专家也会告诉人们，这样做是有好处的，比如可以锻炼孩子的独立性以及有利于母亲的睡眠。但根据人类学家的跨文化研究表明，其实这只是一种现代社会才有的现象，在其他文化中父母与婴儿一起睡是普遍的现象，婴儿与母亲分开睡并被认为是于双方有利，继而发展成一种习惯，这是在西方工业社会发展出来的，时间不过 200 多年。这是西方个人独立价值观和消费主义价值观影响下的产物。而实际上婴儿与母亲分开睡不仅不能提高母亲的睡眠质量，而且可能对婴儿的健康造成威胁①。可以看出，跨文化比较是一种有效的认识人类文化现象的研究方法。

比较法的一般步骤大致可以包括确定比较的问题、确定比较标准、收集材料，进行比较分析、得出结论等。确定比较的问题就是确定比较的内容、范围等，这主要从研究主题推演而来，假设我们现在要研究"城乡高中生的大学录取率的差异"，那么我们比较的内容就可以是"总录取人数、重点高校录取人数、普通高校录取人数、职业高校录取人数、第一志愿录取率等"，比较的范围就是"中国城市所有高中生和中国乡村所有高中生"。确定比较标准就是确定在什么样的平台上去比，这里我们可以确定的比较标准应该是某一年的数据；然后就是收集相关材料，在这里是要收集某一年所有中国城乡高中生的录取数据，无疑不可能全部收集，就可以采取抽样法，收集部分

---

① 威廉 A 哈维兰. 文化人类学（第 10 版）[M]. 瞿铁鹏，等译. 上海：上海社会科学院出版社，2006：11.

数据，再之后就是进行数据对比并得出结论。

2. 口述史

口述史主要是历史研究所发展出来的一种研究方法，如今在历史学、社会学、文化人类学、民俗学、文化学等学科上都有应用。所谓口述史，就是通过对选定的个人或人群进行有计划的访谈，使用录音、文本等技术，将其记录下来，并加以筛选、分析和辨别，以获得比较丰富而可靠的信息和第一手资料的方法。

口述史是非常古老的一种历史方法，和历史一样古老，被认为是第一种类型的历史；例如，司马迁的《史记》除了利用文献资料外，很多地方都是根据别人的口述资料而写成的，其中的《刺客列传》荆轲刺秦王的场景，司马迁明说是来自公孙季功和董生，"始公孙季功、董生与夏无且游，具知其事，为余道之如是"。但在现代之前的漫长时期里，口述史被认为是文献的补充，文献资料才被认为是权威的和可靠的。直到20世纪50年代现代口述史在美国发端，这种情况才有所改善。哥伦比亚大学在当时成立了"口述历史研究部"，在华人学者唐德刚的参与下，陆续邀请中国近代史上的重要人物，如胡适、李宗仁、顾维钧、陈立夫、张学良等人，以"由自己决定公开发表时机"为条件做口述回忆；由此，现代口述史研究法日益受人重视。到了20世纪60年代，随着"新史学"的兴盛，历史研究摆脱了以往注重精英人物和政治史的束缚，开始研究社会史和普通大众，这些研究主题往往在文献中呈现不多，由口述资料组成，所以口述史遂成为一种重要的研究方法。

口述史的类型，按照内容可以分为专题式、传记式、事件式等。专题式是围绕一个主题而由数量不等的人口述并写作而成的，例如"20世纪妇女口述史"；传记式是某个特定的个人口述其一生的经历或某段时期的经历，并基于此而写成的口述史，常见的个人回忆录是此种类型；事件式是围绕某一重大事件由其参与者口述并写作而成的。按照口述者的数量可以分为单人口述史和多人口述史，前者是基于单独一个人的口述而完成的，后者是基于若干人的口述而写成的。

口述史的一般步骤包括：确定研究主题，如要做 1977 年第一届高考口述史；确定口述史人选范围，联系选定的人或人群，并取得合作意向；收集并了解研究主题和选定人或人群的相关资料，制订口述史研究的时间、步骤、具体主题等计划，特别是访谈提纲、意外准备等；进入执行阶段，按部就班地进行口述与记录；进行口述资料的整理，并与已有的文献资料、别人的口述资料等进行核对，纠正口述中的错误；进行资料的分析和撰写最终的成果。

口述史有着不可替代的优点：首先口述史资料来源广泛，不局限于正式的文本、音频、视频的记录，可以弥补正式文献资料的不足；其次，口述史让普通人的经历和观点得以表达，让历史中常常沉默的小人物说话，视角多元，同时也具有民主性；再次，口述史往往具有丰富的细节，比较生动；又次，很多时候，很多历史过程并没有文本、音频或视频资料等正式的记录，这时候只有依靠口述史方法获得对于历史的认知，由此，口述史可以弥补历史的断层；最后，口述史在让普通人发声的同时，也塑造了他们对于他们所口述的那段历史的认同，在很多时候口述史还可以凝聚更多的人的历史认同。

口述史的缺点是：首先，很多时候口述史所需要的个体或人群都已经不在世了，而且即使在世，也未必能够有渠道与之进行联系，更何况要取得他们的合作；其次，口述史的可靠性是需要控制的，或由于个人记忆的不准确，或由于每个人都有美化自己的倾向，或由于个人对自己或他人利益的顾忌，口述回忆有时候是不可靠的，需要与其他的资料相互印证；再次，有时候，由于口述资料涉及隐私、敏感问题等，即使完成了也不能立即公开；最后，口述史常常是一次性的，不大可能说这次不成，再重复一回。

思考题

1. 什么是田野工作？

2. 田野工作包括哪些具体方法？

3. 如何做调查问卷设计？

4. 内容分析的一般过程是怎样的？

5. 口述史方法的优缺点是什么？

第五章

文化的起源、传承与发展

➔ 本章提要

人类文化的起源是一个复杂的问题。一般认为，在人类进化史中，人类文化的起源与生物进化是紧密联系在一起的，彼此相互作用，而且在人类生物进化基本停止之后，人类文化还在持续不断地演化。在演化过程中，由于世代更替，文化必须进行传承；文化传承的机制在宏观上是一种制度化机制，包括非正式制度和正式制度，在微观上主要就是个体的社会化。文化的传承过程中会出现文化危机、文化丧失、文化转型，也会有文化累积、创新与发展等现象。文化危机包括内源性危机和外源性危机；文化丧失包括替代性文化丧失和非替代性文化丧失；文化创新包括首次创新和二次创新。

第一节 人类文化的起源

1. 人类文化起源的简要过程

根据生物学和进化论的观点，人类属于哺乳纲灵长目动物，与其他世界上的动物一样，人类也由进化而来，而非神造或其他神秘力量的创造，甚或是外星人的遗留。一般认为，灵长目动物产生于温暖、潮湿的时代，这个时候地球上大部分地区覆盖着热带和亚热带森林，灵长目动物的祖先从地上转移到树上生存，因为生存环境以及由之而来的获取食物方式、食物结构等方面的变化，灵长目哺乳动物在牙齿、感官、骨骼和大脑等方面都发生了变化：牙齿数量减少和专门化程度降低；嗅觉退化而视觉、触觉发达起来；骨骼部分，例如颅骨、脊椎骨、锁骨、手指骨等发生变化，让灵长目动物可能保持直立行走，并灵活地抓握和控制物体，从而为制造和使用工具提供了可能；大脑容量增加，特别是作为自觉思维的大脑显著增加。在 1500 万年到 800 万前，在非洲，由于气候变化，森林减少，灵长目动物祖先的一部分开始走向陆地生活，成为人类的祖先。在 800 万年到 550 万年，人类的祖先与自己在灵长目中的近亲——非洲类人猿"揖别"，在至少 600 万年前开始走了上自己独立进化的道路，其代表是奥里恩人。大致上，人类进化阶段包括：从南方古猿到能人，再到直立人，最后到智人。南方古猿大约出现在 440 万年前，他们能够直立行走，但接近人类状况的脑组织尚未产生。在 260 万年前到 230 万年前，随着气候变得寒冷干燥，食物来源进一步减少，人类祖先的饮食结构也在发生变化，逐渐增加了肉食，而肉食的增加导致了两个重要变化，一个是高营养的肉食促进了脑容量的增加，另一个是由于牙齿不适合于食用肉食，所以开始制造工具以切割肉类，最早的这种工具大约有 250 万年之久了。而且，制造工具也有利于大脑的发育，因为制造工具促进了手的灵巧性，由此促进了神经系统组织的完善。因此这个阶段的人类祖先进入了一个与南方古猿不同的阶段，即能人阶段，能人与南方古猿相比最主要的区别就是脑容量不同和可以制造工具。在大约180万年前，能人逐渐向直立人演化。直立人的脑容量进一步增加，明显大于能人，与较低级的现代人脑容量相当。他们制造工具的水平也有了长足进步，向多样化和精巧化方向发展。肉食依然是他们饮食结构中的重要组成部分，但获得途径已经变成了狩猎，取代了能人阶段的食用腐肉；他们在大约在160万年前学会了使用火，并在大约80万年前学会了使用船。直立人之后，人类的进化进入到了智人阶段，时间在40万年前到20万年前。早期智人的代表是尼安德人，他们具有现代人一样大小的脑容量，具有更为先进的工具制造技术和狩猎技术，广泛使用火，开始使用语言进行交流，照料病人，精心安排墓地。在大约2.8万年前，进入旧石器时代晚期的智人，体貌特征与现代人非常相似，他们可以制造复杂的工具，创造艺术，如在工具或武器上雕刻图案、在岩石上绘画等，这说明他们能够非常熟练地运用符号。随着旧石器时代的结束，解剖学意义上的现代人类登上地球舞台的中心①。

因此，人类的进化经历了从南方古猿到现代人类这样一个漫长过程。在这个过程中，人类依靠生物本性的程度在日益减少，而依靠后天习得的文化的程度在日益增加，最终让人成了一种悬挂在文化的意义之网上的动物。毫无疑问，人类文化的起源应该在这个漫长过程中去寻找。但确定人类文化起源并非是一个简单的问题，要将人类文化起源确定在某个时间点或者某个时期，基本上是不可能的，也是不科学的。这里有两个问题，一方面，该将何种文化形式出现看作人类文化的起源是一个问题，例如我们该将"制造工具，学会用火，使用语言，发明文字，发明葬仪，熟练使用符号等之中的哪一个"作为人类文化出现的标志呢？该如何选择呢？不同的人可能有不同的观点，而不同的观点和选择就意味着不同的时间节点；如果将使用制造工具作为人

---

① 威廉 A 哈维兰. 文化人类学（第十版）[M]. 瞿铁鹏，等译. 上海：上海社会科学院出版社，2006：62–91.

类文化的起源，根据上面的叙述，是在大约 250 万年前，将使用火作为人类文化的起源，大约是在 160 万年前，而将使用语言作为人类文化的起源，则是在 40 万年前到 20 万年前。另一方面，即使达成了共识，将某一种文化形式的出现作为人类文化的起源，但有些文化能力并不是人类特有的，也就是说，可能在人类祖先开始进化之前，文化能力已经在灵长目的其他动物中存在了，比如根据简·古多尔的研究，非洲黑猩猩会制造工具，而根据 H.迈尔斯等人的研究，通过对猩猩进行"濡化"训练，可以让它具有使用符号的能力。甚至更可能的是，在灵长目出现之前，文化能力就已经在动物中存在了，有些人认为，文化能力是动物普遍存在的一种能力，动物文化能力可以分为个体"简单学习、社会学习、群体持久传统、累积文化行为、符号文化行为"五种，而人类文化的重要特征是具有累积性和在自然条件下使用符号的能力[①]。由此，累积性文化和在自然条件下使用符号的能力似乎可以作为人类文化起源的标志，但累积性文化和在使用符号的能力是一种主观的能力，很难确定在什么时期人类具有了这种主观能力，所能做的就是通过古人类遗留的、可能具有符号性的物品来确定人类是否具有这种能力，以及通过体质人类学的测定来确定人类的语言能力的发展状况，因为语言是最为重要的一种符号运用，而如果能够确定这两点，实际上人类对于符号的运用应该是比较熟练了。而根据研究，现存最早的人类符号是在非洲的一个石器上发现的，大约在 5.4 万年前[②]，而"所有人都同意，口语至少与解剖学上的现代智人一样古老"[③]。所以，如果将使用符号的能力作为人类文化的起源，时间大约在 5.4 万年前。但这是狭义的人类文化，即人类特有的文化，而如果将文化的定义理解得宽泛些，定义为人类的生活方式，将制造工具等也包括在内，那么，这种文化能力可能在很久远

---

① 刘春兴，林震. 文化是人类独有的吗？——动物的文化行为及其起源与演化 [J]. 自然辩证法研究，2012（11）：72–77.

② 刘春兴，林震. 文化是人类独有的吗？——动物的文化行为及其起源与演化 [J]. 自然辩证法研究，2012（11）：72–77.

③ 威廉 A 哈维兰. 文化人类学（第十版）［M］. 瞿铁鹏，等译. 上海：上海社会科学院出版社，2006：124.

的灵长目进化中就已经具备了，如果更为宽泛，文化能力可能是所有动物的普遍能力，时间就更难以确定，更为遥远了。

2. 人类文化起源的两种观点

尽管人类文化的起源很难确定在某个时期或某个时间节点，但有一点是肯定的，那就是，在人类进化的漫长过程中，人类文化与生物进化两者并不是彼此分离的，也没有谁先谁后的问题，而是紧密联系、同步进行、相互作用的。曾经在人类文化起源问题上有两种观点，一种观点是"文化临界点理论"。这种观点认为，人类获得文化能力是人类进化过程中的突发事件；当人类生物进化到一定程度，突然就产生了一种文化能力，获得了人类文化，好似水突然在 0℃变成冰，或者在 100℃变成气体一样，也好似飞机在达到某个速度突然飞起一样。这种观点的突出特点就是假设文化有人类的生物基础；在进化过程中，人类的生物进化在前，而文化出现在后；在某一个时点由于生物进化的量变而达到质变，由此发展出人类文化。另一种观点是文化的起源是一个非常漫长的、逐渐发展的过程，没有一个突然的、作为临界点的时间；文化演化与生物进化之间是伴随关系，而不是先后关系；文化在生物进化中起着至为重要的作用，不仅生物基础在人类文化演化过程中发挥了重要作用，人类文化也对人类生物进化有至关重要的影响；在更新世以后，现代人类中的文化演化和生物进化之间的关系极为薄弱了，因为在现代社会中人类的生物进化基本是很微弱的了。这种观点可以称为是"文化与生物进化伴随说"。可以看出，"文化与生物进化伴随说"与"文化临界点理论"是相对立的。在一段时间里，许多学者对文化临界点理论表示赞同，因为如果赞同文化演化与生物进化是相互影响的，那么就会推论出，不同人类文化可能导致不同的人类群体在生理上的差异，比如智力上的差异等，这就可能导致种族主义①。但实际上，根据我们上文中叙述，在人类的进化过程中，文

---

① 克利福德·格尔茨. 文化的解释 [M]. 韩莉，译. 北京：译林出版社，1999：58–62，76–86.

化确实是与生物进化相互伴随、相互作用的，比如制造工具对于人类脑的发育有促进作用，脑的发育与语言的产生又息息相关。现在，人们基本上赞同"文化与生物伴随说"，而且事实也表明，在现代社会里人类的生物进化是很微弱的，并没有产生不同文化导致不同人群在智力等生物学方面的差异，也就是说，根据漫长人类进化过程中文化与生物进化的伴随关系来推论现代社会是不科学的和没有价值。由此，也不必担心文化与生物伴随说可能导致的种族主义等错误的思想观点了。

第二节　文化的传承

1. 文化传承

"人生有代谢，往来成古今"，由于人类生命的有限性，人类文化必须解决在世代更替中如何从上一代全部或部分地传给下一代人的问题，这就是文化传承。所谓文化传承，指的是在人类世代更替中让下一世代获得、认同、践行和传递上一世代的文化，以在不断的人类世代更替中保持某种文化连续性或自认为的文化连续性。

在文化传承过程中，将文化在世代更替中传递下来以保持某种文化连续性固然重要，但很多时候文化在传承中总是会发生"损失"，甚至是完全改变了，所以许多时候文化传承过程中的"文化连续性"并不是在事实上存在的，而是人们自认为的"文化连续性"。这种主观认同在某种程度上来说比"事实"更重要，特别表现在人类群体对自己所认为的"传统文化"的不遗余力的维护和传承上，而事实上这些"传统文化"很可能是新近发明的，是被发明的传统①。

---

① E 霍布斯鲍姆，T 兰格. 传统的发明 [M]. 顾杭，等译. 北京：译林出版社，2004.

文化传承有其自身的机制，从微观上看，人类个体的社会化过程是一个从生物人变成社会人的过程，也是一个学习世代积累和传承下来的社会文化的过程；社会化的实质就是社会文化的内化①。所以文化传承的微观机制主要是人类个体的社会化；从宏观上看，人类社会为了保证文化传承的顺利进行而存在着各种制度，包括正式制度和非正式制度，主要有国家保障的教育体系、文化遗产保护制度等正式制度，社会生活中的"仪式"等非正式制度。

首先，在微观层面，人类社会通过个体的社会化而实现文化传承。其中，人类个体的社会化的途径，一般有家庭、学校、同龄群体、大众传媒等几种。家庭通常是每个个体出生之后接受社会化的第一个场所，为个体的社会化奠定基础。在家庭中，每个个体不仅学习各种知识、行为规范和思想观念，还获得情感、社会关系处理等方面的培养；在家庭中社会化的成功与否对于个体的早期社会化和一生都有非常重大的影响。学校是专门为社会化而设立的机构，针对个体的社会化提供了系统的、专业的、有组织、有目的的方式方法，一方面让个体学习到家庭所不可能提供的更为专业、全面而深入的知识，另一方面也培养个体的价值观念、思想情感，以及如何在组织群体中进行生活；如果说家庭中的社会化更多的是在潜移默化中进行，那么学校的社会化则是在一定的强制下进行。同龄群体大致上等同于俗语所说的"我的小伙伴们"，是由年龄、兴趣爱好、家庭背景等方面相近的人们所自发组成的社会群体；通过在同龄群体中的互动，个体可以学习如何平等地、自由地、独立地与他人相处，扮演各种社会角色，以及相互之间学习和借鉴彼此的价值观念、行为方式等。大众传媒是在社会成员之间进行信息传递、互通情报的各种专业机构和技术，如报纸、杂志、书籍、电影、电视、网络等；大众传媒既可以传递严肃的知识、生活方式、价值观念，也可以传播娱乐性、消费性的信息，由此在潜移默化中向受众提供了知识、生活方式、思想观念等方面的教育；由于大众传媒内容和形式多样、受众广泛，在现代社会中，大众传

---

① 郑杭生. 社会学概论新修［M］. 北京：中国人民大学出版社，1994：111.

媒在个体社会化中的作用日益突出。

其次，在宏观层面，国家设置的正式制度是文化传承的重要保障。教育体系是其中之一。现代国家通常都有国家财政支持的正式教育体系，包括学前教育、初高中教育、大学教育、职业教育等，与各种非国家财政保障的市场化教育系统，如职业培训等共存。国家财政支持的正式教育体系相比来说具有稳定性、广泛性和强制性等特点，所以与市场化教育系统相比在文化传承中具有更为重要的作用。第一，国家教育系统在文化传承过程中具有文化保存的功能，让文化在时间流逝中能够得到广泛的、稳定的、专门化的传承，而通过民间教育系统所进行的传承由于受众有限、方式单一而不稳定，常常会出现文化损失的现象，中国传统文化中的许多民间工艺到今天都失传了，即是这种文化损失的表现；第二，国家教育系统在文化传承过程中具有文化选择的功能；国家教育系统既是一种保障机制，也是一种指导机制：一方面，能够进入其中的文化要素会得到比较好的传承保障，而没有进入其中的文化要素则可能会因为停留在民间传承的水平上而丧失；另一方面，文化要素进入到国家教育系统意味着国家对之的认可和倾向，可以在很大程度上引导民众对之有价值上的认可和热爱，从而促进了文化的传承。也就是说，国家教育系统在对一些文化要素进行认可和财政保障的同时，实际上是从整体的文化系统中选择性地优先保障了这些文化要素的传承。例如，儒家学说之所以在中国古代获得长久的统治地位和相对稳定的传承，其一个重要的因素就是古代中国的教育体系是以教授儒学为核心的，而其他诸子百家之说并不在其中。第三，国家教育系统具有文化发展的功能；国家教育体系并不是简单地对文化进行复制，在教育过程中含有对文化的变革以适应社会的变迁；国家教育体系也培养了大量的文化精英，使得文化的发展有了人才的基础；另外，国家教育体系本身就是文化精英最为集中的地方，这些文化精英有了国家教育体系的支持可以比较专门地从事文化的传承、积累与发展。

再次，文化遗产保护制度是另一项现代国家设置的致力于文化传承的正式制度，包括文化遗产申报、保护规范制定、传承人制度、文化名城制度等一系列的内容。文化遗产保护制度的主要目的是建立和加强人们对于传统文化保护的意识，建立起有保障的文化传承体系。文化遗产保护意识和运动的兴起是近代以来的事情。在古代，无论在中国还是在国外，对传统文化遗产都没有国家性的、正式的、全面的保护制度；在进入了工业社会之后，随着人类社会变迁速度的加快、市场化对传统文化破坏的加强、人类自我意识和全人类共同体意识的兴起等方面的变化，文化遗产保护制度最早在西方出现，法国成为世界上最早建立文化遗产保护制度的国家，英美等国家相继建立起了相关的制度并付诸实践。进入 20 世纪 50 年代以后，随着各种国际性的文化遗产保护条约的产生，如 1954 年《海牙公约》中在战争和军事冲突下保护遗产的观点，1970 年在法国巴黎产生的《关于禁止和防止非法进出口文化财产和非法转让其所有权方法的公约》，1972 年的《保护世界文化和自然遗产公约》，2003 年的《保护非物质文化遗产公约》等，在全人类共同体的视野下保护文化遗产成了一种共识。中国近代以来传统文化由于内外原因，频遭破坏，其著名的一例就是敦煌文献的毁坏和外流，随着国人民族意识和文化意识的加强，文化遗产保护开始在民间兴起。新中国成立后，1961年，国务院公布第一批国家重点文物保护单位，改革开放后，1982 年公布了第二批国家重点文物保护单位，截至 2016 年共公布有 7 批全国重点文物保护单位；在 1985 年中国加入了《保护世界文化和自然遗产公约》，2004 年加入了《保护非物质文化遗产公约》，目前拥有世界文化遗产 52 项，世界非物质文化遗产 39 项；2008 年我国通过了《历史文化名城名镇名村保护条例》。目前，我国的文化遗产保护制度体系日趋完善，包括各种相关的法律法规、各级重点文化保护制度、历史文化名城名镇和传统村落保护制度、世界物质文化遗产和非物质文化遗产保护制度、非物质文化遗产的传承人制度，等等。

最后，有很多非正式的制度，比如上文所说的市场化的教育体系也是文化传承的一种机制。实际上，市场机制本身也是一种文化传承机制，市场通过对某些文化要素的选择，将那些可以定价、有人出价的文化要素用赚取利润的方式进行经营，从而使这些文化要素得到传承和发扬，例如各种饮食文化就比较容易在市场中定价，也会有许多人出价购买，许多艺术形式，如绘画、音乐、舞蹈等，也可以做到这一点，但语言就不那么容易在市场机制中获得成功，比如教授蒙古语大概不会招到太多学生，因此市场机制在文化传承中有优势，也有弊端①。另一项非正式制度是仪式。仪式本身属于文化，以各种形式普遍存在于人类社会，具有规定性、参与性与重复性的特征，其类型包括生命仪式和强化仪式等。仪式具有加强社会团结，促进个体社会化，并使得个体通过行动和体验在其中学习和传承社会文化的功能。例如，在生命仪式中，人类个体度过生命历程中的重要节点，如成年、结婚等，同时也学习相关的知识和传统文化，学会扮演新角色；在强化仪式中，人类群体通过仪式来解决或象征性地解决所遇到的危机，或通过仪式来通过其生活中的重要时刻，比如收获时期，在此过程中，群体的团结得到加强，群体的价值观再一次为个体所体验和践行，从而传承了群体的价值观念。根据人类学家的研究，很多前现代社会中并没有正式的学校体系，它们的文化大部分都是通过各种各样的仪式，主要是生命仪式和强化仪式两种类型，而得到传承；实际上，在现代社会中仪式也是与正式学校系统同等重要的文化传承途径，大部分人，包括接受了正式学校教育和没怎么接受正式学校教育的人都从仪式中学习到和传承了传统文化。

2. 文化危机、文化丧失与文化转型

文化传承不等于文化复制，虽然也许有不少人在下意识中认为最好的文化传承就是将全部的文化特质一点不漏地复制给下一代，但事实上这是不可能的，也不是历史事实。英国著名的文化研究学者保罗·威廉斯曾经举例说，没有一个人可以号称说读过了 19 世纪所有的小说，即使是文学研究学者也

---

① 另外的一个例子可见张岳，良警宇. 选择性建构：国家、市场与主体行动互动下的文化身份与认同——对北京某满族村的个案研究 [J]. 黑龙江民族丛刊，2011（4）：31–37.

是如此，事实上，即使是 19 世纪的小说写作者也不可能读遍自己时代的所有小说。所以说，文化的传承总是有选择性的。在世代更替中文化总会发生变化，既有创新与发展，也会出现文化危机与文化丧失；文化危机与文化丧失并不一定是坏事，因为如果文化传承完全等于文化复制，则人类社会的各种物质条件、知识、价值观念等都将得不到更新，也就很可能没有了人类社会的"进步"，至少是会减缓进步的速度。"在遗忘中前行"这句话不仅适用于个体的人生，也适用于人类文化的传承过程。

文化危机，是说在某段时期内某一群体所拥有的某种文化模式，不再能够为该群体提供他们可以认同的关于生存和生活的意义与根据。文化危机既可以表现为传统文化在文化传承中因为与人们的生活经验脱离而遭到挑战、质疑甚至是批判的现象，也可以表现为在文化工业化和市场化条件下文化所提供的意义体系的混乱、单一化和某种程度上的丧失。从原因上来说，文化危机可以分为内源性文化危机和外源性文化危机两种①。内源性文化危机主要是拥有某种文化的群体其自身发展所导致的，这种动力来自经济、政治、社会文化自身等各方面的发展、互动和相互促进，在春秋时期生活的孔子经常哀叹"礼崩乐坏"，哀叹于当时人们普遍怀疑西周时期的礼乐制度的态度和抛弃之的做法，实际上当时就是处于一种"西周礼乐制度"的内源性文化危机之中。外源性文化危机主要是由于异文化的介入而产生的对自己传统文化模式的怀疑、批判和抛弃。中国近代与西方接触，在西方强势文化冲击下，表现出了对于传统文化的全面质疑和抛弃，就是这种外源性文化危机的典型例子。当然，在现实中，内源性文化危机和外源性文化危机常常交织在一起，不能够截然分开，区分这两种类型不过是为了分析上的便利。

文化危机常常意味着某种文化特质或特质丛的丧失，即文化丧失，但文化丧失并不一定会产生文化危机；所谓文化丧失指的是某些文化特质，甚至

---

① 衣俊卿. 论文化危机和文化批判 [J]. 求实，2002（6）：5. 这里所使用的内源性危机和外源性危机这两个概念，与所引文章有所不同.

可能是整个文化模式在文化传承的变化中消失了。文化丧失常常是某个或某些文化特质的消失，只有在极端情况下在比较漫长的时期内才会有整个文化模式丧失的情况出现，所以文化丧失通常并不会导致文化模式的整体的危机，即文化危机。文化丧失可以分为替代性文化丧失和非替代性文化丧失[①]。前者是新的文化特质出现代替了旧的文化特质，例如电子计算器代替了算盘，汽车代替了马车等。后者指的是文化特质在没有替代物出现的情况下消失了，例如又臭又长的老太太的裹脚布不存在了，古代女子的"三从四德"的观念在今天也消失了，等等。

文化危机还常常导致文化转型，即在某一个时期内某个群体对于原来的、常常是处于危机之中的文化模式自觉地进行补充修正，在保持一定的连续性的前提下，使之转换为一种新的、为他们所认同的文化模式的过程。文化转型是一个漫长的过程，也是一个自觉的过程，它需要一定的时间让人们从文化危机和丧失的体验上升到自觉意识，也需要一定的时间让人们去做出补充和修正的工作；文化转型是一个更新改造的过程，也是一个需要保持某种连续性的过程，文化转型并不意味着完全抛弃原来的文化模式，它需要在新旧文化模式之间保持某种连续性，不管这种连续性是真的事实还是人们自己的构建。中国近代以来，由于中外文化的接触，中国政治、经济与社会自身的发展，一直处于一种转型之中，主要内涵包括从农业社会文化到工业社会文化的转型，从传统文化向现代文化的转型，从精英文化到大众文化的转型，从乡村文化到都市文化的转型，等等。但直到今天文化转型在很多人看来也并没有完成，这主要并不是因为对中国原有的文化模式的更新改造所做的工作不够，而主要是因为在近代以来的许多时间里人们通常认为中国传统文化的组成特质在持续消失，也就是说人们认为新旧文化模式之间的"连续性"太少了。

---

① 威廉 A 哈维兰. 文化人类学（第十版）[M]. 瞿铁鹏，等译. 上海：上海社会科学院出版社，2006：463–464.

第三节　文化的累积与创新

1. 文化累积与文化创新

人类文化是一种具有累积性的符号文化。累积性意味着在文化的传承过程中，人们不仅希望尽可能地将传统的文化完全地传递下去，保持最大限度地连续性，尽管这其中必然和事实上也出现了文化丧失、文化转型与变迁，人们还希望并且能够不断积累世代传递下来的文化，使之在数量上和质量上不断提高，并在此基础上出现文化创新与发展。这是人类与其他动物之间的一个关键性的区别，尽管其他动物也有程度不同的后天学习能力，但它们的后天习得的行为要么是短暂的，不能传递给下一个世代，要么是非累积性的，只能在不同世代之间不断地重复而没有任何的创新和进步。典型的例子就是上文曾提到的黑猩猩等类人猿也能制造工具的例子，它们虽然能够制造工具和使用工具，也能够在不同世代之间传递这种技术能力和行为，但"类人猿作为一个物种，在使用工具方面毫无进步，新的一代较之其前辈没有更大的发展"[①]。而纵观人类历史，人类的制造工具和使用工具的技术在不断更新和进步之中，尽管在不同的历史时期更新和进步的速度不同。毫无疑问，正是能够在历史发展过程中不断地进行文化累积、创新与发展，才使得人类社会不断地处在变迁与发展之中。

从根本上说，文化累积基础上的文化创新是文化变迁的终极来源。文化创新指的是"在一个群体内部所广泛接受的所有新的做法、工具或原理"[②]。文化创新的基础是文化累积，但文化累积和文化创新的最根本的来源都是

---

① LA 怀特. 文化的科学——人类与文明研究［M］. 沈原，等译. 济南：山东人民出版社，1988.

② 威廉 A 哈维兰. 文化人类学（第十版）［M］. 瞿铁鹏，等译. 上海：上海社会科学院出版社，2006：457.

"符号"，都因为人类文化是使用符号的文化，因为人类拥有使用符号的能力，所以人类文化才可能积累和创新。"全部文化或文明都依赖于符号。正是使用符号的能力使文化得以产生，也正是对符号的运用使文化延续成为可能。"①。符号是携带有被使用者指定的意义的事物，符号具有可以感知的存在形态，但在任何情况下，它的意义都不是由其存在特性所决定的，而是由其使用者所赋予的，例如在中国文化里，"红色"常常被指定为携带有"吉祥"一类的意义，"松柏"通常被认为具有"气节"的含义，但"红色"和"松柏"的存在形态与"吉祥""气节"的意义本身并没有太大的关联。通过符号，人类可以脱离"时空在场的限制"来学习先前的和遥远的他者的文化，使得文化可以得到累积；通过使用符号也可以让人们脱离事物物质形态的限制，构建成体系的、具有连续的关于世界的秩序和意义，使文化成为一种自在的体系，在一定程度上自我累积；通过使用符号，人类将自我放置在一个符号性的世界之中，在其中，人类为每一种人类社会的经验和知识，或者说每一种文化特质都安排了其在秩序化的、连续化的世界中的位置，从而使文化的积累成为可能，例如，同样是制造和使用工具，类人猿的主观经验和认知随着每一次制造和使用工具活动的结束而结束，从不具有连续性，而人类制造和使用工具的主观经验和认知并不会随着外部活动的结束而结束，而会将这种活动和经验进行符号化，通过与文化体系的其他符号联系在一起，成为文化体系中的新的组成部分；想想我们曾经将摩托车叫"电驴子"（通过这三个符号文字，与原来已有的"动物驴"及其符号"文字驴"联系在一起），将计算机叫"电脑"，将自行车叫"洋车子"等现象，就会明白这种将新的事物及其相关经验、知识与原来的文化体系建立联系、安排其位置并完成文化累积的现象了。

2. 文化创新的类型与条件

文化创新的类型有首次创新和二次创新两种。首次创新是"涉及对一个

---

① L A 怀特. 文化的科学——人类与文明研究［M］. 沈原，等译. 济南：山东人民出版社，1988：33.

新原理的偶然发现的活动"①，比如人类在偶然的情况下发现了"摩擦起电"，再比如人类偶然发现了"火烧黏土可以使之永久性地变硬"的原理。二次创新是"那些由对已知原理的有意应用而产生的事物"②，例如利用"火烧黏土可以使之永久性地变硬的原理"以制造陶器，利用对"电"的原理的认知并结合其他知识以发明电灯、电视、电影等。

根据文化创新的定义，文化创新涉及两个要素，一是"新的做法、工具或原理"的出现，二是"新的做法、工具或原理"出现后被广泛接受，只有被广泛接受的"新的做法、工具或原理"才是文化创新，有时候有些新的做法、工具或与原理出现了，但却没有被广泛地接受，虽然从广泛意义上说这也是文化创新，但就其社会影响来说，并不属于价值甚大的范围。例如，人们在很早的时候就有了"日心说"的观点，古希腊天文学家阿里斯塔克被认为最早提出这个观点的人；但提出"日心说"并引起了巨大的社会震动，在经过一段比较长的时期后最终为社会广泛接受，是哥白尼所造成的。所以现在人们普遍认为哥白尼的日心说是一种革命。文化创新为什么会出现？什么情况下文化创新才会被广泛接受呢？对于文化创新的出现，有的观点认为是环境变化的原因，有的观点认为是人类生存或生活的需要，有的观点认为是经济发展的结果，还有的观点认为是文化自身的矛盾或结构所造成的，实际上文化创新并不是单一原因所造成的，而应该是多种因素综合造成的，比如常常是环境因素、生活需要、经济发展与文化既定结构等方面的互动而造成的。例如，现在眼科治疗常用的检眼镜的发明，是由一位德国的医生兼物理学家赫尔姆霍茨完成的；当时医生治疗眼睛迫切需要一种能够检查视网膜的工具，有人也在做这样的努力，但是并没有成功，赫尔姆霍茨本人物理学知识深厚，又是医生，身兼物理学和

---

① 威廉 A 哈维兰. 文化人类学（第十版）[M]. 瞿铁鹏，等译. 上海：上海社会科学院出版社，2006：457.

② 威廉 A 哈维兰. 文化人类学（第十版）[M]. 瞿铁鹏，等译. 上海：上海社会科学院出版社，2006：457.

医学两方面的知识为他解决这个问题奠定了基础；可以说，医用检眼镜的出现，是由生活的需要因素，加上文化既有知识的累积所促成的。文化创新后是否能够被广泛接受，也并不是一个单一的是否能满足人们生活需要，或其本身是否更先进的问题，其中也有经济利益和文化自身既定结构的作用，应该综合包括这些因素在内的多个因素来考虑。例如，司马迁撰《史记》，在史书的写作体例、内容和思想上多有创新，现在已经被我们广为接受和传颂，但在当时及至以后很长的时期内还被人视为"谤书"，应该毁禁，典型的是东汉班固，其撰《汉书》虽然在体例上多有借鉴《史记》，内容上有些甚至是直接抄录《史记》，但认为《史记》价值观有问题，"其是非颇谬于圣人，论大道而先黄、老而后六经，序游侠则退处士而进奸雄，述货殖则崇势利而羞贱贫，此其所蔽也"。其中，除了班固与司马迁的思想观念不同以外，潜在的是司马迁的观点与专制皇权的利益不符合。还有一个被广泛所知的一个例子，我们现在所用的电脑键盘是"QWERTY"标准打字机键盘，这种键盘需要一定的练习才能够熟悉，尽管这练习的难度并不是很大；这种键盘最早出现于1874年，当初之所以这样设计是了防止打字速度过快而损害打字机，在成了人们习惯的、占主导地位的键盘模式后，即使再出现新的、比之优点更多的键盘，比如1932年出现了一种"德沃夏克键盘"，其在练习时间、打字速度和打字准确率等方面都占有优势，但却不能取代"QWERTY"标准打字机键盘，其中就有经济利益、人们的习惯等各方面的原因。

 思考题

1. 动物有文化吗？如果有，人类文化与动物文化有什么差别？
2. 关于人类文化起源的两种观点是什么？
3. 文化传承的机制有哪些？
4. 文化丧失的概念和类型各是什么？
5. 什么是文化创新？

第六章

文化接触与互动

➜ 本章提要

　　"文明是一件东拼西凑的百衲衣"，在文化接触中织就。文化接触是空间上不同类型的文化的相遇与互动。在相遇与互动过程中，文化之间会出现文化震惊、文化借用、文化涵化、文化变迁与文化冲突等现象。文化借用是指在文化接触中，一种文化接受另一种文化中的某种或某些文化特质，并可能对之采用某种修正，以纳入自己体系的过程和结果。文化借用具有非常重要的作用，促进了文化的积累、创新与发展；文化借用具有选择性、修正性和长期性的特点。文化涵化指两种或两种以上的文化在长时间相互接触中，由于一方或相互之间借用对方的文化特质，而造成一方或双方原来文化形式发生较大变化，从而使双方文化相似性不断增加的过程与结果。文化涵化的极端是文化同化。文化冲突是因为文化差异而造成的，但文化差异不一定造成文化冲突，文化冲突需要避免极端化和暴力化。文化多元主义和文化自觉是争取文化接触与互动之积极前景的必要思想原则。

第一节　文化借用与文化涵化

1. 文化借用的重要性

世界上存在有许多不同类型的文化，这些文化之间常常并不是相互隔离的，在很长的时期内与世隔绝的文化类型并不是没有，像大洋洲的塔斯马尼亚人，但毕竟很少。所以不同文化之间的接触与互动成为可能，并且确实是人类发展历史上的重要事实。就此，网络上流传的一个段子可以做一个很好的注解，说的是一个人穿越到中国先秦时期去餐馆吃饭的遭遇，其文大致如下：

某甲穿越到先秦的关中地区。

"里边请，请问客官是打尖还是住店？"

"打尖！来一碗西红柿鸡蛋面。"

"那抱歉，客官，面条是有，但西红柿是美洲货，清朝末年才传入中土。小店目前只有鸡蛋，要不您点一个？"

"什么店啊！连碗面都没有，馒头包子总有吧？上一屉！"

"这位爷，也没有。馒头包子得等到汉代才有，而且叫蒸饼，不叫馒头。"

"晕！你们不会只供应白米饭吧？"

"抱歉，咱是在关中，水稻原产亚热带，得翻过秦岭才能种，咱也没有。"

"要死了！那就来个大侠套餐吧，二两女儿红，半斤熟牛肉……"

"抱歉，虽然朝廷没有禁止杀牛，但牛肉现在是稀罕物，小店没有！"

"得得得，白酒我也不喝了，来点啤酒、葡萄酒或饮料什么的吧？"

"对不起，啤酒是大麦做的，咱中国现在还没有，葡萄酒是葡萄酿造的，要到西汉张骞去西域后葡萄才传入。您说的饮料是？"

"就可口可乐之类的，实在不行咖啡也可以。"

"抱歉！可口可乐是国外的，咖啡原产于非洲，现在都没有。"

"好吧！那就不吃饭了，上点水果吧。大热天的，来半个西瓜。"

"呃，客官，西瓜是非洲特产，要到南宋才有种植……"

"没有西瓜，苹果总有吧？"

"真抱歉，苹果19世纪才从欧洲传入我国。客官，您别点水果了，我可以负责任地告诉您，像什么芒果啦，石榴啦，草莓啦，菠萝啦……您现在都吃不到。"

"那你们店里到底有什么？"

"粟米的窝窝饼，您蘸肉酱吃，我还可以给您上一份烫白菜。"

"敢情你开的是麻辣烫店啊？"

"瞧您说的，辣椒到明代才引进呢，我想开麻辣烫也开不成啊！"

"没有辣椒，用大蒜代替也行。"

"真不好意思，大蒜的种子是西汉张骞出使西域后带回来的。小店只有花椒，只麻不辣。"

"那你们就不能炒个青菜？非要开水烫白菜？"

"客官您有所不知，炒菜要用菜油，菜油得等到明朝后期普遍种植油菜花以后才有。"

"好吧，其实你们可以用花生油……"

"花生可是美洲植物，哥伦布发现新大陆以后才开始传播。直到乾隆末年，花生都还十分罕见。"

"顶你个肺啊！那就来份烫白菜吧，多加点香菜。"

"嘿嘿，香菜原产地中海，张骞出使西域后……"

"别说了！我真恨不能一黄瓜拍死你！"

"黄瓜？黄瓜原产印度，也是张骞出使西域带回来的。"

"没有黄瓜，我就用茄子捅死你！"

"嘻嘻，茄子来自东南亚，晋朝时传入我国的，隋炀帝就特别爱吃……"

"……"

"客官您还要什么？"

"……"

"喂，客官……客官您别走啊！"

"客官"某甲不能不走，因为他太无奈和失望了，作为今天的普通人他忽然发现，原来日常生活中许多平凡饮食在先秦时候都没有，都是后来从其他文化中借用而来的。事实就是如此。今天我们中国文化中的许多文化特质，包括日常生活中常见的饮食、风俗，也包括一些"有深度"的思想观念、宗教等，都是在与其他文化的接触和互动之中借鉴而来的。例如，我们熟知的佛教是来自印度，我们的"男女平等""妇女能顶半边天"的观念是来自欧美，等等；当然，我们中国文化中的许多文化特质也被其他文化所借用，成了其他文化的重要组成部分，比如中国的儒家思想被周边的日本、韩国等国家所尊崇，比如中国围棋也为这些国家所借用，等等。事实上，"文化借用"通常构成了大多数文化的累积和发展的两大源头之一，另一个是文化创新。没有文化接触和互动过程中的文化借用，再没有文化内部的创新，一个文化就很可能停滞不前，这方面的一个例子就是上面提到的大洋洲的塔斯马尼亚人；自旧石器时代晚期开始，他们就与其他文化隔离开来，独自生活在塔斯马尼亚岛，在 19 世纪初与西方文化遭遇之前，由于没有与其他文化的接触与互动，他们还停留在石器时代，以狩猎和采集方式生存，没有文字，也没有房屋。所以说，文化借用乃是文化累积和发展的重要因素，复杂而文明的社会多是与其他文化接触与互动的社会，美国人类学家拉尔夫·林顿曾经认为，任何一种文化的 90% 的内容都是文化借用而来的，而另一位美国人类学家罗伯特·罗维有句类似的、说明文化借用重要性的名言，"我们的现代文明更是从四面八方东拼西凑起来的一件百衲衣"[①]。

---

① 罗伯特·罗维. 文明与野蛮 [M]. 吕叔湘，译. 北京：生活·读书·新知三联书店，1984：13–14.

2. 文化借用的概念与特征

什么是文化借用呢？文化借用指的是在不同文化之间的接触与互动过程中，一种文化接受另一种文化中的某种或某些文化特质，并可能进行某种形式的修正，以纳入自己文化体系的过程和结果。所以，文化借用是文化接触过程中的一种现象，没有不同的文化及其相互接触，文化借用便无从借起，无从谈起的。通常，文化借用有三个方面的特征。第一，文化借用具有选择性，不是异文化的任何文化特质都会被纳入借用的"法眼"之中，正如上文所说，今天的中国借用了其他文化的许多文化特质，遍及衣食住行、思想观念等诸方面，但我们并不会借用非洲的酋长制、印度的种姓制度等；第二，文化借用通常需要对借用来的文化特质进行某种程度和形式的修正，以与本土文化相融合，使之成为本土文化体系的一分子，例如我们中国外来的任何一种宗教，包括佛教、基督教、拜火教等都必须解决一个问题，即与中国本土儒家思想观念相融合的问题。佛教曾经在历史上遭受过儒家的"狙击"，其所受到的一个骂名就是倡导世人出家，在形体上毁坏受之父母的"身体发肤"，"身体发肤，受之父母，不敢毁伤。……今沙门剃头，何其违圣人之语，不合孝子之道也"①；在责任上背弃父母妻子，违情悖理，所谓"遗弃二亲（父母），孝道顿绝""五逆不孝，不复过此"②；在婚娶子嗣上，不婚不子，大违儒家"不孝有三，无后为大"的观点。这就是佛教出世精神与儒家思想的孝道伦理之间的融合问题。佛教后来能够在中国广为传播，原因之一就是佛教发展出来一套与儒家孝道伦理相融合的佛家孝道思想，即认为孝道乃是佛家修行的根本，孝行与佛教修行的根本目的相同，孝行即佛行。另外，大家都知道，佛教诸神大多经过了中国化。比如，哪吒三太子这个神灵，其原本是印度佛教的护法神，属于夜叉神，面貌凶恶，易愤怒，后来才成了被神话的唐朝将领李靖的儿子；有了中国血统，其面目也由凶神形象变成了一个

---

① 僧祐，编撰. 弘明集（牟子理惑论）[M]. 刘立夫，胡勇，译注. 北京：中华书局，2011：24.
② 僧祐，编撰. 弘明集（灭惑论）[M]. 刘立夫，胡勇，译注. 北京：中华书局，2011：276.

可爱的孩童；更重要的是，其原本不符合中国孝道的、"析肉还母，析骨还父"而与父母绝交的故事，也被改成了为了保护父母和家庭而主动自罚的孝道故事，由此完全中国化了。第三，文化借用常常是一个漫长的过程，除了需要与本土文化进行融合这个原因外，文化借用还常常遭遇另外两个方面的障碍，一个是认同，一个是利益；虽然文化借用是古今中外普遍存在的事实，但人们总是保持有对于自我和自我文化的认同，天然地对于外来的、非我的文化特质有一种疑虑和保守的倾向，即人们常常不是基于文化本身而做出价值判断，而是基于文化的来源去做价值判断。这是种普遍的倾向，再以佛教中国化的过程为例，佛教最初不为人接受，除了被认为是不符合当时占据社会主导地位的儒家孝道伦理以外，还被认为是"以夷乱夏"，来源非正，所谓"舍华效夷，义将安取"；利益方面的障碍指的是文化借用过程中的利益冲突，在既定的文化体系中借入新的文化特质，常常会在新旧之间产生利益冲突，中国近代引进西方现代教育体系会与原来的科举制度有冲突，引进西医与传统中医有一定的利益冲突；佛教在中国传播所遇到的最大挫折莫过于"三武一宗灭佛"，即北魏太武帝、北周武帝、唐武宗、后周世宗四位皇帝的灭佛举动，而其背后的主要原因是佛教传播影响到了皇权和道教的利益，特别是与皇权有利益冲突，即所谓"窃人主之权，擅造化之力，其为害政"。

3. 文化涵化与文化变迁

在文化接触与互动中，除了文化借用外，还有文化涵化现象。文化涵化指两种或两种以上的文化在长时间相互接触中，由于一方或相互之间借用对方的文化特质，而造成一方或双方原来文化形式发生较大变化，从而使双方文化相似性不断增加的过程与结果。文化涵化概念是1880年美国民族学局首任局长约翰·韦斯利·鲍威尔在其《印第安语言研究导论》中首次提出的。1905年，由德国学者格莱博纳等介绍到欧洲，以后成为研究社会、文化变迁的一个重要而常用的概念。与文化借用相比，文化涵化指的是双向的改变而不是单向的借用，而且文化涵化有时候包含有强制性因素，或表现为直接的武力征服，或表现为潜在的强力的威胁，清朝初年汉族人不得不剃发留辫的事件可以作为一个大致的例子。文化涵化的结果可能有很多种，或者是双方都做出改变，融合成一种新的文化类型；或者一方做出改变，成为一种居于次要地位的亚文化，与另一方共存；或者是一方向另一方趋同，最终完全接受了另一方的文化特质，丧失了自己的文化特质，这就是文化同化；所以，文化同化是文化涵化的极端类型。

与文化涵化相关的另一个概念是文化变迁。文化变迁指的是文化由于内部或外部的原因从原来的文化模式向新的文化模式转变的现象。可以看出，文化涵化主要是外部原因，是由于不同文化的接触与互动所造成的，而文化变迁不仅可以是外部文化接触和文化借用的原因所造成的，或者外部地理环境变化造成的，还可以是内部的文化累积和文化创新所造成的，所以从大的方面来说，文化涵化可以看作是文化变迁的一个类型。

第二节　文化冲突

1. 文化冲突的概念与原因

文化借用具有选择性，需要进行一定程度的修正和漫长的时期；文化涵化有时会包含强制性的因素，甚至是直接的武力。这些都暗示了，在不同文化的接触与互动过程中，存在着不那么和谐的一面，即文化冲突。文化冲突指的是不同文化之间在接触和互动过程中，或同一文化体系的不同文化群体之间，在文化构成的各个方面所存在的紧张、敌视、对抗等现象。由此，文化冲突可以存在于同一文化体系中的不同文化群体之间，比如在我们所处的这个文化变迁速度很快的现代社会中，不同世代之间都有着文化冲突，人们常说的代沟即是这种表现之一；每一代人都被另一代人所不理解，"80 后"曾经被认为是"小皇帝"，"90 后"被认为是"非主流"，"00 后"被认为是"特别幼稚"，也是这种文化冲突的表现之一。但说到底，同一文化体系中不同文化群体之间的文化冲突，也是由于文化差异所造成的紧张、敌视和对抗而形成的；从大的方面来说，与不同文化之间的文化冲突是一样的。

所以，文化冲突从根本上是基于文化差异和文化接触所形成的，不论是在不同文化之间，还是在同一文化体系的不同文化群体之间，这是文化冲突的必要条件；没有文化差异，大家都一样，自然是你好我也好，有了文化差异，没有文化接触，也可以一直保持本文化"老子天下第一"，不会有文化冲突；只有在有了文化差异和文化接触之后，因为每个人都自然地认同于本文化，在接触到异文化后由于保持这种文化认同的内在取向和外在实际困难之间有张力，才可能产生文化冲突。

但文化差异和文化接触只是文化冲突的必要条件，而不是充分条件。文化冲突肯定是来自文化差异和文化接触，但有了文化差异和文化接触，不一定产生文化冲突，例如在近代之前，中国和韩国之间虽然有文化差异，但并没有彼此之间的、基于文化差异之上的紧张与对抗。那么在什么条件下，文化差异和文化接触才会发展为文化冲突呢？其中的原因是非常复杂的。可能有政治原因，双方政府的态度是非常重要的因素，著名的文化冲突事件——十字军东征，如果没有政治的介入，是不会形成的；可能有利益的原因，文化冲突的背后常常是以文化为旗号的各个不同群体之间的利益之争，十字军东征即常被认为是为一种攫取土地和财富的欲望所驱动；可能有历史的原因，文化冲突一旦发生过，成为历史的存在，便可能恩怨纠结，长期冲突下去。这些原因也可以从另外一个著名的例子，明清时期天主教与中国儒家伦理的一个著名的冲突事件——"礼仪之争"中得到验证。基督教传入中国几经起落，明朝后期，天主教在耶稣会士利玛窦等人的努力下再次在中国传播，但也不得不面临与佛教传入时所面临的一样的问题，即如何与中国的儒家伦理相调和的问题。由此引发了长达百多年之久的"礼仪之争"。在"礼仪之争"中，天主教与儒家伦理的文化冲突之处具体主要表现在这两个方面：关于基督教所信仰的唯一之神"Deus"的汉文翻译和称呼问题，是用"天""上帝"来称呼，还是用"天主"来称呼，这被称为"译名之争"；祭祖祭孔是否具有偶像崇拜和迷信的性质，是纯粹为了纪念和教育目的，还是为了祈福攘灾的目的。利玛窦在中国传播天主教的时候，采取的是"补儒易佛"的务实路线，力图在中国占主导地位的儒家思想与天主教之间做到调和，所以他用中国人传统上对于上天神灵的称呼"天""上帝""天主"来比附"Deus"，对于当时中国人的祭祖祭孔制度和习俗，也采用与天主教信仰可以调和的解释，认为只是具有纪念和教育意义。但在 1610 年利玛窦死后，以这两个问题为核心的"礼仪之争"就开始了。首先是在耶稣会内部关于"Deus"翻译和称呼的争论；于利玛窦之后继任耶稣会中国会长的龙华民认为"天""上帝""天主"等名称在中国传统思想中有宗教成分，不应当作为"Deus"的译名，建议用音译陡斯来称呼基督教唯一之神"Deus"，后于 1628 年的"嘉定会议"后采用了折中方案，废除了"天""上帝"的译名，也不用音译陡斯，而是保留"天主"的翻译方法。这是"礼仪之争"的第一个阶段，范围停留在耶稣会士内部，最后的结果也是折中的。没过几年时间，这种争论范围就大大扩大了，进入了"礼仪之争"的第二个阶段。这种形势的变化是由于天主教在中国传教的势力变化所造成的，在 1633 年之前，在中国传教的权力实际上完全被耶稣会所垄断，在 1633 年，教皇乌尔班八世才实质性地将进入中国传教的自由扩大到了所有的天主教修会和宗教团体[1]。1632 年多明我会士高奇到达福建福安，其同意耶稣会的传教策略，但 1633 年，多明我会士黎玉安、方济各会士李安堂也到达福安，两人都属于非法入境且未得到地方政府允许就开始传教，遭到了中国人的抵制，且多明我会和方济各会与耶稣会早有不和，这时他们在看到中国基督信徒有祭祖祭孔行为后，即认

---

① 吴莉苇. 文化争议后的权力交锋——"礼仪之争"中的宗教修会冲突 [J]. 世界历史，2004（3）：92.

为是迷信活动，应该禁止，并对耶稣会之传教策略大为不满，于是扩大了"礼仪之争"。他们先后上报给了菲律宾教会和罗马教皇乌尔班八世。1645 年，教皇英诺森十世发布通谕，禁止中国教徒祭祖祭孔。后耶稣会进行了反驳，得到支持，1656 年教皇亚历山大七世发布通谕，允许中国教徒祭祖祭孔。这样"礼仪之争"就从耶稣会内部扩大到了不同天主教修会之间，并牵动了天主教教皇，但结果却是有了两个完全意思相反的通谕，各修会之间的利益冲突、为了争夺在中国的传教势力以及各修会所代表的欧洲各国势力利益等各方面因素都不允许这样的结果持续下去。1693 年，天主教福建宗座代牧、外方传教会会士阎当发布训令，拥护 1645 年的教皇通谕，认为 1656 年的教皇通谕所依据的材料不真实，禁止中国教徒祭祖祭孔；他还派遣代表回罗马再次向欧洲的神学学者和天主教教皇挑起"中国礼仪"问题。与此同时，耶稣会也为了抗衡自己的反对派，求助于中国皇帝康熙。于是"礼仪之争"演变成了教皇与康熙的直接参与。1704 年，教皇克莱门特十一世又一次做出了禁止用"天"或"上帝"称呼"Deus"，禁止中国教徒祭祖祭孔的决定。在这之前，1702 年派特使多罗前往东方，负责解决印度和中国的"礼仪之争"。1705 年，多罗到达中国，此后在停留期间多次觐见康熙皇帝论及祭祖祭孔问题，但由于教皇克莱门特十一世于 1704 年已经做出了决定，所以双方并未达成一致，反而让"礼仪之争"冲突加剧：康熙皇帝做出了对天主教来华传教士加强管理、必须领取朝廷颁发的"信票"的规定，多罗在 1707 年向所有在华传教士传达了教皇克莱门特十一世禁止中国教徒祭祖祭孔的决定。这之后，罗马教皇和康熙的对抗就越来越升级了，以致 1742 年教皇本笃十四世颁发了《自上主圣意》敕谕，命令所有在华传教士必须宣誓反对敬天、祭祖祭孔等有违基督教教义的礼仪，而康熙也已经于 1721 年做出了禁止天主教在中国传教的决定，第二年雍正登基后实行了全面禁教政策。至此，天主教因为"礼仪之争"的文化冲突再一次陷入了在中国传播的低潮，而中国也失去了由天主教而接触西方更多文化和知识的机会。由"礼仪之争"这一漫长、曲折的过程可以看出，其中冲突的不仅是中国儒家伦理思想与基督教教义，还有天主教内各修会，耶稣会、多明我会、方济各会、方外传教会等之间的、包含着利益的冲突，以及他们所代表的欧洲各国之间的利益冲突，再有就是中国皇权与远方教权的冲突，等等。所以说，文化冲突出现往往是多因素造成的，并非一端。

2. 文化冲突的类型

文化冲突是人类学、文化学研究者非常关心的一个现象，因为它意味着一种需要解决的问题。从小的地方说，个体的犯罪行为可能是文化冲突的结果，美国学者索尔斯顿·塞林（Thorston Sellin）就提出了解释移民犯罪的文化冲突理论，国内也有人在用文化冲突解释农民工市民化过程中的种种失范行为；从大的地方说，文化冲突可能是现在全人类所面临的一个共同的问题，亨廷顿的文明冲突理论所讨论的就是这个问题。因此说，文化冲突是一种常见的现象，可以表现为不同的形式。一般来说，人们经常会关注和讨论的文化冲突的表现形式包括民族文化冲突、宗教文化冲突、区域文化冲突、阶层文化冲突、城乡文化冲突、代际文化冲突、移民文化冲突，等等。

民族文化冲突是不同民族之间由于文化的不同而造成的紧张、敌视和对抗的现象。在现代社会里，民族是一种具有强大认同和号召力的共同体，这种认同和号召力通常奠基于想象的共同血缘、历史和文化之上，所以文化常常被认为是民族及其成员所具有的本质性的特征，成为民族成员不可置疑和反思的"自然"属性。当遇到不同于本民族文化的他民族及其文化时，容易在认同本民族文化的基础上产生自我文化优越感，对不同于己的异文化有所质疑并产生负面评价，由此造成文化冲突。而且，由于现代社会中，民族—国家的理念流行，虽然世界上有很多国家都是多民族国家，但民族文化冲突还是会造成国家之间的冲突，由此造成对人类社会的巨大破坏力，例如中东地区阿拉伯民族与犹太民族的冲突，就造成了多国之间的几次中东战争。

宗教文化冲突是文化冲突的另一个常见形式，由于宗教信仰的普遍性、坚定性和排他性，宗教之间往往很难达成和谐共处的局面。虽然在现代社会里许多人也提倡宗教之间的对话，希望通过暂时"悬置"信仰的排他性，在一种人类一致性的基础上，即所有的人类在本质上都是一致的、平等的基础上，进行宗教对话。但是，要达到这种目的要走的路还很远，特别是在多种一神教之间所进行的对话。宗教可以分为一神教和多神教，一神教类型的宗教只信仰一个神，比如基督教信仰上帝，伊斯兰教信仰真主安拉，而多神教同时崇拜多个神灵，比如我们的道教，其神灵有千百个。一神教由于只信仰一个神，所以信仰的排他性相对更强，宗教对话更不容易，产生宗教文化冲突的可能性相对更高；而多神教的排他性相对较低，更容易进行宗教对话，这方面的例子就是在我们国家，虽然佛教、基督教等外来宗教传入我国的时候也有过宗教文化冲突，正如我们上文所论及的，但佛教与道教、儒家伦理的冲突，基督教与儒家伦理的冲突，最终都没有造成宗教战争，反而形成了和谐共处的局面。

区域文化冲突是由于文化在地理上具有一定的区域性，文化冲突表现为区域冲突而造成的。不同的文化在地理上有自己的分布，表现为一定的文化区或文化圈，人们也常常用地域来指代文化，比如我们中国人常用中国文化和西方文化这样一对对立的概念。所以，从表面上看，不同区域的人们就具有了文化上的差异，这种差异在一定的条件下形成冲突，也就成了区域文化冲突。例如，我们采用中国文化和西方文化的对立概念，来说明近代以来中西文化冲突现象。当然，区域文化冲突之区域是可大可小的，大则可以超越国家界限，如东方文化和西方文化冲突，小则可以是一国之内的省市乡镇，例如巴渝文化和齐鲁文化等。

阶层文化冲突是由于社会分化为不同的阶层，不同的阶层拥有不同的文化而形成的冲突。一个社会总是会有不同的阶层，比如可以简单地分为精英阶层、中产阶层、草根阶层。这些阶层在生活方式、价值观念和人生追求等方面可能存在差异，当这些差异集中在公共事务或事件上时就可能造成文化冲突，比如对于大众电影，如《何以笙箫默》，不同的社会阶层基于自己的文化会有不同的评价，精英阶层会觉得这样的电影太"俗"，没有深度，而草根阶层可能觉得太过"小资",脱离现实,而中产阶层可能觉得"刚刚好"。再比如,对于网络约车,精英阶层可能觉得无所谓,因为他们的生活里没有打车,而草根阶层可能觉得方便了很多。所以阶层文化冲突常常表现在全社会的公共事务或事件上。

城乡文化冲突是现代社会中常见的一种文化冲突,虽然古代也有"乡野村夫"的说法,但传统上的城乡文化差别并没有如今天之大。典型的例子就是现时代的我们国家,城乡简直意味着两种世界,生活在城乡不同世界里的人们,其在生活方式、行为方式、价值观念等方面都表现出巨大的差异,例如,如果今天有人分别去城乡地区调查"择校"或"学区房"问题,那么可能得到城市里的人们的"养个孩子不容易"的感叹,同时也会得到乡村里的人们的"什么是学区房"或"买学区房,吃饱了撑的"之类的回答。之所以如此,是城乡人们在教育问题的意识和观念的不同。城乡文化冲突基于城乡文化差异,而城乡文化差异主要是因为城乡人们的地理位置和阶层不同,所以,从本质上说,今天我们的城乡文化冲突是一种区域文化冲突,也是一种阶层文化冲突。

代际文化冲突是由于文化在传承过程中变迁速度加快造成不同世代人们的文化差异,并基于此而产生的文化冲突。因此,代际文化冲突是一种历时性的文化冲突,根源于文化变迁速度超过了世代更替速度。"代沟"即其表现形式。美国人类学家米德曾经将文化分为前塑文化、后塑文化和同塑文化。前塑文化里文化变迁速度缓慢,没有超越世代更替的速度,后辈向前辈学习,前辈的文化即是后辈的文化,这样前辈和后辈之间文化相似,自然没有代际文化冲突,也就没有代沟。在后塑文化里,文化变迁速度超越了世代更替速度,前辈反过来向后辈学习,前辈的文化和后辈的文化由于文化变迁而变得不一致,由此会产生代际文化冲突。同塑文化是一种暂时性的、过渡性的文化状态,这个时候社会成员统一以一种流行的文化模式作为自己的学习目标,前辈和后辈之间谁也不占据权威地位,代际文化传承中断,这个时候基本上也没有代际文化冲突存在。

移民文化冲突指的是跨越不同文化体系的移民，由于自身文化与移入社会的主导文化不同而导致的紧张、对抗现象。现代社会总体上来说是一个移民社会，移民的原因和形式多种多样，从原因上说，有经济原因，有军事原因，有生态原因等，从形式上说有难民、生态移民、经济移民等。移民如果跨越了不同的文化体系，常常造成文化冲突，它可以表现在移民的第一代身上，也可以表现在移民的第二代、第三代甚至是若干代身上，它既表现为移民想要保持自我文化认同和文化模式与移入社会文化模式之间的冲突，也表现为移民如果接受了移入社会的文化模式而受到其他保持本文化的移民的敌视和对抗冲突。电影《刮痧》为我们提供了一个具有例证性的故事，由于中医刮痧疗法在西医体系中难以证明，加上中国家庭习惯、父母并不会特别在意将孩子独自留在家里，以及其他一连串的误会，主人公许大同在美国被误会虐待儿童，由此被控告并面临着父子分离的困境。整个故事就是一个移民文化冲突。从本质上说，移民文化冲突是一种民族文化冲突，也是一种区域文化冲突。

3. 文化冲突的极端化与暴力化

文化冲突具有两面性，既可以是消极的，也可以是积极的。消极的文化冲突就是造成文化同化、种族屠杀、种族灭绝等结果的文化冲突，积极的文化冲突则会促进文化的反思、借用和更新。文化冲突是人类社会中常见的现象，特别是在现代社会中，由于阶层分化，亚文化繁盛，加上不同文明之间接触频繁，所以文化冲突是不可避免的。但一般来说，只要将文化冲突控制在一定的程度和范围内，就不容易产生消极的结果，比如在每个社会中都有一定程度的阶层文化冲突，但由于各阶层都共享有一套主导的文化规范，都理性控制自己的文化诉求，所以一般没有造成消极的结果。

将文化冲突控制在一定的程度和范围内，不要让极端思想和暴力介入文化冲突之中。人类历史上，那些造成种族屠杀、种族灭绝的文化冲突往往是由于极端思想和暴力的介入。所谓极端思想，即是激烈地否认与"自身"相矛盾的一切事物，片面地和武断地评判"异己"，主张用激进化的手段调和与"异己"相关的思想。所谓暴力就是强制性武力，其目的指向往往是征服"异己"，甚至常常是进行肉体消灭。因此，只要极端思想和暴力介入文化冲突之中，文化冲突在极端思想指导下就会成为一种"非你即我"的二元对立的冲突，被认为是只有"你死我活"这样一种零和的结果，而在暴力的介入下，就只有成为以暴力定输赢的冲突。当代欧美社会里频繁发生的恐怖暴力袭击事件，无论是由于民族文化冲突、移民文化冲突，还是由于阶层文化冲突，都是在极端思想的冲击下意图以暴力解决争端所造成的。一般认为，中国并没有发生过宗教战争，其原因一方面是由于中国本土的道教是一种多神教，儒家思想提倡"中庸"，不大可能产生"极端思想"；另一方面是由于中国的宗教与政治并没有合而为一，并没有形成一种政教合一的体制，宗教并没有力量可以主动地诉诸暴力，只有与政治利益契合的时候才有这种可能，所以才会出现"三武一宗"灭佛事件，但这并不多见。所以，只要文化冲突没有极端化和暴力化，文化冲突就可以避免消极的结果，去争取积极的结果。

第三节 文化多元主义与文化自觉

1. 文化接触与互动的前景

在人类发展历史上，不同文化之间的接触与互动是很常见的现象，而且在人类社会的发展和文化演化中具有非常重要的影响，既促进了文化之间的相互借用，不同文化的各自的累积和发展，也造成了可以称为整个人类之"耻辱"的众多极端的文化冲突事件，例如宗教战争和种族灭绝事件。在今天"地球村"的时代里，文化的孤立自存实际上已经不可能，文化之间的接触和互动更为频繁，如何能够既发挥文化接触与互动的积极功能，让文化接触与互动成为文化积累与创新的催化剂，又防止文化接触与互动的消极影响，将文化冲突限定在合理的范围内，防止文化冲突的极端化和暴力化呢？这就涉及文化接触与活动的前景问题。

从实然的角度看，在人类历史上，文化接触与互动的结果无非是两种，一种是"单赢局面"，一种是"双赢局面"。"单赢局面"是指，在文化接触与互动中，只有一方获得了文化接触与互动的积极影响，而另一方没有获得这种积极影响，甚至是遭到了消极影响，成为输家。这可以表现为三种形态：一是一方文化退居为亚文化，处于从属的地位，但也保持了相对的独立性，例如，在阶层文化冲突中一般是精英文化占据主导地位，而草根文化只能处于从属地位；在宗教文化冲突中，往往也是一方宗教占据了主导地位，另一方只能处于从属地位。二是一方文化同化于另一方文化，其中一方的文化完全丧失了。三是一方文化及其拥有者被实行了强制同化和种族灭绝。"双赢局面"是指，在文化接触与互动中，参与其中的文化都获得了文化接触与互动的积极影响，这通常表现为文化借用、文化积累和文化创新，使参与其中的文化既保持了各自的独立性和文化传承，又得到了文化更新与发展。

从应然的角度看，我们无疑期待一个"双赢局面"，而力图避免"单赢局面"。许多民族和个体都认为自己的文化是所有人类文化类型中最好的、最优越的和最神圣的文化，也都希望自己的文化在文化接触和互动中占据优势，成为主导地位的文化，甚至是世界上唯一的文化体系，但这就会陷入"文化中心主义"的陷阱中，这样的文化中心主义既不现实，也不理性。"人同此心"，如果每个文化类型都持有"文化中心主义"，大家将如何协调呢？最终将如何裁判对错是非呢？大概只有走上极端化和暴力化的道路，而谁能保证这种道路的最终胜利者一定是自己呢？况且，就算是最后的胜利者是自己，失去了他者和异文化这样的可以反思、借用的资源，全靠自我文化内部的累积和创新，谁又能保证不会陷入停滞不前，正如塔斯马尼亚人一样呢？因此，要争取文化接触与互动中的"双赢局面"是不容易的，需要防止"文化中心主义"，更需要防止极端思想和暴力介入文化接触与互动过程中。

2. 文化多元主义

文化多元主义（cultural pluralism）就是为了应对现代人类社会里不同文化的事实性的、多样性的存在以及相互之间的频繁接触与互动而提出来的，其目的指向是为了避免文化接触与互动中的"单赢局面"，即造成一种同质的、单一的文化世界，而走向其中的"双赢局面"。因此大致可以认为，文化多元主义是指，在同一个地域内或同一国家内或全球范围内，不同文化及其拥有者在接触与互动中可以保持自己的独特性和独立性，相互尊重，平等相处。

根据这一定义，文化多元主义可以有不同的层次，可以是指在同一地域内不同文化的平等互动，比如人们常常注意到在每一个城市里都存在着不同的文化，体育与艺术同在，青年亚文化与老年亚文化同在，校园文化与街头文化同在，等等；文化多元主义也可以是指同一国家内多种文化的平等互动，事实上当今世界虽然人们多有民族—国家的理念，但很多国家都是多民族国家，这或者是由于移民所形成的，或者是历史所形成，在多民族国家里，不同民族文化之间的相互尊重，平等互动，是维持国家稳定和发展的重要因素；文化多元主义还可以指全球范围内各大文明之间的相互独立自主、相互尊重和平等互动。

值得注意的是，文化多元主义本身只是一种应然的理想，是人类理性的产物，而理想与现实，理性与感性之间总是存在着差距。现实中的人们只有保持理性才能够保有文化多元主义，而现实中的人们许多时候并不是全部用理性思考，而处于理性与感性之间，甚至是完全凭借感性行事，而在人们处于感性的状态，不会自然地倾向于"文化多元主义"，而是自然地倾向于"文化中心主义"，所以文化多元主义并不能保障自己的自然实行。实际上，我们也并不奢求每个人都能够时时刻刻持有文化多元主义的立场，在每件事上都持有多元主义的立场，要保障文化多元主义需要制度化的设置和一定的思维原则。制度化的设置通常包括国家的政治制度、经济制度、教育制度和文化政策等，例如我国的双语教育。一定的思维原则主要指的是自由选择的原则，即可能我们每个人并不能在每时每事上都持有文化多元主义，都尊重和平等对待异文化，可能我们每个人都依然认为本文化是最好的、最优越的，但只要持有自由选择的原则，就保障了不会干涉他者的自由，就可以容忍他者与自己的共存，自然也不会诉诸暴力和极端化。

文化多元主义通常和文化相对主义有着紧密的联系。文化相对主义认为每一种文化都有自己的独创性和充分价值，彼此之间是相对的、平等的，但这并不意味着不去评判每一种文化，而是说要放在它的具体环境、社会和发展历史中去评判。在承认不同文化的差异性和独特价值上，文化多元主义和文化相对主义是相同的，即两者是相似的对待文化差异的原则，但文化多元主义也预期着多元、平等的文化多样性结局，文化相对主义并没有这样的内涵。

3. 文化自觉

文化自觉是我国著名学者费孝通在 1997 年北京大学举办的第二次社会学人类学高级研讨班上提出来的。费孝通提出这个概念，一是基于当代世界文化接触与互动的现实，"是世界各地多种文化接触中引起人类心态的迫切要求，要求知道：我们为什么这样生活？这样生活有什么意义？这样生活会为我们带来什么结果？也就是说人类发展到现在已开始要知道我们的文化是哪里来的？怎样形成的？它的实质是什么？它将把人类带到哪里去？这些冒出来的问题不就是要求文化自觉么"[①]。二是基于弱势民族在当代社会中的文化传承危机，"在社会的大变动中他们如何长期生存下去，特别是跨入信息社会后，文化变化得那么快，他们就发生了自身文化如何保存下去的

---

① 费孝通. 反思·对话·文化自觉 [J]. 北京大学学报（哲学社会科学版），1997（3）：20.

问题"①。三是基于中国文化在近代以来与西方文化接触、互动的历史和现状，"在西方的强烈冲击下，现代中国人究竟能不能继续保持原有的文化认同还是必须向西方文化认同"②。四是处身于中西文化接触与互动中的个人经历与体验，"我的处境和……'边际人'的学员，实在是大同小异，我们都是在不同文化的接触，矛盾中求安身立命的人。旧的文化已不能给我们心安理得的生活方式，新的文化还正在形成的过程中。概括地说，我们都是生存在文化转型过程中的人物"③。所以说，文化自觉所解决的就是文化接触与文化传承过程中所造成的文化变迁和转型问题，以及在这个过程中如何安顿个体与发挥主动性的问题。

根据费孝通的观点，文化自觉指的是，生活在一定文化中的人对其文化有"自知之明"，明白它的来历、形成过程、所具的特色和它发展的趋向，加强对文化转型的自主能力，取得决定适应新环境、新时代时文化选择的自主地位④。

文化自觉的对立面是文化同化和文化复旧。文化自觉意味着承认文化接触和文化传承的事实，同时承认文化接触所带来的文化借用、文化更新，承认文化传承过程中的文化创新和文化变迁，即承认文化的"变"的一面。所以，文化自觉是与强调文化"静"的一面的、保守的文化复旧或文化保守主义对立的，文化自觉"不带任何'文化回归'的意思，不是要'复旧'"⑤。不过，文化自觉虽然承认文化接触与文化传承中"变"的一面，但也不赞成完全的变，并不主张完全抛弃自己的传统，同化于所接触与互动的其他文化，认为"文化不仅仅是'除旧开新'，而且也是'推陈出新'或'温故知新'"⑥，

---

① 费孝通. 文化自觉的思想来源与现实意义 [J]. 文史哲，2003（3）：15.

② 费孝通. 文化自觉的思想来源与现实意义 [J]. 文史哲，2003（3）：15.

③ 费孝通. 反思·对话·文化自觉 [J]. 北京大学学报（哲学社会科学版），1997（3）：20.

④ 费孝通. 反思·对话·文化自觉 [J]. 北京大学学报（哲学社会科学版），1997，（3）：20. 费孝通. 文化自觉的思想来源与现实意义 [J]. 文史哲，2003（3）：15.

⑤ 费孝通. 反思·对话·文化自觉 [J]. 北京大学学报（哲学社会科学版），1997（3）：22.

⑥ 费孝通. 关于"文化自觉"的一些自白 [J]. 学术研究，2003（7）：6.

例如对于中国文化"不主张'全盘西化'或'全盘他化'"①，而是希望在保持一定的连续性的同时进行文化转型，并把握文化转型的主动性，所以文化自觉与文化同化也是对立的。

思考题

1. 什么是文化借用？其特征有哪些？

2. 文化涵化与文化同化、文化变迁的关系是什么？

3. 什么是文化冲突？如何避免文化冲突的极端化和暴力化？

4. 什么是文化自觉？

---

① 费孝通. 反思·对话·文化自觉 [J]. 北京大学学报（哲学社会科学版），1997（3）：22.

第七章

主文化与亚文化

➡ 本章提要

　　同一社会中，存在着主文化与亚文化的分化。主文化是占据主要地位、为大多数社会成员所拥有的文化，具有伪自然性、单一性、基础性、主导性、普遍性、稳定性、制度性等特征。主文化可以再细分为主导文化、主体文化和主流文化三种，有的时候三者是重合的，有的时候三者是分离的。亚文化是在社会中居于次要地位、为一部分社会成员所拥有、与主文化相区别又不完全对立的文化。亚文化具有非主导型、多样性、发展性、风格化、抵抗性等特征。亚文化有民族亚文化、地域亚文化、职业亚文化、身份亚文化、年龄亚文化等类型。亚文化常以"拼贴"和"同构"的方式来形成自己的风格，但最终难逃被"收编"的命运。

第一节　主文化

1. 主文化的概念与内涵

在同一社会或国家中，文化具有一定的统一性但并不是单一的，由于社会中存在着不同的社会群体，相对应地文化也存在着分化现象。一般地，同一社会或国家中总是存在着主文化与亚文化的区分。主文化是为整体社会成员所拥有的、占有主要地位的文化，其所包含的核心价值观念、行为方式和思维方式为所有的社会成员所接受和践行。

通常，在每个时代内，每个社会都有自己的主文化，例如自汉武帝以来到近代之前的中国古代社会里，主文化是儒家思想；在当代美国，以自由、平等、个人权利为核心的、被称为"政治正确"的西方现代文化是其主文化。为什么每个社会都有自己的主文化，为什么某种文化会成为主文化？对于这个问题，马克思主义的观点是，主文化必然来自统治阶级的思想，"统治阶级的思想在每一时代都是占统治地位的思想。这就是说，一个阶级是社会上占统治地位的物质力量，同时，也是社会上占统治地位的精神力量。支配着物质生产资料的阶级，同时也支配着精神生产资料，因此，那些没有精神生产资料的人的思想，一般地是受统治阶级支配的。占统治地位的思想不过是占统治地位的物质关系在观念上的表现，不过是以思想的形式表现出来的占统治地位的物质关系在观念上的表现，不过是以思想的形式表现出来的占统治的物质关系；因而，这就是那些某一个阶级成为统治阶级的各种关系的表现，因而这也就是这个阶级的统治的思想。"也就是说，由于在社会中统治阶级总是占据统治地位，所以他们的思想必然会占据统治地位，所以主文化就是统治阶级所认同和践行的文化。

不过，人们在使用主文化这个概念时，侧重点可能是不同的。国内有学者将主文化的内涵再细分为三种，即主导文化、主体文化和主流文化。主导文化是以权力为后盾、为权力所捍卫、占据导向性基础地位的主文化；主体文化是经过历史上长期发展而在整个文化中占据主要部分的主文化；主流文化是某个时期内成为一种主要发展趋势和方向、产生主要影响的主文化。主导文化、主体文化和主流文化在现实中并不一定是同一个，有时候也可能是分离的，分别指代不同的社会事实，"例如'五四'时期，主流文化是现代文化，主体文化却是传统文化，主导文化很长时间未见分晓"①。因为有时候主导文化、主体文化和主流文化三者是分裂的，所以彼此之间还可能有所矛盾，比如中国有"移风易俗"方面的相关政策，其中规定人死必须火葬，以领取火葬证为凭据，这是当前的主导文化所规定的，而中国传统文化中以土葬为风俗，认为伤害父母的身体为大不孝，两者之间有所矛盾，所以现实中也会出现与此相关的种种问题。当然，主导文化、主体文化和主流文化三者之间也常常是合一的，比如在中国东汉，主导文化、主体文化、主流文化都是儒家文化。由此，当我们用主文化这个概念的时候，应该根据具体的所指内涵，进行更为细微的区分，以便明晰指代的是主导文化、主体文化还是主流文化。

2. 主文化的特征

每个人类社会在每个时代都拥有自己的主文化。虽然在同一个时代，不同的人类社会拥有不同的主文化，比如当代中日之间的主导文化就是不同的，中国现在的主导文化是社会主义文化，日本的主导文化则是资产阶级现代文化；同一个社会在不同的时代里主文化也可能不同，比如中国东汉时候的主导文化是儒家文化，当代的主导文化是社会主义文化。但是，所有时代、所有社会的形式各异、内容不同的主文化，从根本上说，都具有一些相同的特征，这些特征包括伪自然性、单一性、基础性、主导性、普遍性、稳定性、

---

① 高丙中. 主文化、亚文化、反文化与中国文化的变迁 [J]. 社会学研究，1997（1）：113.

制度性，等等。

（1）伪自然性。主文化通常以一种"自然"的面目出现，无论是人们的衣食住行等生活方式，还是人们的是非对错、信仰等思想观念，主文化都常常表现为一种"润物细无声"的状态，都常常让人们以为他们所拥有的生活方式和思想观念是"自然的"，如同太阳每天从东方升起一样，是不需要反思"为什么是这样""有没有替代选择"等问题的。而且，主文化的这种"自然性"是去历史化的，也就是说，虽然每种主文化都有其形成、发展和消失的周期，但主文化的姿态是，"我是没有历史的""没有变动的"，是自然而然的。因此说，主文化虽然表现为自然性，但却是伪自然性。比如，在中国汉武帝以来的帝制时代占据主文化地位的儒家文化，常常宣称自己的思想是来源于天理人性，它所提倡的"三纲五常"乃是从人之本性所推演出来的。

（2）单一性。主文化虽然可以细分为主导文化、主体文化和主流文化三种，而且三者在不同的时期还可能是分离的，但相对于亚文化而言，主文化的内容是相对单一的：主文化只有这三种细分，有的时期三者还是合一的；而且，无论是主导文化、主体文化，还是主流文化，都分别只有一个内容和形式。因此，总体上来说，主文化具有单一性的特征。主文化之所以是相对单一的，是由于主文化的地位所决定的，主文化是一个社会中占据主要地位的文化，是社会中具有主导地位的人群所认同、践行和倡导的文化，是整体社会凝聚在一起的凭借，所以主文化不可能是多种多样的，只能是单一的，因为只有在共同的"一"的基础上，全社会才能够凝聚在一起，产生秩序、促进合作与发展。

（3）基础性。基础性是指主文化作为所有社会成员共同认同和践行的文化，它所提供的生活方式、行为方式、思维方式和价值观念，成为整个社会和谐秩序、良性运行和发展的基础性因素。这一方面表现在主文化是解决同一社会中矛盾和冲突的共同标准，当社会中的不同成员乃至不同群体产生矛盾和冲突的时候，一般不根据自己所认同而另一方不认同的亚文化来解决，而根据主文化来解决。

（4）**主导性**。主文化具有统治性地位，它占据了社会文化的主要部分，引导着社会文化的发展趋势和方向，具有权力的保障，这就是主文化的主导性。在当代中国，我们的主导文化是社会主义文化，所以我们会看到，我们提倡的是社会主义核心价值观，即"富强、民主、文明、和谐，自由、平等、公正、法治，爱国、敬业、诚信、友善"，这种价值观念进入正式的教育体系，也通过大众传媒广泛而大量地传播，从而占据了强势地位。在中国帝制时代，在儒家文化作为主文化的时期，儒家文化也通过正式的教育体系、科举取士制度等占据了统治地位。

（5）**普遍性**。根据主文化的定义，主文化是所有社会成员都认同和践行的文化，所以，相对于亚文化而言，主文化在整个社会中都普遍存在，而亚文化只在部分社会成员身上得到体现，例如汉服爱好者只是社会部分成员，而不是全部当代中国人，而当代中国人普遍穿着的都是具有现代性的服饰。

（6）**稳定性**。一般来说，相对于亚文化而言，主文化的内容是相对不变的，具有很强的连续性，例如儒家文化作为主文化在中国历史上持续了近两千年之久。主文化之所以具有相对稳定性的特征是可以理解的，因为主文化通常是社会中占据主导地位的人群所认同和践行的文化，所以只要社会主导人群没有发生变化，主文化就很可能保持自己的地位。当然，主文化并不是不会发生变化，"三十年河东，三十年河西"，不仅人生如此，主文化也如此。主文化可能退居为亚文化，甚至会被抛弃，比如基督教神学曾经是欧洲的主导文化、主体文化和主流文化，但现在只有一些人在研究。再以中国近代以来的事实来看，中西文化相遇之前，中国的主导文化、主流文化、主体文化都是儒家文化；中西文化相遇之后，主导文化和主体文化依然是儒家文化，但主流文化开始慢慢变成了"西学"，也就是西方现代文化；到了民国建立，政府所提倡的主导文化成了西方现代文化，同时也是主流文化，儒家文化退居为主体文化；五四之后，儒家文化受到激烈批判，到了新中国成立之后，主导文化、主流文化、主体文化都变成了社会主义文化；近年来，儒家文化有所复兴，消费主义大为畅行，社会主义文化依然占据主导文化地位。

（7）制度性。由于主文化具有主导、主体和主流地位，所以主文化常常为认同和践行它的、在社会中占据主导地位的人群，上升为具有强制力的法律，成为国家的意志。例如，中国帝制时代自西汉时候就有了儒家思想零星入法和通过儒家经典来阐释法律、断狱的做法，在魏晋时期又开始了系统的"法律的儒家化"，在北魏时期完成了"法律的儒家化"。其中一个例子就是非常著名的、关于"亲属容隐"的规定。占据主文化位置的儒家思想注重家庭关系，主张家庭成员之间对于彼此的犯罪行为进行"包庇"，不去告发，所谓"父为子隐，子为父隐，直在其中矣"。受此影响，中国自汉朝迄于清朝，法律上都有"亲属容隐"原则，汉律亲亲得首匿，《唐律疏义》中有"同居相为容隐"规定，《宋刑统》中有"有罪相容隐"，《明律例》和《清律例》中也都有"亲属相为容隐"的规定[①]。

第二节　亚文化

1. 亚文化的概念与类型

亚文化，也被称为次文化、副文化等，来源于英语中的"subculture"，指的是在社会中居于次要地位、为整个社会中部分成员所拥有，其核心价值体系和行为方式既与主文化相区别又不完全对立和冲突的文化。亚文化之所以能够存在，是由于社会中存在着群体分化。社会中存在的不同社会群体由于在地域、职业、年龄、宗教等方面的差异，在生活方式、思维方式和价值观念等方面逐渐产生了差异，形成了各自的特点，亚文化也就由此产生。所

---

① 瞿同祖. 中国法律与中国社会［M］. 北京：中华书局，1981：56，附录.

以，根据不同的群体，亚文化也分为许多的类型，比如民族亚文化、地域亚文化、职业亚文化、年龄亚文化，等等。

（1）**民族亚文化**。在同一个社会或国家中常常可能存在着多个民族或族群，这些民族或族群一般都有自己与众不同的生活方式、语言、社会组织、节日仪式、价值观念等，这就构成了不同的民族亚文化。与世界上许多国家一样，我国是一个多民族的国家，有 56 个民族，每个民族的文化都是整个中国社会中不可或缺的组成部分。我们平常所说的少数民族文化即是民族亚文化。

（2）**地域亚文化**。地域亚文化是基于地域不同而形成的、为该地域中的人们所认同而践行、而不是全社会所有成员所拥有的亚文化。我国幅员辽阔，地域差别较大，从大的方面说有东西差别，也有南北差别，所谓"北人骑马，南人乘船"，从小的方面说，还可以更细分为楚文化、巴渝文化、齐鲁文化、燕赵文化，等等。另外，乡村文化和都市文化的区分，也可以认为是两种地域亚文化之间的区分。

（3）**职业亚文化**。在现代社会中，劳动分工非常发达，世界上的职业种类远远超过了古代所谓的三百六十行，职业亚文化就是为各种职业群体所特有的文化。每个职业群体都有自己的劳动场景、劳动要求、职业认知、职业道德和职业习惯等，所以每个职业也会发展出自己的亚文化。例如教师职业多有崇敬知识的思想，以知识的学习与世代传递为最高职责，对于金钱和权力的评价相对较低，而商人对知识的崇敬感相对较弱，其以经济上的成功为最大的目标。因此，教师和商人的职业亚文化是非常不同的。

（4）**年龄亚文化**。年龄亚文化指的是不同年龄组所拥有的具有差异性的亚文化。在同一个社会里，通常存在着不同的世代，如果说一个家庭很难做到五代同堂，而一个社会则比较容易做到这一点。每个世代都可能发展出自己的亚文化，这就是年龄亚文化。在现代社会中，年龄亚文化是亚文化的重要组成部分，知青亚文化、cosplay、漫画迷、跑酷、摇滚乐、光头仔、嬉皮士等，都可以算作是年龄亚文化。

在讨论了亚文化的概念和类型后，要注意另一个与亚文化相关的概念，即反文化。反文化也称为反主流文化（counterculture），也是居于从属地位，为社会部分成员所认同和践行的文化，这一点与亚文化相同；不同的是，亚文化的核心价值体系和行为方式与主文化并不是完全冲突或对立的，而反文化的价值体系和行为方式与主文化是完全对立和对抗的。比如，20世纪六七十年代西方青年中兴起的"嬉皮士"运动，就是对当时西方主导价值观念进行反叛的反文化。从宽泛的角度来说，反文化可以看作是亚文化的一个极端类型。有的时候，亚文化与反文化的界限并不是那么清晰，比如对于"嬉皮士"运动，有的人认为是反文化，有的人认为是亚文化；对于摇滚乐，美国学者英格和贝尔认为是反文化，而英国学者霍尔等人认为是亚文化。

2. 亚文化的特征

亚文化的特征是与主文化相对而言的，一般地说，亚文化有非主导性、多样性、发展性、风格化、抵抗性等特征。

（1）**非主导性**。亚文化并不构成文化中的主要部分；只为社会部分成员所认同和践行，其影响范围是有限的；亚文化并不为权力所提倡，并不能以法律等具有强制性的方式来保障自我；基于这三个原因，亚文化整体上来说是一种"民间的""次要的"和"部分的"文化。

（2）**多样性**。与主文化的相对单一性不同，亚文化通常是丰富多样的，在上文类型划分上也可以看出来，有民族亚文化、地域亚文化、职业亚文化、年龄亚文化，等等。而且，不同类型的亚文化又有许多具体形态，例如年龄亚文化中有青年亚文化，而青年亚文化中又有非常丰富多样的具体形式，中国有cosplay、跑酷、摇滚乐、"恶搞"等，欧美曾经有嬉皮士、光头仔、朋克、摩登族等。亚文化的多样性丰富了整体社会生活，让人们可以有更多的生活方式选择，也让人们具有了更多元的思维方式，可以增强社会文化的活力。

（3）**发展性**。一般来说，主文化具有相对稳定性和主导地位，所以主文化具有一定的保守性，其目的是保持自我传承的连续性和在整个文化体系中的主导地位，而亚文化则相反，亚文化常常体现出一种发展性，它意味着一种不同于主文化的新的生活方式、行为方式和价值观念的出现，一种社会文化的新的可能的发展趋势和方向。虽然并不总是如此，但今天的亚文化往往即是明天的主文化，例如儒家文化在秦朝时也是亚文化，但后来却发展成为了主文化；社会主义文化在民国时期也是一种亚文化，后来成了一种主文化。新的发展可能，以及主文化常常是由亚文化发展而来，即是亚文化的发展性。

（4）**风格化**。风格化是亚文化最重要的特征，亚文化常常通过采用一套符号体系而使自己成为一种意义丰富的风格。一方面，与主文化常常将自己伪装成"自然的""非历史的"不同，亚文化有意采用一种差异性的策略，让自己与处于"自然"状态的主文化形成对比，将人们的注意力吸引到自己的符号体系上，让自己成为那种"非正常者"，"一种具有重要意义的差异的传达（同样的是一种群体认同的传达）是所有亚文化风格背后的要点"①。例如，我们所谓的"非主流"通常通过他们的"与众不同的"发型吸引人们的注意，而美国亚文化嬉皮士以长发、色彩鲜艳的服饰、毒品、"要做爱不要作战"的口号等非常具有差异性的诸方面而引起人们的注目。另一方面，亚文化的风格虽然具有差异性，但它并不是混乱的，它也是一种信息传递和沟通方式，有着自己的动机，它在传递着一种与众不同的、统一的生活方式、思维方式和价值观念，"流行神话宣称亚文化的形式是乱七八糟的，但恰恰相反，在任何一种独特的亚文化的内部结构里，都表现出了一种有条不紊的特征：每一部分和其他部分都存在着有机的联系，通过这种彼此之间的相符一致，亚文化成员理解着他们所生存的世界。"②

（5）**抵抗性**。有的时候，亚文化表现出一种对于主文化的距离感和不合作态度，例如，美国嬉皮士对于民族主义、战争、工作、权势、消费等当时

---

① 迪克·赫伯伯格. 亚文化：风格的意义 [M]. 陆道夫，胡疆锋，译. 北京：北京大学出版社，2009：127.

② 迪克·赫伯伯格. 亚文化：风格的意义 [M]. 陆道夫，胡疆锋，译. 北京：北京大学出版社，2009：144.

美国中产阶级主流思想的距离感。但亚文化这种抵制和对抗并没有上升到政治冲突、武力行动的程度，而只是停留在"仪式性"抵抗和"符号性"抵抗的层面。

3. 亚文化的形成与收编

亚文化有自己的生命周期，每种形式的亚文化都有一个形成、兴盛和结束的过程，"从对抗到缓和，从抵抗到收编，这样的过程构成了每一个接踵而来的亚文化的周期"①。亚文化往往在形成和兴盛时表现出它的对抗性，而结束于对抗的缓和与被收编。

在现代社会中，亚文化的形成主要依靠风格化的方式，亚文化常常通过"拼贴"和"同构"来形成自己的风格。拼贴是将不同事物（也就是符号）从他们原来的体系和位置抽离出来，进行重新地组合、排序和意义重构。在此过程中，被拼贴的事物（也就是符号），被抽离出使他们具有意义的原来的符号体系，从而被"去神圣化""去自然化"和"重新历史化"，从而建立起新的意义或意义体系，这种新的意义常常与原来的意义构成对立性的搞笑效果。一个典型的例子是 2005 年《一个馒头引发的血案》的视频被认为是开创了国内"恶搞"亚文化。视频以《中国法治报道》作为框架，同时在内容上拼贴了"电影《无极》的故事情节、城管、农民工工资、《纪念白求恩》中的'这是什么精神'、爱因斯坦形象、学校课堂、'世界人民震惊了'、广告、童话、流行歌曲、杂技、《天下无贼》台词、110"达 13 项事物或符号，加上《中国法治报道》共 14 项不同的事物或符号。这些被拼贴的事物或符号在视频中被重构后，在整体上构成了一个统一的、新的意义体系，那就是对现实、电影和主流话语的吐槽与拒斥。拼贴的事物或符号之所以能够成为一个统一的意义体系，是因为"同构"，即指人们的价值观念与他们外在的象征表达之间，如衣食住行等生活方式之间存在着一致性。也就是说，拼贴

---

① 迪克·赫伯伯格. 亚文化：风格的意义 [M]. 陆道夫，胡疆锋，译. 北京：北京大学出版社，2009：100.

的事物或符号之所以能够成为一个统一的意义体系，是因为其背后是同样的价值观念，看似混乱的、被拼贴的事物或符号其实是由统一的价值观念所串起的。

亚文化常以被收编的方式结束，正如同古代造反者被朝廷招安一样。在这种收编过程中，亚文化所包含的对于主文化的抵抗意义被清除，被重新安置在主文化所主导的文化秩序之中。具体来说，亚文化被收编的方式有两种：一种是商业介入的方式；另一种是意识形态介入的方式。

商业介入的方式就是以市场的力量，将亚文化与文化工业联系起来，让亚文化成为一种普遍流行的消费文化，从而将其中所包含的抵抗意义转换为一种单纯的消费意义，促使了亚文化的"僵化"和"死亡"。例如，中国众人皆知的每年 11 月 11 日"光棍节"，其最初起源于大学校园，只是一种范围有限的校园亚文化，是大学里众多单身男女青年的自我创造，表达的是对于单身生活的认同和自我娱乐，也是对于主流婚恋观念的一种不合作。但是，2009 年以后"光棍节"却变成了一个全民的购物狂欢节，因为这一年淘宝网将"光棍节"与购物促销商业行为结合在一起，打出"就算没有男（女）朋友陪伴，至少我们还可以疯狂购物"的广告语。随后，淘宝网每年都固定如此，还在 2012 年注册了"双十一"等一系列商标，逐渐使"光棍节"变成了一种只有消费意义的、纯粹的商业节日。原初的、作为校园亚文化的"光棍节"可以说是"死掉了"。

意识形态介入的方式就是主流话语通过"贴标签"的方式，将与自己具有差异性的、对自己有所抵抗的亚文化进行重新秩序化，抹平亚文化与主文化之间的差异，消灭其所具有的抵抗性，让其成为"平淡无奇的"、可以理解的和可以解释的。例如，通过描述朋克成员的家庭生活细节，使用家庭这种主流话语，将作为亚文化的朋克重新定义为无阶级性的、与其他人一样的平凡的社会成员，从而将朋克的抵抗性降低到最低程度①。

① 迪克·赫伯伯格. 亚文化：风格的意义 [M]. 陆道夫，胡疆锋，译. 北京：北京大学出版社，2009：122.

　　亚文化被收编的两种方式，即商业介入方式和意识形态介入方式，在现实中常常是结合在一起的。当亚文化被市场所收编的时候，常常也在同时被意识形态所重新定义和秩序化。例如，当摇滚乐在市场上售卖、为大众所消费的时候，他们的歌星也就慢慢地褪掉了离经叛道的形象，歌曲风格也不再仅仅是苦闷、不满和呐喊，也可以是励志了。

 思考题

　　1. 主导文化、主体文化和主流文化分别指什么？

　　2. 主文化的特征有哪些？

　　3. 什么是亚文化和反文化？亚文化的特征包括哪些？

　　4. 什么是拼贴和同构？

　　5. 亚文化是如何被收编的？

第八章
文化与地理环境

➔ 本章提要

　　文化与地理环境之间相互作用。虽然地理环境无疑影响着文化的生成与演变，但是对于地理环境在多大程度上发挥着这样的作用，不同的人有不同的看法，由此有地理环境决定论、地理环境可能论和文化生态论的区分。文化对于地理环境的反作用表现在文化赋予人类不断超越地理环境限制的能力，表现在文化在自然地理环境基础上造成了文化地理景观，也表现在人类通过文化来想象、再现和利用地理环境上。

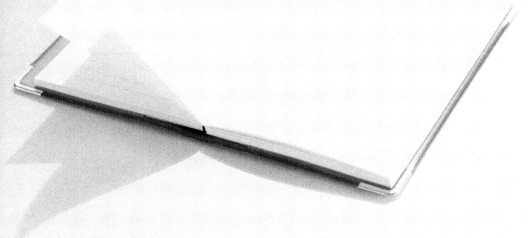

第一节 地理环境对文化的影响

毫无疑问，地理环境对于人类文化的生成和演化有着非常重大的影响，这是一种历史事实，也是一种生活常识。举例来说，因为没有合适的大型野生动物，所以南北美洲除了美洲羊驼之外并没有驯化任何家畜，也就没有畜力，也没有携带由人畜互动而产生的病菌，因而在与旧大陆来的欧洲人接触时完全处于了下风[1]。再比如，处于热带地区的人们没有四季的区分和体验，也就没有中国传统诗歌中的悲秋伤秋的主题；作为一种常识，人们在日常生活中也经常采用地理环境因素来解释文化差异，如果问重庆人为什么爱吃辣椒和火锅，许多人会给出这样的答案：因为重庆气候潮湿，人们不得不吃辣椒和火锅以祛湿。"一方水土养一方人"，作为一个众人熟知的谚语，也说明了人们在日常生活中经常从地理环境角度出发来解释文化差异。事实上，这种思维方式和解释方式是古今中外的一个普遍存在，这被称为地理环境决定论。虽然地理环境对于文化确实产生了重大影响，但这种"重大"的程度到底有多大，不同的人持有不同的观点，大致上可以分为地理环境决定论、地理环境可能论和文化生态论三种，地理环境决定论是其中的一种。

地理环境决定论是一种源远流长的思想，古希腊思想家希罗多德、希波克拉底、柏拉图和亚里士多德等学者在讨论人与气候的关系时，都认为人的性格和智慧由气候决定；中国古代许多书籍中也有类似的思想，例如《管子》认为"沃土之民不材，瘠土之民向义"，还大篇幅地论述了"水"与"人"之间的关系，"夫齐之水道躁而复，故其民贪粗而好勇；楚之水淖弱而清，故其民轻果而贼；越之水浊重而洎，故其民愚疾而垢；秦之水泔冣而稽，淤

---

① 贾雷德·戴蒙德. 枪炮、病菌与钢铁：人类社会的命运 [M]. 谢延光，译. 上海：上海译文出版社，2016.

滞而杂，故其民贪戾罔而好事；齐晋之水枯旱而运，淤滞而杂，故其民谄谀
葆诈，巧佞而好利；燕之水萃下而弱，沈滞而杂，故其民愚戆而好贞，轻疾
而易死；宋之水轻劲而清，故其民闲易而好正"。到了近代，孟德斯鸠在其
名著《论法的精神》中认为，世界各地不同的气候对生活在其中的各民族的
生理、心理、气质、宗教信仰、政治制度等诸方面都具有决定性作用，"气
候王国才是一切王国的第一位"。在文化人类学中，传播论学派的开创者拉
策尔第一个系统地阐述了地理环境决定论的观点。他认为，地理环境对个人
以及通过个人对整个民族的体质和精神起到决定性影响。拉策尔的学生森普
尔在其《地理环境的影响》一书中对其思想进行了发扬，认为文化的发展是
人类适应基本气候因素的过程，例如北半球温带区域由于气候促使人们进行
劳动，而这些劳动又有回报，所以这里的人们在文化和经济发展方面取得了
巨大的成就，而在热带地区人们不必劳动也可以生存，所以经济和文化成就
有限。森普尔的环境决定论在美国学界中造成了很大的影响。其后，许多学
者采用地理环境决定论来解释世界各地之间的文化差异，特别是西方与非西
方之间的文化差异，例如移居美国的德国学者魏特夫曾经提出了一个关于东
方专制社会形成的"治水社会理论"，认为非西方的东方社会，包括近东、
印度、中国、秘鲁、俄罗斯等地方，之所以在历史上存在着比西方更为专制
的社会，是因为这些地方都处于干旱半干旱地区，只能发展一种灌溉农业，
在解决灌溉问题的时候不得不进行人力的组织与管理，由此一个官僚阶层产
生，最后发展成为一种东方专制社会。总而言之，在魏特夫看来，干旱半干
旱的气候环境决定了灌溉农业，灌溉农业需要治水，治水导致组织与管理，
组织与管理发展为专制。这是典型的地理环境决定论。

　　总而言之，地理环境决定论是一个古老的思想观点，在近现代以来，在
不同的学科范围内都有人以之来分析文化现象和文化差异。其共同点是认为
人类群体所处的地理环境在本质上决定了人类社会的文化面貌、演化趋势，
甚至是决定了处于其中的文化所能达到的发展限度。

　　地理环境可能论反对将地理环境作为唯一的和决定性的因素来解释人

类文化现象和演化，而是认为地理环境只是为人类社会文化提供了一些机会和可能，但人类自身是不是会抓住这些机会，怎么样来利用这些可能，存在着变数，所以，最终人类社会文化的面貌和演化过程，是由地理环境和人类自身的选择共同决定的。地理环境决定论在 20 世纪初到 30 年代曾经风行一时，但在 30 年代后地理环境可能论逐渐成为主流的观点。在文化人类学中，历史特殊论学派提倡地理环境可能论，正如其代表性人物之一威斯勒所说，"除非真是生死交关的事情，老天不来指定独一无二的道路，只是听你们怎样应付。同一问题，解决得高明也可以，解决得幼稚也不妨""换句话说，地理并不创造技艺和习俗：它只是给你机会或是不给你机会"① "地理只吩咐：如此如此的事情是不能有的，如彼如彼的事情是可以有的，他可不规定哪些事情是非有不可的"②。威斯勒举例说，火地人生活在六月也飞雪的寒冷气候里，但却没有发明御寒的衣服，在冰天雪地里男女一般都赤身裸体，至多披上一件齐腰长的海豹皮或獭皮。用一个中国的例子来比附，那就是，气候潮湿并不能决定重庆人爱吃辣椒和火锅，因为中国乃至世界上其他同样潮湿的地区有许多，但饮食习惯却并没有如重庆人一样，所以气候潮湿并不是重庆人爱吃辣椒和火锅的唯一原因，它只是提供了这种可能性。

文化生态论是在对地理环境决定论和地理环境可能论都有不满意的情况下提出来的。美国文化人类学家斯图尔德提出了这一理论，他的目的是"以之作为了解环境对文化之影响的启发性工具"③。与地理环境决定论和地理环境可能论都不同，文化生态论既不同意地理环境单一地、单向地决定人类文化的面貌和演化，也不同意地理环境只是为人类文化提供了可能性和限制性；文化生态论认为，地理环境既为人类文化的生成和演化提供了可能和限制，也在某种程度上使特定的文化形式成为一种必要。也就是说，文化生态论认为地理环境对于文化的影响，既没有地理环境决定论所认为的那样

① 罗伯特·罗维. 文明与野蛮 [M]. 吕叔湘，译. 北京：生活·读书·新知三联书店，1984：19.
② 罗伯特·罗维. 文明与野蛮 [M]. 吕叔湘，译. 北京：生活·读书·新知三联书店，1984：20.
③ 斯图尔德. 文化变迁的理论 [M]. 张恭启，译. 台北：台湾远流出版事业股份有限公司，1989：37.

"高程度"，也不是地理环境可能论所认为的那样"低程度"。文化生态论将文化分为"核心特质"和"次要特质"两部分，"与生产及经济活动最优关联的各项特质之集合"是文化的"核心特质"，例如，"与经济活动有密切关联的社会、政治，与宗教模式皆包括在文化核心之内"①，而其他特质属于次要特质。对于地理环境与文化的关系来说，"核心特质"受到地理环境较为严格的限制，而"次要特质"则与地理环境的关系不大，具有很高的变异性。文化生态学同时认为，越是简单的和早期的人类社会，受地理环境的影响越直接，越是复杂的社会越能够在更大程度上摆脱地理环境的影响。斯图尔德使用了许多经验研究的例子来说明文化生态论的观点，这里引用大盆地休松尼印第安人的例子。根据斯图尔德的论述，大盆地休松尼印第安人的文化有这样几个重要的特点：采集狩猎经济、家庭层次的社会整合、非定居、无土地所有权的弱排他性财产观念等。在斯图尔德看来，这样的文化面貌是大盆地休松尼人适应于他们所处的地理环境的结果。大盆地休松尼人生活在极为干燥的戈壁地区，所能利用的自然资源非常有限，植物性食物主要是松果，动物性食物则有羚羊、野兔、田鼠、老鼠、地鼠、蚂蚁、蚂蚁卵、鱼等，所有这些植物性食物和动物性食物其出产的数量和地点由于雨量的不可预期的变化而在每一年都是不固定的，不具有可预期性；有时一个地方在某一年的出产非常多，而在其后数年可能出产非常少，几乎没有任何地方具有足够而可靠的食物来源以使定居成为可能。休松尼人关于食物收获和储存的知识和技术也非常有限，他们不懂的如何储存多余的肉类而不至于腐败，也不懂得如何晒鱼与熏鱼以储存多余的鱼肉。适应于这样的地理环境及其所出产的特定资源，休松尼人停留在狩猎采集经济阶段，由于食物的不可预期性、食物保存手段的缺乏以及采集谷类、根类食物时合作会减少采集量的原因，休松尼人长期保持以家庭为单位进行不固定的迁移。也是由于食物的不可预期性、土地出产的不可预期性以及采集经济的弱排他性，所以休松尼人的财

---

① 斯图尔德. 文化变迁的理论 [M]. 张恭启，译. 台北：台湾远流出版事业股份有限公司，1989：45.

产观念是以个人或群体的努力为原则的，如果一个家庭首先发现了可采集的松果，并不意味着其他家庭不可以在此采集，而只是给予第一个家庭以优先选择最佳地段的权利，同时他们也没有土地财产观念。总而言之，大盆地休松尼人由于对他们所处的地理环境的适应，形成了在生产方式、社会组织、社会观念等诸方面富有自己特色的文化面貌。

第二节　文化对地理环境的反作用

1. 文化对地理环境的超越

地理环境对文化具有非常重大的影响，这主要是因为对于人类社会而言，地理环境常常是难以改变的，气候、地形、河流、土质、动植物资源、矿藏资源等都是先于人类而形成、在人类之外的客观存在。在人类历史上的很长的时期内，地理环境都被认为是"天力"，非人力之所能干预；许多时候，地理环境所包括的风、雨、山、河、动物植物等还被膜拜为神灵，成为人类不可控制的超自然力量的代表。在中国古代历史上，许多地理环境的变化，如山崩、水灾、旱灾等，都被认为是上天的示警，是人类不可控制之力量的喜怒哀乐的表达，而人类所能做的只是想办法用祈祷、祭祀、施仁政等方式来取悦于这些力量，以求得地理环境的稳定。所以，地理环境既是人类生存和发展之必需的资源来源，又常常是人类力量所不能及，人类文化不能不受其深重影响。但"所不能及"并不是一定"完全不能及"，也并不是"永远不能及"，人类文化不是单向地、被动地受地理环境的影响，而是会对地理环境有反作用。这种反作用可以表现在许多方面，例如文化对于地理环境限制的超越、文化所造成的文化地理景观以及文化对于地理环境的再现和利用，等等。

文化对地理环境的超越意指人类文化对地理环境控制和改造能力的不

断增强，这主要表现在：第一，人类对地理环境可能造成的、对人类有威胁的变化有了越来越合理的应对，水灾、旱灾、雪灾、台风、地震、山崩等地理环境的变化不再被看作超自然力量的发作，人类不再"束手待毙"，对于这些有威胁的灾害，人类建立起了包括预报、应急、善后在内的应对体系；第二，人类对地理环境所提供的资源的辨识、获取能力不断增强；在人类早期的狩猎采集社会中，人类只能辨识和获得地理环境所提供的"成品"形式的动植物资源，在驯养农耕社会里，人类可以辨识、"自我合成"地理环境所提供的动植物资源，在工业社会里，人类可以辨识的地理环境提供的资源范围进一步扩大，石油、煤炭等前所未曾有的资源都被辨识出来并被利用。被称为"文化学之父"的怀特认为，人类在获取能量方面有一个进化过程，他将之区分依靠体能阶段、获取太阳能阶段、依靠煤炭石油等的能源阶段以及核能阶段；第三，随着人类对于地理环境的控制和改造能力的增强，人类可以超越地理环境的限制，来让人类的生活更加舒适；在古代，人类已经开始通过改变河道来发展交通，以突破地理空间的限制，也在兴修水利来发展农业；在现代社会中，人类对于地理环境的控制和改造进一步加强，例如通过空调以控制室内空间的气温，通过人工降雨以改变干旱，通过植树以改变沙漠，通过温室栽培技术以在四季中获得蔬菜供应，等等。总而言之，人类不仅依靠生物遗传来适应地理环境，也通过文化来适应地理环境，而且，在适应的同时，文化也让人类越来越有能力对地理环境的限制做出某种程度的控制和改造。

当然，文化对于地理环境的超越远远没有达到将地理环境当作奴仆的地步，也不应该将地理环境作为人类的奴仆，予取予求。事实上，从实然的层面看，人类文化对于自己所处的地理环境的"超越"只是刚刚起步，只是刚刚摆脱了人类文化是地理环境的奴仆的被动局面；地理环境在大多数时候依然是人类文化所不能控制和改变的，地理环境可能造成的、对人类的威胁，例如地震、台风等，依然是人类所不能完全避免的，地理环境所能提供的资源依然富含人类所不能辨识和获取的部分。从应然的层面看，地理环境从来不应该是人类的奴仆，而应该是与人类和谐相处的对象，现代社会中成为世界性问题的环保问题，包括气候变暖问题，时刻提醒着我们这一点。

2. 文化景观

文化景观，也称为地理景观，或文化地理景观，或人文地理景观，是文化地理学常用的一个概念。文化地理学中将地球表面各种地理现象的综合体称为景观，又将景观分为自然景观和文化景观两种。自然景观指的是，完全未受人类活动影响或受人类活动影响很小的地理现象综合体，如原始森林、黄沙大漠、流水飞瀑等；文化景观指的是，为了满足某种或某些特定的需要，人类在地理环境之上创造的景观，如村落、都市、农田、寺庙、园林、学校、纪念碑，等等。所以，文化景观是人类文化在地理环境基础上的自我表达，集中体现了人类文化的创造成果和过程，综合地反映了人类文化对于自然的地理环境的反作用。

一般地，文化景观具有价值性、空间性和时代性三个方面的特征。

文化景观的价值性表现在：它具有满足人类需要的实用功能价值、具有审美价值、具有考古或研究价值等。文化景观是人类为了满足自身的某种或某些需要而创造的，任何一个文化景观对于创造它的人来说都具有某种或某些实用性功能，如村落都市是为了居住，寺庙是为了宗教信仰，等等。通常，一个文化景观不单单只有一种功能，而是具有多种功能，村落和都市不但可以遮风挡雨、用于居住，也是人们经济活动、娱乐活动、社交活动的场所，同时还是军事攻防的堡垒。文化景观的功能随时间流逝而变化，许多时候文化景观会在历史发展过程中失去创造它的最初的目的和意义，转而承担其他的功能；中国北京的故宫本是明清时期皇帝居住、生活和办公的场所，现在已经成了旅游景点和故宫博物院的所在地。除了实用的功能性价值外，文化景观常常具有美学价值，作为人类文化的表达，文化景观自然地符合创造它的那个时代的人们的审美观；不同时代和地域的各式各样的建筑、构思精巧的雕像、错落有致的农田等文化景观，不但给人以美的享受，也表达了创造者的审美观念。

文化景观的空间性表现在，任何一个文化景观都是以地理环境为基础的，人类不可能在自己所处的地理环境之外创造文化景观，因此文化景观必定占据一定的空间，而且所占据的这个地理空间是相对固定的，在很多时候地理环境或者说地理空间本身就是文化景观功能和意义的构成部分；例如，中国的长城，其建筑之上的群山峻岭是它发挥军事防御功能的重要组成部分，也是今天长城能够成为旅游景点的重要原因，假设长城全部建设在一望无垠的平原上，其所起的军事防御功能必定大打折扣，而其作为旅游景点在审美上也会大为逊色。空间性说明了文化景观中人类文化与地理环境之间的共生关系。

文化景观的时代性表现在，文化景观表现了其所创造的那个时代的自然地理环境和社会文化状况，如淹没于黄沙之下的建筑，说明了在以前这里并不是不适宜人类居住的沙漠，巍峨的皇宫说明了帝制时代的社会结构，秀丽的园林说明了建造者以及他那个时代一般的审美观。文化景观所负载的时代信息，让它不仅综合地体现了人类文化对地理环境的反作用的结果，同时也体现了这个持续不断的历史过程。

从文化与地理环境的关系角度来看文化景观，文化景观不仅体现了人类文化对于地理环境的反作用，也体现了两者之间的共生与融合。

更为具体地说，首先，正如上文所说，文化景观以地理环境为基础，地理环境构成了文化景观的一个组成部分，更进一步地说，文化景观也体现了地理环境曾经的或现在的状况，如小桥流水人家体现了中国南方多水的地理环境，窑洞体现了中国西北干旱少雨的气候和特定土质。

其次，文化景观在地理环境之上进行着人类文化自身的表达，在其上留下了人类文化自身的痕迹，尽管这痕迹随着时间的流逝生生灭灭。同时，文化景观是一种象征系统，可以被看作一个文本，可以从中解读人们关于文化与地理环境之关系的价值观念。一个例子就是中国的都城，《周礼·考工记》中对于建设都城有比较详细的规定，所谓"匠人营国，方九里，旁三门。国中九经九纬，经涂九轨，左祖右社，面朝后市，市朝一夫"，这种规定只是一种理想的状态，体现了当时人们的价值观念，但事实上并不是如此，中国古代的都城很多时候都不符合这个规定，而且表现出了这样一个特点，就是越往帝制后期，都城的格局和规划越符合《周礼》的规定；所以，考察中国帝制时代各朝都城的格局，可以获得当时人们关于天人关系、社会秩序的价值观念以及这些价值观念随时间的变迁。

最后，文化景观体现了人类文化与地理环境的和谐关系，文化景观一方面以地理环境为基础，必须顺应自然规律；一方面对之加以改造，以满足人们的需要。

3. 文化对地理环境的再现

人类文化对于地理环境的反作用还体现在文化对地理环境的再现上。文化对地理环境的再现，可以包括两个方面：一是人类文化赋予了地理环境以意义和秩序；二是人类文化形成了关于地理环境的知识。

文化是人类不能取下来的、观看世界的眼睛，世界的一切现象都会通过文化而被赋予意义并被安排秩序。地理环境也通过文化被人类所感知，被人类赋予意义并被安排秩序。山川河流、森林荒漠、春夏秋冬、风雨冰雪等地理环境内容，在人类社会中并不仅仅是一种纯粹的客观存在，而是被人们赋予了各种意义。比如，在中国传统文化中，泰山、恒山、华山、嵩山、衡山这五座山峰被认为是神灵所在，可以上通天帝；再比如，中国传统文化常常赋予冬雪以高洁的意义，赋予秋雨以愁绪的意义。在人类文化赋予地理环境以意义的时候，这些意义组成了意义之网，由此成为一种相互关联的秩序。比如，在中国传统文化中，风水是一门大学问，而风水主要就是根据中国传统文化赋予的地理环境的意义以及其中的秩序来"趋吉避凶"，在其中山水、地形、方位等都被赋予了意义。在今天，地理环境已经成了科学研究对象，成为人类认知的客观对象，其实这也是一种意义，并包含了秩序，而在此之外，地理环境依然被赋予了审美、宗教、情感等方面的意义和秩序。

　　人类通过文化形成和发展了关于地理环境的知识，而这些知识一方面反映了人类的认知结构，同时也指导着人类与地理环境的互动。地理环境是人类生存和发展的依托，但人类关于地理环境的知识有想象的部分，也有科学认知的部分，同时也是一个发展的过程。根据文化人类学的研究，人类不同族群普遍有将周围地理环境想象成为超自然的力量所控制的现象，将风雨雷电、山川河流、动植物等认作神灵；在此情况下，人类与这些地理环境的互动有了一系列的宗教仪式和规范。在现代社会，人类使用科学的技术手段来认知和形成关于地理环境的知识；例如，利用地震仪、电磁波测量仪、计算机等手段并构成地震台网来监测地震，进行地震预报、人群疏散等，并在地震实际发生后采取一系列的科学措施来应对；利用各种科学理论和技术手段获得地球在亿万年来的气候变化情况。

 思考题

1. 什么是地理环境决定论？
2. 斯图尔德的文化生态论的主要观点是什么？
3. 什么是文化景观？
4. 如何理解文化与地理环境之间的关系？

第九章
文化与民族

➲ 本章提要

　　民族是理解现代社会的一把钥匙。民族是一种人类群体，也是一种人类共同体，更是一种特殊的人类共同体。学界理解民族的范式有永存主义、原生主义、现代主义、族群—象征主义等几种。民族常常被认为是基于一定的文化特征之上，不存在没有自己文化特征的民族，"一切文化都是某一民族的文化，民族是文化的主体"①；文化特质被挑选出来参与到民族的建构之中，成为民族文化特征的一部分，其背后的动力和原则可能涉及文化传统、知识精英、他者民族和国家政权等方面。民族性格是一个民族或一个国家其成员所具有的群体心理和行为特征，可以认为是特定民族文化在其成员的心理和行为中的呈现，体现了文化与民族之间的紧密关系。

---

① 张岱年. 文化与哲学 [M]. 北京：教育科学出版社，1988：81.

第一节 理解民族

1. 界定民族的主客观标准

对于现代社会来说，民族（nation）是一个重要的存在，是理解现代社会的一把钥匙，英国著名学者霍布斯鲍姆曾经用一个假设的场景很好地说明了这一点：他假设在地球毁于核战争之后，一个星际史学家来到地球探寻地球毁灭的原因，经过艰苦的工作后，这位史学家最终得出的结论是，"若想一窥近两世纪以降的地球历史，则非从'民族'（nation）以及衍生自民族的种种概念入手不可"[①]。事实上，民族对于现代社会来说不仅是一个重要的存在，同时也是一个普遍的存在。现代人类社会存在许多的民族，这些民族或大或小，或者建立了自己的国家，或者与其他民族共处于同一个国家，或者分布于不同的国家之中，但他们都为自己的成员所认同，并获得了外部的认可。就以我国而言，一共有 56 个民族，这 56 个民族中从成员有 12 亿多人的汉族，到人口规模最小、只有 3 500 多人的塔塔尔族[②]，规模相差悬殊，但每一个民族都为其他 55 个民族和我们国家所承认。

虽然民族是现代社会中的普遍的存在，也是一个至关重要的存在，但是要界定民族并不是一件容易的事情。一个民族事实上存在哪些与众不同之处让其成为一个民族，或者应该具有哪些特征才能够成为一个民族，是一个颇富有争议的问题。从最宽泛的意义上来理解，毫无疑问，**民族是一个群体**，单个人不可能构成一个民族，但人类群体有许多种，不是每一个群体都可以称为民族。民族是一种特殊的群体，这种群体应该达到一种共同体的程度，

---

① 艾瑞克·霍布斯鲍姆. 民族与民族主义 [M]. 李金梅，译. 上海：上海人民出版社，2000：1.
② 2010 年第 6 次人口普查数据。

也就是说，应该具有成员之间的亲密的社会关系、共同的思想观念和情感。在进一步缩小的范围内，**民族属于人类共同体的一种**，但并不是所有的人类共同体都是民族，如一个班级、一个公司成员群体也都是共同体，但很明显其并不属于民族。所以**民族属于一种特殊的共同体**，这种共同体应该有它与其他共同体不一样的特定的标准以区别之，但对于这种标准，人们并没有达成共识，有人认为民族与其他共同体不同的地方在于其成员具有共同的祖先，有人认为民族之所以成为民族是因为其成员拥有共同的文化。一般地，如果将人们关于民族得以成立之标准的不同观点进行归类，可以有**客观标准和主观标准两类**[①]。采用客观标准来分辨民族，就是以某种人们主观意识之外的某种特征来作为民族这种共同体的根本的成立条件。这种存在于人们主观意识之外的标准通常有语言、共同的祖先、共享的文化、共同的居住地等一个或几个方面。采用主观标准来分辨民族，就是以人们的主观意识为最终标准来判断人们是否属于同一个民族，如果人们认为彼此之间属于同一民族，则他们构成一个民族。无论单方面地采用客观标准还是主观标准来分辨民族，都有一定的缺陷。采用客观标准来确定民族，无论是采用单一的客观标准，还是采用复合的客观标准，都会遇到与现实的不契合的情况，因为有些符合这些客观标准的人类共同体确实成了民族，另一些同样符合这些客观标准的人类共同体却没有成为人们所公认的民族，同时，有些不符合客观标准的人类共同体却成了世所公认的民族，其他处于同一状态的群体却没有。例如，很明显地，如果将日常生活中使用汉语作为一个最终标准来划分民族，那么中国的一些少数民族将不再能成为一个民族。采用主观的意识为标准来界定民族，无论是采用主观的认同还是采用主观的意志，现实中符合这一主观标准的群体可能是数不胜数的，却不可能都成为民族。

---

① 艾瑞克·霍布斯鲍姆. 民族与民族主义 [M]. 李金梅，译. 上海：上海人民出版社，2000；厄内斯特·盖尔纳. 民族与民族主义 [M]. 韩红，译. 北京：中央编译出版社，2002.

2. 民族的特征

对于民族的界定，再次强调的一点就是，这是一个复杂的、目前没有共识的问题。在此，综合主客观标准，大致对于民族这一人类共同体的、通常会被人们所提到的特征进行简要论说。

首先，民族如果从生物学特征上来界定或说明自己，例如从肤色、发色、头型、基因等方面来说明自己相对于他者的独特性和成员之间的共同性，容易滑入"种族论"。"种族论"崇尚生物学遗传的纯粹性，并相信这种纯粹的生物学遗传具有独一无二的优越性，决定了其成员的智力、能力和成就的限度。自第二次世界大战以来，种族论已经被人们认定为一种非科学的意识形态，"种族"这个概念在1995年的国际人类学与民族学联合会上也被宣布为是非科学的生物学概念。事实上，"种族"或"种族论"是不符合客观现实的；因为：第一，人类社会中不同的民族都是同源的；第二，在人类发展历史上，不同的群体之间相互通婚是非常频繁的，不存在所谓纯粹的遗传特征；第三，那些被看作区别性的生物学特征，通常是被挑选出来的，不具有科学性，因为现实中这些生物学特征并不是与民族界限重合的。

其次，不同的民族常常都有关于自我起源和世系的认定，例如关于同一祖先的神话传说，但这些关于自我起源和世系的认定并不是对于生物学事实的准确描述，而是关于自己民族这一个共同体的文化解释和建构，是一种文化事实，而不是一种生物事实。

再次，文化特征常常被看作民族区分的最重要标志，不同的民族也会选择不同的文化符号来作为自己民族的象征，但哪些文化要素被认为是民族的标志或被作为民族的象征，是经过"挑选"的，而不是自然形成的；在这种"挑选"过程中，可能涉及国家意志、知识分子的认知、对立的他者、文化传统等诸多方面。

又次，认同常常会被作为民族界定的主观标准，但认同并不具有绝对性和稳定性，而具有伸缩性和场景性。这种伸缩性和场景性受到所面对的他者、自我的利益等因素的影响。例如，当面对美国人时，一个人可以自承为中国人，当面对汉族时，他又可自承为壮族人以做区分。

最后，民族有时被认为与政治权力联系在一起，特别是人们从民族主义的角度来看待民族的时候，常常将民族看作政治化了的或者国家化了的人类共同体，或者是正在追求政治化或国家化的人类共同体，或者说有权利追求国家化或政治化的人类共同体。这个时候，民族被认为与另一个相近概念"族群"不同；而不同之处正在于民族会追求政治权力或者说是"自治"，或者说民族有权利追求政治权力或"自治"，在完全的自治程度上可以建立自己的民族国家，而"族群"（ethnic group）则被认为是不一定需要或不一定有共同的地域、社会经济联系等条件来建立自己的民族国家的人类共同体。实际上，在现代人类社会中，建立了民族国家的民族总是不多的，世界上许多国家都是多民族国家，为世人所共知的许多民族虽然有自己的共同地域、社会经济联系等条件，但也没有建立或追求建立自己的民族国家，所以将民族与国家联系在一起以界定民族，或者由此区分民族和族群，在有的学者看来是一种民族主义的表现形式或意识形态①。

3. 民族和民族主义的四种范式

如何界定民族之所以难以达成共识，实际上涉及一系列复杂的问题，涉及如何看待民族。这包括：民族是永恒不变的吗？如果不是永恒不变的，民族是什么时候出现的？经由何种的条件、力量、方式而形成的？民族出现后何种特征被认为是不可缺少的？民族出现之后如何评价民族？民族的未来是怎么样的？关于这些问题的不同立场和观点，形成理解民族的不同范式，安东尼·史密斯将之分为现代主义、永存主义、原生主义、族群—象征主义

---

① 艾瑞克·霍布斯鲍姆. 民族与民族主义 [M]. 李金梅，译. 上海：上海人民出版社，2000；厄内斯特·盖尔纳. 民族与民族主义 [M]. 韩红，译. 北京：中央编译出版社，2002；安东尼·史密斯. 民族主义：理论，意识形态，历史 [M]. 叶江，译. 上海：上海人民出版社，2006.

四种类型。①

　　"现代主义不仅仅认为民族主义是现代的现象。民族、民族的国家、民族的认同和整个'民族国家国际'共同体都是现代的现象"②。在现代主义范式看来，民族这种人类共同体并不是从来就有的，而是一种现代社会的产物，其源头可以追溯到欧洲的法国大革命或者是南北美洲的脱离英国、西班牙等国家的殖民地独立运动。对于民族为什么在现代社会中产生，其主要条件是什么，不同的现代主义学者有着不同的回答。有的学者认为现代社会的新型的社会经济因素，如工业资本主义、区域不平等、阶级冲突等是产生民族的主要条件；有的学者，如盖尔纳则认为，民族是现代工业社会的产物，现代工业社会追求经济增长和劳动分工，因此不得不要求国家统一掌控教育系统以让文化在全体国民中获得普及和同一，由此文化与政治统一起来，民族和民族主义也便产生了；有的学者认为，民族是现代专业化国家在对抗帝国主义或殖民主义等他者中产生的；有的学者认为，民族是建构的产物，例如霍布斯鲍姆认为，民族的文化特征常常是被建构的、被发明的文化传统，而安德森则认为民族是想象的共同体，是在印刷资本主义以及由此造成的报刊小说的普遍阅读、殖民主义后代封闭性上升路线、知识分子封闭性求学路线、公共的历史记忆塑造等条件下人们的认知转变和想象出来的共同体。

　　永存主义认为民族并不是现代才出现的，而是存在于人类社会历史上的每一个时期，现代社会中的民族形式是由历史上其他形式的人类群体，如氏族、部落等发展而来的。永存主义分为"持续的永存主义"和"周期性发生永存主义"，前者认为各个民族都有自己长久的、持续不断的历史，可以追溯到久远的时期；后者认为虽然就单个民族而言，尤其发生、发展和终结的过程，但就民族作为一种特殊的人类共同体而言，其本身却是永存的和无处

　　① 安东尼·史密斯. 民族主义：理论，意识形态，历史 [M]. 叶江，译. 上海：上海人民出版社，2006：46.

　　② 安东尼·史密斯. 民族主义：理论，意识形态，历史 [M]. 叶江，译. 上海：上海人民出版社，2006：49.

不在的，因为在不同的历史时期人类总是会有对于集体的文化认同，尽管其称呼可能不是"民族"这个词汇。

原生主义认为民族具有某种不可化约、难以消除的原生性或者说是根基，这种原生性或者来自人类的生物本能，或者来自先验的、非理性的原生情感，所以原生主义又可以分为社会生物学派和文化历史学派两种。社会生物学派认为，民族是人类生物学理性的表现，"可以被追溯到所有个体的根本基因再生产冲动，以及群体中所有个体运用'袒护亲属'和'包容适应'战略来最大化他们的基因组合"①。文明历史学派认为人们对于民族这种集体的永久性和强制力的感知和相信，以及对之的非理性的原生情感，是民族和其号召力的根源。原生主义通常受到工具主义的批评，安东尼·史密斯提到工具主义但并没有列入他所划分的四大范式之中，实际上工具主义也可以被看作一种重要的关于民族和族群的解读范式②。工具主义认为，人是理性的动物，总是时刻趋向于最大化自我利益，族群认同并不是基于原生的情感，而是基于人类获取自我利益的理性计算，从本质上说，民族身份和族群认同不过是人们为了获取政治、经济、教育等一些方面的利益而使用的一种手段和工具。

族群—象征主义"特别强调主观因素在族群延续、民族形成和民族主义影响中的作用"③。在考虑到民族的客观因素之外，族群—象征主义特别强调记忆、价值、情感、象征等主观因素。族群—象征主义既不像现代主义那样完全认为民族是现代社会的产物，忽视民族与前现代因素的联系，也不像永存主义那样认为民族是永存持续的或者是周期性出现的集体认同，族群—象征主义兼顾两个方面。族群—象征主义认为，民族本身与历史上的其他形式的人类集体认同，特别是族群这种人类集体认同紧密联系在一起，这些已

---

① 安东尼·史密斯. 民族主义：理论，意识形态，历史 [M]. 叶江，译. 上海：上海人民出版社，2006：54.

② 庄孔韶. 人类学通论 [M]. 太原：山西教育出版社，2003：349.

③ 安东尼·史密斯. 民族主义：理论，意识形态，历史 [M]. 叶江，译. 上海：上海人民出版社，2006：60.

经存在的人类集体认同形式，特别是族群，对于民族的构建起了非常重要的作用；如果不考虑这些因素，便很难理解现代民族。民族在这些早期的、其他形式的集体认同的基础上，通过集体记忆、情感、象征等变量而有了形成的可能性。具体来说，这些集体认同形式，特别是族群为现代民族提供了民族名称、共同的祖先神话、共享的历史记忆、共同的文化特质、共有的家园联系、团结意识等基础，正是在这样的基础上，现代民族的构建才有了根基和可能性。

第二节　文化与民族建构

1. 文化与民族的先后

无论是原生主义、永存主义，还是现代主义、族群—象征主义，这些关于民族和民族主义的范式都不否认文化与民族之间的密切关系，都认为文化构成民族最具标志性的特征。但对于永存主义、族群—象征主义来说，作为民族标志的文化先于现代民族的形成而早已有之，现代民族的形成具有在语言、宗教、祖先神话、族群性、记忆等方面的源头，在某种程度上，现代民族是基于早已经存在、具有特殊文化特征的其他形式的人类共同体发展而来的。例如，以此观点来看，没有移民中占主导地位的、信奉新教的、来自大不列颠的英国人，就不可能形成后来的美利坚民族，或者，没有来华的阿拉伯商人、蒙古西征而来的中亚移民以及他们信奉的伊斯兰教，就可能不会形成后来的、中国的回族。但对于现代主义范式来说，作为民族之重要特征的文化常常并不是先于现代民族而存在的，而是在民族的构建过程中所产生的或者说是创造的，也就是说文化并不先于民族。比如，通常被一些人认为是民族之核心构成要件的语言，在许多时候并不是先于民族形成而存在的，而是在民族构建过程中由人为推动而形成的，"民族语言基本上是人为构建出来的，就像现代的希伯来语一样，都是后来才创造出来的"①。例如，以法兰西民族的民族语言——法语来说，在法国大革命的 1789 年，法国会说法语的人还不超过总人口的 50%，能说标准无误的法语的人只有总人口的 12%～13%②。法语后来成为通行的法兰西民族语言，是构建法兰西民族过程的产物。

2. 民族建构与被挑选的文化

除了文化与现代民族的先后问题之外，还需要注意的一个问题是，文化作为现代民族的标志，其中包含一种"挑选"机制；并不是所有的文化特质都被用来作为一个民族与其他民族的区分标志，只有一部分文化特质被挑选出来作为民族的不可分割的部分。

在民族建构过程中，哪些文化特质被选择，哪些文化特质被忽视，涉及的原因和过程常常是非常复杂的；但一般地，学界注意到了其中起作用的四个方面的因素，即传统、他者、知识分子和国家。

首先，那些被视为传统的文化特质，常常被挑选来作为一个民族的核心特征，或者说，那些能够被构建成为传统的文化特质，常常被挑选来作为一个民族的核心特征。例如，春节作为一种传统，常常被认为是汉族人特有的节日。之所以会如此，是因为民族在将自己声称为一种永恒的、具有历史持续性的共同体的时候，自己拥有悠久的文化传统是民族所能拿出来的最好的证据。然而，就现代主义和族群—象征主义两种范式来说，在作为民族证据的文化传统的真实性和悠久性这一点上是有分歧的。前者认为传统与民族一样，常常是新的、人为的建构，后者认为传统本身有其历史基础。具体地说，现代主义强调现代民族与历史的断裂性，强调民族是现代社会才出现的，所以在现代主义范式的重要成员霍布斯鲍姆看来，传统作为民族建构的参与因素，也是一种与过去没有联系的断裂产物，虽然这样的传统常常试图与过去

---

① 艾瑞克·霍布斯鲍姆. 民族与民族主义 [M]. 李金梅，译. 上海：上海人民出版社，2000：52.
② 艾瑞克·霍布斯鲍姆. 民族与民族主义 [M]. 李金梅，译. 上海：上海人民出版社，2000：58.

建立某种连续性，但这种连续性是人为的，而不是一种自然的连续；从本质上说，这些传统是一种在并不久远的时期内的"发明"，"那些表面看来或者声称是古代的'传统'，其起源的时间往往是相当晚近的，而且有时是被发明出来的"①。例如，在霍布斯鲍姆看来，英国国王的圣诞广播讲话就是于1932 年才发明的一种传统。族群—象征主义则认为传统并不是凭空的"发明"，应该区分重新发现和重新创造之间的区别，现代民族的传统常常是对于先前的族群文化的重新发现，两者之间具有一定的连续性。

其次，在民族建构过程中，哪些文化特质会被挑选，与民族所互动的他者有关；与他者不同的那部分文化特质，最有可能被挑选出来作为民族的文化标志。民族是人类群体在互动过程中保持彼此的文化差异的产物，而文化差异以及在哪些方面表现出文化差异也是在互动过程中经过选择而形成的。

再次，在民族和民族主义的现代主义范式看来，民族基本上是知识精英的一种人工制品。民族现代主义范式的重要学者霍布斯鲍姆认为，"管理国家的少数精英分子和有识之士，能够将他们对于历史和文献著作的看法强加到其余的人民头上"，通过国家教育体制，"人民迟早会学习这些再现的历史事件，并且在某种程度上会受其影响"②。另一位民族现代主义范式的著名学者本尼迪克特·安德森也认为，"专业知识分子精力充沛的活动是形塑 19世纪欧洲民族主义的关键"③。霍布斯鲍姆还以民族语言的构建为例来说明这一点：在他看来，不但民族语言是在民族建构过程中形成的，而且这种语言往往来自知识精英所使用的"优势语言"，在经过同样属于知识精英的语言学家的校正和标准化，以及国家的正式教育系统，才成为通行的民族语言，"执政者及精英分子所使用的优势语言，通常可以通过国民教育或其他行政

---

① E 霍布斯鲍姆，T 兰格. 传统的发明 [M]. 顾杭，等译. 南京：译林出版社，2004：1.

② 艾瑞克·霍布斯鲍姆，安东尼奥·波立陶. 霍布斯鲍姆访谈录 [M]. 殷雄，田培义，译. 北京：新华出版社，2001：42–43.

③ 本尼迪克特·安德森. 想象的共同体：民族主义的起源与散布 [M]. 吴叡人，译. 上海：上海人民出版社，2005：69.

措施，而在近代国家中奠定其作为国语的独尊地位"①。

最后，在民族和民族主义的现代主义范式中，是"民族主义与现代国家一起创造了民族"②，在此过程中，国家发挥了至关重要的作用。在本尼迪克特·安德森看来，民族主义浪潮历史地看可以分为四个阶段，分别是美洲民族主义、19世纪欧洲群众性语言民族主义、欧洲官方民族主义、"二战"后殖民地民族主义，其中在欧洲官方民族主义和殖民地民族主义中国家政权所发挥的作用都是不可或缺的，其表现之一就是通过国家政权的力量构建民族意识和民族文化，建立全国性正式教育体系以推广这种民族意识和民族文化。

当然，也可以看出，文化传统、知识精英、他者民族、国家政权这四者，在某一些文化特质被挑选出来成为民族的文化标志这一过程中，并不是单独在发挥作用，而是勾连在一起的，并且是和其他的社会文化因素结合在一起发挥作用，如与战争等因素结合在一起。

第三节　民族性格研究

民族性格，也称为"国民性"，指的是一个民族或一个国家其成员所具有的、持久性的心理与行为特征。这些心理与行为特征常常被认为是在长久的、特殊的社会历史发展过程中所形成的，是该民族或国家特殊的社会文化体系在其成员身上的体现。所以，民族性格既是一种群体人格或群体中不同人格分布的某一众数或多个众数③，也是一种社会文化性格。

在现代日常生活中，人们经常谈论不同国家的人们在思维方式和行为方

---

① E 霍布斯鲍姆，T 兰格. 传统的发明 [M]. 顾杭，等译. 南京：译林出版社，2004：57.

② 安东尼·史密斯. 民族主义：理论，意识形态，历史 [M]. 叶江，译. 上海：上海人民出版社，2006：97.

③ 艾历克斯·英格尔斯. 国民性：心理—社会视角 [M]. 王今一，译. 北京：社会科学文献出版社，2012：11.

式上的差异性，比如有这样的段子：

载着各国乘客的豪华轮船撞上了冰山，马上要沉了，船长为了鼓励乘客跳海逃生，对中国人说："看起来很好吃的鱼在游泳呢。"对英国人："作为绅士这个时候可是要跳下去的。"对德国人："按照规则是应该跳的。"对意大利人："刚才一个美女跳下去了。"对美国人说："想当英雄吗，那就跳下去吧。"对日本人说："大家都跳了，你还不跳？"①

这个段子，以及与此类似的故事或笑话，都是对于民族性格的一种认知和讨论，虽然这样的认知和讨论谈不上准确。在学界，不同民族或国家之间民族性格的差异也为近现代学者早早地注意和讨论。其中著名的一例就是托克维尔在《论美国的民主》中考察了美国民主制度对于美国人民族性格的影响；在托克维尔看来，美国的民主制度让美国人注重理性，热衷物质享受，偏重个人主义和实用主义，热爱自由，崇信劳动和职业平等，崇尚商业精神，宽容和富有同情心，行为严谨②。在托克维尔之后，关于民族性格的科学研究由文化人类学家接棒。由于广泛地调查和研究非西方的他者文化，西方文化人类学家对于不同人类群体或民族间在思维方式、行为特征之间的差异体会最深，他们逐渐意识到不同人类群体其成员的心理和行为特征与其所处的社会文化环境之间存在密切的联系。由此，20 世纪初期，在文化人类学家中形成"文化与人格"流派，关注于文化与人类个体或群体人格之间的互动关系，第三章第二节已经有所论述。1934 年，此一流派中的美国人类学家鲁思·本尼迪克特发表了《文化模式》一书。该书被认为是民族性格或国民性研究的正式开端。在《文化模式》之前，文化人类学家多是在个体层次上来考察人类心理和行为与其所处的社会文化环境之间的关系，《文化模式》一书则在群体层次上来考察这种关系。在《文化模式》中，本尼迪克特研究了人类群体所有成员的群体心理和行为的一致性以及这种一致性与社会文化环境之间的关系。本尼迪克特分别考察了三个不同的前现代社会的人类群

---

① 游国龙. 国民性研究与心理人类学创始人许烺光［N］. 中国文化报，2013-06-24（003）.

② 托克维尔. 论美国的民主［M］. 董果良，译. 北京：商务印书馆，1981.

体，即祖尼人、多布人和克瓦基特尔人，总结了三者的民族性格：祖尼人行
为崇尚"中庸之道"，行为节制而冷静，情感克制，反对个性，墨守成规，
被称为"阿波罗型"精神；多布人信奉"零和"世界观，崇尚竞争而且不择
手段，多猜忌而嫉妒，郁郁寡欢；而克瓦基特尔人则妄自尊大，情感极端，
行为偏执，执着自我夸耀和羞辱他人，对待挫折和羞辱常常采取极端的行动，
如杀人和自杀等，被称为"偏执狂"精神。本尼迪克特认为，是文化让人们
形成不同的精神性格，人类本来存在大致相同的精神性格潜能，但不同的文
化体系根据自己的传统选择并塑造了人们的性情，"绝大多数人之所以被塑
造成了他们的文化的那种形式是因为他们的原来的天分的那种极大的可塑
性"①。在《文化模式》之后，有不少的学者加入对于前现代人类群体的民
族性格的研究中，发表了许多著述，如杜波依斯 1944 年的《阿罗人：一个东
印度岛屿的社会心理研究》②。第二次世界大战期间，由于战争需要，文化人
类家从研究前现代人类群体转而研究现代民族，以求获得更多的对手信息，
例如盟国需要了解日本、德国等国家的民族性格；民族性格研究因此从主要
研究前现代人类群体的民族性格的阶段，转向了研究现代社会中不同国家国
民性的阶段，也进入一个比较繁盛的时期。这个时期的著名作品有卡迪纳的
《社会的心理边界》、本尼迪克特的《菊与刀》、克拉克洪和穆雷的《人性、
社会和文化中的人格》，等等。其中，本尼迪克特的《菊与刀》已经被许多
人认为是研究现代国家的民族性的经典之作；在这本书中，本尼迪克特考察
了日本的以等级制度为核心特点的社会结构、文化上的"报恩"观念以及儿
童养成模式所造成的儿童早期经验等方面，认为这些因素造成了日本人的
"耻感文化"和"强迫性"人格③。进入 50 年代以后，关于民族性格或国民
性的研究陷入比较寂寥的时期，但也有不少知名学者依然坚持从事这方面的
研究，发表了一些较为著名的作品，例如戴维·里斯曼 1951 年出版了《孤

---

① 鲁思·本尼迪克特. 文化模式 [M]. 王炜，译. 北京：生活·读书·新知三联书店，1988：234.

② 周晓虹. 理解国民性：一种社会心理学的视角 [J]. 天津社会科学，2012（5）：49–55.

③ 鲁思·本尼迪克特. 菊与刀 [M]. 吕万和，等译. 北京：商务印书馆，2012.

独的人群：美国人性格变动的研究》，在美中国著名学者许烺光 1953 年出版
了《美国人与中国人：两种生活方式的比较》，美国学者艾历克斯·英格尔
斯 1997 年出版了《国民性：心理—社会视角》，等等。在这个阶段，关于民
族性格或国民性的研究，从静态研究转向了动态研究，从长时段来考察国民
性的变动及其原因；从质性研究转向了定量分析，提出多峰式的众数人格这
个概念来量化分析国民性；从寻求对不同民族的不同社会行为的解释，转向
关注国民性与经济发展乃至整个社会现代化的关系①。这个时期也是国民性
概念和相关思想观点向社会普及的时期，在美国，"在 20 世纪 50 年代……
于是人人都知道，夸扣特尔人喜欢夸富，多布人疑神疑鬼，祖尼人平稳沉着，
日耳曼人权威主义，俄罗斯人狂暴好斗，美国人实用乐观，萨摩亚人自适闲
散，纳瓦霍人小心谨慎，堤坡斯特兰人（Tepoztlano）或者坚不可破地统一，
或者是无药可救地分裂（有两位人类学家研究他们，一位是另一位的弟子），
日本人是耻感驱动的；人人也都知道，他们之所以那样子，是因为他们的文
化（各自有且只有一种）使之然"②。

 思考题

1. 界定民族的主客观标准有哪些？

2. 理解民族的四种范式分别是什么？

3. 如何理解民族与文化的关系？

4. 什么是民族性格？

---

① 周晓虹. 国民性研究的当代趋势 [N]. 中国社会科学报，2012–07–13（B03）.

② 克利福德·格尔茨. 烛幽之光 [M]. 甘会斌，译. 上海：上海人民出版社，2013：10.

第十章

文化与权力

➲ 本章提要

文化研究的主要目标之一是研究文化与权力之间的关系。自西方启蒙时期以降，特别是人类进入现代社会以来，许多学者都在思索这一问题，并提出了诸多启人深思的思想与观点。马克思大体上是在社会冲突和阶级对立的框架下分析文化与权力之间的互动关系，提出了异化、意识形态、上层建筑等概念，对后人研究和分析文化—权力相关主题影响极大。韦伯通过身份理论来揭示人类社会中存在的不平等和权力的社会运作。在西方马克思主义者中，葛兰西提出了他的著名的霸权理论，法兰克福学派执着于对现代资本主义社会中文化工业的批判。英国伯明翰学派通过研究亚文化，揭示了文化中持续存在的"弱者的抵抗"现象。布尔迪厄提出的习性概念，将文化、权力、身体、实践四者联系起来，说明了现实中文化与权力关联的复杂性。

第一节 文化与权力的概念

关于文化的定义，是著第一章第一节已有详细论述。这里需要重新强调的是文化学研究中的文化，乃是一种宽泛意义上的文化[①]，是人们生活方式的总和，即来自文化人类学，后来又被文化研究所借用的文化概念。在这里，我们引介威廉姆斯所提出的他称之为文化的社会定义：在文化的"社会"定义中，文化就是某一特定生活方式的描写，它不仅表达了艺术和学术上，同样也表达了体制和普通行为上特定的意义和价值。从这样的定义出发，文化的分析，就是对特定的生活方式所暗含的意义和价值的澄清。这样的分析包括了对遵循其他的文化定义的人来说根本就不属于"文化"的生活方式因素的分析，比如，生产的组织，家庭的结构，表现或掌控社会关系之体制的结构，社会成员交往形式的特征（最初发表于1961年），等等[②]。

诚如威廉姆斯自己所言，以这样一种方式来定义文化，"从根本而言（文化）包含于一切社会活动的形式之中"[③]。在这一定义的基础之上，文化研究者将文化界定为生产、传播及消费意义的过程。恰如斯图亚特·霍尔所言：文化与其说是一套东西——小说和绘画或电视节目和喜剧——毋宁说是一个过程，一套行为。文化首要关注的，是在社会和团体成员之间意义的生产和交换——是"意义的给予和索取"。[④]

文化研究的主要目标之一是研究文化与权力之间的互动。这是因为：意

---

① 约翰·斯道雷. 文化研究中的文化与权力 [J]. 学术月刊，2005（9）：57.

② Williams Raymond，1998. The Analysis of Culture. InJohn Storey（ed. ），Cultural Theory and Popular Culture：A Reader. 转引自约翰·斯道雷. 文化研究中的文化与权力 [J]. 学术月刊，2005（9）：58.

③ Williams Raymond，1981. Culture，London：Fontana。转引自约翰·斯道雷. 文化研究中的文化与权力 [J]. 学术月刊，2005（9）：58.

④ Hall Stuart，1997. Introduction. In Stuart Hall（ed. ），Representation，London：Sage，2. 转引自约翰·斯道雷. 文化研究中的文化与权力 [J]. 学术月刊，2005（9）：58.

义（多种意义）（比如文化）规范和组织我们的行为和实践——它们帮助我们确立规则、规范和习俗，社会生活正是借此被安排和管理。因此，那些希望掌控和规范他人的行为和观念的人，总是要追求对意义的构建和塑造。①

行文至此，本章的关键概念——权力——已经被引出来了。既然权力需要通过对意义（即文化）的建构来"表征"自己，那么首先我们需要对权力这一概念的内涵有一定的认识。

权力这一概念受到政治学、法学、历史学、考古学、人类学及社会学等不同学科的关注，因此成为一个十分重要的跨学科学术概念。那么，什么是权力呢？

从词源学上来看，其词根为 Potre，表达"能够"的意思。此后，该词又衍生出两个拉丁词汇 potestas 和 potentia。在古罗马时代，potentia 表示一种足以影响他人的能力；而 potestas 则表示一种狭义的政治意涵，即人们通过协调一致的行为所具备的能力。此后，法文 pouvoir 继承了这一拉丁词汇，并传入英语世界，产生了英语"power"一词！②

通常而言，我们说的权力这一术语主要是指其在政治学中的含义，也即权力是"公权力"或"公共权力"③。这种权力主要是在国家等宏观层面得到充分的体现。纽约大学社会学系的教授丹尼斯·H.朗曾对罗素的权力定义加以修正，提出权力是"某些人对他人产生预期效果的能力"④，并补充说权力是"人人使用而无须定义的适当字眼"⑤。

当代权力研究领域非常引人注目的研究者当属法国学者、权力哲学家福柯。福柯极富洞察力地观察到现代权力的微观特性，在此基础上福柯敏锐地

① Storey John，2003b. The Social life of Opera. ，In European Journal of Cultural Studies，6：1. 转引自约翰·斯道雷. 文化研究中的文化与权力 [J]. 学术月刊，2005（9）：60.

② 周丕启. 合法性与大战略：北约体系内美国的霸权护持 [M]. 北京：北京大学出版社，2005：12.

③ 张恒山. 义务先定论 [M]. 济南：山东人民出版社，1999：89.

④ 丹尼斯 H 朗. 权力论 [M]. 陆震纶，郑明哲，译. 北京：中国社会科学出版社，2001：3.

⑤ 丹尼斯 H 朗. 权力论 [M]. 陆震纶，郑明哲，译. 北京：中国社会科学出版社，2001：第三版引言.

指出："权力无所不在……这不是说它囊括一切，而是指它来自各处"①。因此，福柯权力定义的革命性体现在其揭示权力运行机制的生产性方面，而非其传统意义上宏观权力的压迫性方面。

第二节　马克思的文化—权力观

当代学术界对于文化与权力关系的理论阐释，多来自马克思的思想。马克思在其政治经济学中所建立的对资本主义社会经济过程分析的模式，对现代文化研究做出了重要贡献。虽然马克思本人并没有发展出系统化的文化学研究理论，但是其思想对后来讨论文化与权力的诸理论流派产生了广泛而深远的影响。

首先，回溯一下马克思思想的主要来源。马克思的思想主要有以下两方面的来源：其一，古希腊时期的权力思想。最早在古希腊的神话里，我们就可以找到关于权力的描述。在古希腊人的观念里面，普遍的规则约束着人和神，而人和神又需要在这种约束下享有表达言行的自由。因此，规则（权力）成了人享有自由的前提。同时，规则也需要一个固定的形式来表现自身，这个形式最初就是"伦理"。古希腊时期重要的思想家们，特别是柏拉图的思想影响了整个西方的学术，也正是在这个意义上，怀特海才总结说："全部西方哲学传统都是对柏拉图的一系列注脚"②。其二，中世纪神学思想中有关权力的论述，也曾对马克思的权力观产生过影响。特别是中世纪神学思想的先驱人物圣·奥古斯丁。马克思曾于在《〈科隆日报〉第 179 号的社论》一文中明确写道："请读一读圣·奥古斯丁的《论神之都》，研究一下教父们

---

① 米歇尔·福柯. 性经验史［M］. 佘碧平，译. 上海：上海人民出版社，2000：67.

② Cf Alfred N Whitehead. Process and Reality：An essay in Cosmology ［M］. New York：Free Press，1978：39.

的著作"①。

此外，近代资产阶级权力的思想构成马克思的另外一个思想来源，也是最为直接的一个思想来源！启蒙运动深刻地影响了"德国自由主义启蒙运动"。启蒙运动主张现世的自由和平等，倡导个人的权力，甚至将个人的权力提升到历史本体的高度。不过，资本主义作为一种新建立起来的制度，虽然在历史上具有一定的进步意义，但是其中所蕴含的弊端遭到空想社会主义者们的无情揭露。这些空想社会主义的思想为马克思充分揭示资本主义的弊端，探索资本主义社会运动规律，创立自己的理论学说做了历史的贡献。

马克思主义的思想体系，尤其是其中对权力与文化之间联系的分析思想，对后来之文化理论的发展产生了深远的影响。此外，诸如马克思异化的理论、意识形态、历史和价值等，特别是将文化看作是人类劳动的历史的产物，而非永恒的人类价值的表征这一理论观点，对文化研究来说意义亦非同一般②。

马克思认为在历史的教化过程之中起决定作用的是经济因素，经济才是历史的内容，经济领域中所发生的质变成为历史永远前进且不可逆的主要动力③。马克思认为正是经济关系造成社会的不平等。人类社会自原始共产主义以来，一直存在着一个根本的矛盾，这个矛盾就是一些社会成员占有生产资料，与此同时另外一部分社会成员为了生存而被迫参与生产。这样一来生产资料的拥有者便享有了设定生产条件和关系的权力，也因此得以凌驾于并不拥有生产资料的社会成员之上。马克思将"市民社会"分离出来进一步分析资本主义社会中的阶级及阶级的分化。马克思认为社会的不平等主要取决于社会成员是否拥有生产资料。随着资本主义的发展，当市民社会中两大主要的阶级——无产者和资本家——日益对立、矛盾不可调和时，资产阶级的国家作为制衡力量方得以出现。无产阶级的政治任务是要在政治领域夺取国

① 马克思，恩格斯. 马克思恩格斯全集（1）[M]. 北京：人民出版社，1995：223.
② 阿雷恩·鲍尔德温，等. 文化研究导论 [M]. 陶东风，等译. 北京：高等教育出版社，2004：100-101.
③ 希尔贝克，等. 西方哲学史 [M]. 童世骏，等译. 上海：上海译文出版社，2004：436.

家权力，推翻资产阶级。为了揭示占有生产资料的少数人为什么能够统治大多数没有生产资料的人这一个问题的答案时，马克思指出，一方面是资产阶级垄断了政治强制力，也就是暴力；另一方面的原因则在于资产阶级掌握了"文化控制"，其中最为突出的事例是"宗教"。在马克思看来，宗教所宣扬的价值观成为社会不平的文化基础，也正是从这个意义上来讲宗教是麻痹人民的精神鸦片。马克思因此提出，文化作为意识形态是资产阶级为了自身的利益而设计的，文化蒙蔽了无产阶级却为资产阶级维护自身的统治做出了重要贡献，文化也因此成为与事实真相无关的结构性事物，它先在于无产者并成为占统治地位的思想①，正如马克思和恩格斯所谈到的："统治阶级的思想在每一个时代都是占统治地位的思想……占统治地位的思想不过是占统治地位的物质关系在观念上的表现……构成统治阶级的各个人……作为思维着的人，作为思想的生产者进行统治……他们的思想是一个时代中占统治地位的思想。"②

上述关于文化的认识，是马克思和马克思主义的一个重要方面。对于马克思来说，经济具有根本意义，而精神则是派生的。社会的思想是经济领域生产关系的反映，经济被视为基础，而文化现象，诸如宗教、哲学、道德和文学等，被称为上层建筑。③

马克思在其政治经济学的著作中建立了对资本主义阶级社会经济过程的经典分析，其中关于经济基础与上层建筑的描述简化如下：

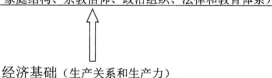

上层建筑（包括：家庭结构、宗教信仰、政治组织、法律和教育体系）

经济基础（生产关系和生产力）

因此，依照历史唯物主义的某种观点来看，经济领域的生产关系才是历

---

① 阿雷恩·鲍尔温德，等. 文化研究导论［M］. 陶东风，等译. 北京：高等教育出版社，2004：99–104.
② 马克思，恩格斯. 马克思恩格斯选集（1）［M］. 北京：人民出版社，1995：98–99.
③ 希尔贝克，等. 西方哲学史［M］. 童世骏，等译. 上海：上海译文出版社，2004：437.

史的动力，经济基础决定了上层建筑，即决定了文化现象。

总而言之，马克思大体上是在社会冲突和阶级对的框架下分析文化与权力之间的互动关系，提出了异化、意识形态、上层建筑等概念，对后人研究和分析文化—权力相关主题影响极大。

第三节　葛兰西与霸权理论

意大利的马克思主义者安东尼奥·葛兰西对马克思主义的思想进行了颇具建设性的发展。葛兰西在对建立现代意大利国家的相关问题进行系统地研究的过程中，建构了以"霸权理论"（hegemony）、"市民社会"（civil society）、"实践哲学"（the philosophy of praxis）、"有机知识分子观"（organic intellectuals）等为重要思想观点的文化权力理论，并成为文化研究领域中深具影响力的理论之一。其中，葛兰西的"霸权理论"极大地发展了马克思主义的权力观。葛兰西指出：统治阶级的统治权，也就是权力，对被统治者非强制性的策略为它赢得赞同对于统治权力的持久具有重要意义。

霸权理论（hegemony），又译作文化霸权、文化领导权。威廉斯《关键词》认为：hegemony 大概直接从希腊文进入英文，其最接近的词源为希腊文 egemonia，可追溯的最早的词源为希腊文 egemon。通常，该词是指支配他国的 leader（领袖）或 ruler（统治者）[①]。不过，这个词汇在葛兰西的思想体系中被赋予了全新的含义，它被赋予了指代社会各个阶级之间的支配关系的新意涵。与马克思等人的权力观不同，葛兰西笔下的"霸权理论"主要是指更为普遍的支配关系，其中包括了特定的观看世界、人类特性及关系的方式，而不是直接的政治控制。

葛兰西认为："一个社会集团的最高权力通过两个方面表现出来，即'统

---

① 雷蒙·威廉斯. 关键词——文化与社会的词汇［M］. 刘建基，译. 北京：生活·读书·新知三联书店，2005：201.

治'的方面和'精神、道德领导'的方面。"①在马克思主义上层建筑思想的基础之上，葛兰西进一步将之划分为两个组成部分：政治社会与市民社会。政治社会通过专政机构，诸如监狱、法庭、军队等，行使强制职能；市民社会则属于民间机构，包括了教会、学校、新闻机构、文艺团体等，主要职责是制定并传播统治阶级的意识形态。政治社会与市民社会的结合方能构成完整意义上的国家。

葛兰西认为，"现代国家"已不再仅仅依靠政治社会，即政治强制手段维护自身的统治；而是通过市民社会，即通过政党、家庭、学校、教会、工会、报刊和文化团体等部门，对权力对象进行文化领导。现代国家在获得权力对象"赞同"的基础上实现并维持自身的统治。

在市民社会层面，当代资产阶级通过在教育、宗教、政党、报纸、媒介、家庭和日常生活的各个方面建起巨大的文化制度网络，来对人们进行文化精神上的操控并维持自己的统治。这正是资本主义国家得以稳定的根源所在。因此，葛兰西指出，文化霸权并非是要争夺政治社会的领导权，而是首先要争夺市民社会文化领导权。只有率先夺取市民社会的文化领导权也就是霸权，才能进而夺取政治社会的权力。否则，即使夺得了政治社会的领导权，其统治也不会持久。

有必要指出的是霸权理论与马克思主义的意识形态学说有一定的关联，但是两者之间的区别也须加以明确辨别。正如克拉克等所指出：霸权通过意识形态起作用，但它不是由虚假的观念、知觉、定义组成的。它主要是通过把从属阶级嵌入关键的制度和结构中来起作用，这些制度和结构支撑着统治秩序中的权力和社会权威。最重要的是，正是在这些结构和关系中，从属阶级才安于其从属地位。②

---

① 安东尼奥·葛兰西. 狱中札记 [M]. 葆煦，译. 北京：人民出版社，1983：316.

② 转引自阿雷恩·鲍尔德温，等. 文化研究导论 [M]. 陶东风，等译. 北京：高等教育出版社，2011：108–109.

第四节　法兰克福学派及其文化工业理论

法兰克福学派关注的主要是"大众文化"或者如他们所更加倾向使用的"文化工业"一词,以此区别于那种认为大众文化是自发地产生并流传开来之文化的观念。

法兰克福学派的思想有几个来源。其中,从时间上来看最早可以追溯到十六七世纪法国人文主义思想家蒙田与帕斯卡尔的学术交锋中。蒙田对大众文化持支持的态度,而帕斯卡尔却主张压制大众文化。两人对待大众文化截然相反的态度,深刻影响了法兰克福学派代表人物洛文塔尔的大众文化观。

法兰克福学派又被称为"批判的马克思主义",马克思主义的思想是法兰克福学派另外一个思想来源。马克思在其《1844年经济学—哲学手稿》中提出了异化的思想。马克思指出,人的本质体现在自由自觉的劳动中。资本主义制度下劳工的劳动并非只在自由自觉的状态中进行。因此,在资本主义制度下的人时刻都面对着异化。不过,马克思认为最为重要的异化发生在工厂,在这里人首先是作为生产者的人。"黑格尔的现象学及其最后的成果……伟大之处首先在于,黑格尔把人的自我生产看作一个过程……因而,他抓住了劳动的本质,把对象性的人……理解为他自己劳动的结果"[1]。法兰克福学派借鉴了马克思关于异化的思想,发展了对大众文化的研究,因此形成对大众文化的批判理论。

第三个方面的思想来源则是卢卡奇的物化理论。卢卡奇是匈牙利著名的哲学家和文学批评家,也是西方马克思主义的创始人与奠基者。1923年他在《历史与阶级意识》中提出物化理论,该理论对现代人的生活困境展开了文化批判。卢卡奇在继承马克思主义异化思想的基础上进一步指出,人的异化

---

[1] Karl Marx, Early Writings [M]. New York, McGraw-Hill, 1964: 202. 转引自科塞. 社会思想名家 [M]. 石人, 译. 北京: 世纪集团出版社, 2007: 50.

问题随着物化现象和商品拜物教一起成为时代问题与资本主义所特有的问题。人的主观性正在逐步丧失，这是物化现象的深层发展。这一思想为法兰克福学派所继承并加以阐发。马尔库塞《单向度的人》："理想的俗化现象表明如下事实，即发达工业社会面临各种理想物质化的可能。该社会的各种能力正在逐渐缩小对人的条件加以描绘、理想化和说明的高尚领域。高层文化变成物质化的组成部分。在此过程中，它丧失了更大部分真理。"①

此外，还有马修·阿诺德的文化主义、费兰克·雷蒙德·利维斯的文化危机理论、西格蒙德·弗洛伊德的精神分析理论等。

马修·阿诺德以一种独特的视角开始大众文化的研究，并为后来的大众文化之研究奠定了理论基础，对其他的大众文化研究者产生了深远的影响。大众文化研究开始于其《文化与无政府状态》这部专著，其研究视角被称为"总体性视角"，其主要思想是强调教育的重要性、文化与领导权之间的关系。他希望发扬精英主义的优势，运用知识和真理来驱赶大众文化。

不同于阿诺德，利维斯认为正是"大众文明"的泛滥造成了"文化危机"。他提出"文明对文化的敌意"一说，意思是指真正的文化只是掌握在少数手中并得以传承，而大众文明的泛滥恰恰造成对这种文化的冲击与损害。在这里，文化一词主要倾向于"整体""有机"和"美感"的意涵；而文明则更多倾向于"抽象""机械"和"功利"等意涵②。

弗洛伊德通过对精神病的临床治疗，发现了人类精神中的"压抑"现象及其心理机制，从而发展了关于人类无意识的理论和人格结构理论。弗洛伊德的理论思想对法兰克福学派的成员产生了多方面的影响。法兰克福精神分析研究所于 1929 年正式成立，此外，诸如马尔库塞等人的研究借助于无意识理论来对资本主义工业社会中人的心理进行研究与批判。马尔库塞还曾运用弗洛伊德的理论重新审视马克思关于人的本质的论断，提出人的本质是爱

---

① 赫伯特·马尔库塞. 单向度的人——发达工业社会意识形态研究 [M]. 上海：上海译文出版社，2008：47.

② 特里·伊格尔顿. 文化的观念 [M]. 方杰，译. 南京：南京大学出版社，2003：11–12.

欲的弗洛伊德式的观点，并主张通过艺术革命实现对人的爱欲的解放。

法兰克福学派素以批判理论著称，亦称之为"社会批判理论"或"文化批判理论"。我们理解法兰克福学派主要思想的关键人物是霍克海默和阿多尔诺，关键词汇则是"肯定文化"与"文化工业"。

"肯定文化"最早于1936年出现在霍克海默《利己主义与自由运动》一文中。而"文化工业"一词，依照阿多尔诺本人的意见，最早出现在1947年版《启蒙辩证法》中。

肯定文化旨在批判资本主义的肯定性文化，并且把大众文化作为其中的一部分而加以批判并拒斥！文化工业则主要是指由资本主义生产方式所主导的文化，用以区别那种大众自发的文化。

阿多尔诺特别强调，"我们必须最大限度地把它与文化工业区别开来。文化工业把古老的和熟习的熔铸成一种新的品质。在它的各个分支，特意为大众的消费而制作并因而在很大程度上先决定了消费的性质的那些产品，或多或少是有计划地炮制的。各个分支在结构上是相似的，或者至少是互相适应的，以便使它们自己构成一个几乎没有鸿沟的系统……文化工业别有用心地自上而下整合它的消费者。"①阿多尔诺进一步指出，"选择文化工业这种表述而舍弃大众文化，主要原因在于为了消除一种误会，即防止人们望文生义认为大众文化的主要特点是从人民大众出发，为人民大众服务。"②

启蒙运动是霍克海默与阿多尔诺反思与批判的开始。他们认为启蒙运动驱逐了神学，将人们从宗教束缚中解放出来。但是，随着科学技术的发展，现代工具理性日益渗透到人们的日常生活中，日益支配着现代的人。因此，新的神业已产生，人们开始被物化。霍克海默与阿多尔诺指出，在这新一轮"神"的统治下发展出了文化工业，因此这一轮的统治将更加深入。

作为新一轮统治的中介物，文化工业的出现对人的存在产生很多深刻的

---

① 阿多尔诺. 文化工业再思考 [M]. 高炳忠，译. 文化研究（第一辑）. 天津：天津社会科学出版社，2000：198.

② 阿多尔诺. 文化工业在思考 [J]. 新德意志批判，1975（6）：12.

负面影响。文化工业从整体上将人们的生活异化，造成艺术丧失创造力、个人丧失批判力、社会走向单面的诸多后果。文化工业不仅奴役了资本主义制度下人的心灵，还让被奴役者乐不思蜀，自愿地圈于其中。

总的来看，霍克海默与阿多尔诺始终站在精英主义的立场展开对文化工业的批判性研究，通过大众文化与高雅文化的二元对立关系，来阐明大众文化的特征与功能性，从而达到文化批判的目的。

第五节　马克斯·韦伯的身份理论

韦伯通过身份理论来揭示人类社会中存在的不平等和权力的社会运作。韦伯把身份和身份群体的概念引入社会分层理论之中。韦伯主张："把任何由某种特殊的社会评价所决定的典型人生要素称之为身份状况。这里的社会评价是对荣誉的评价，有正面的评价，也有负面的评价。"[①]由此可知，在韦伯看来，身份由社会评价而形成；获得同样评价的人，即组成身份群体。

韦伯的思想与马克思主义者的观点截然不同，他认为阶级内部由于某些因素的变动而产生了分化，而造成其内部变动的重要因素就是身份。在资本主义的市场中，个人凭借身份追求各自不同的目的，从而在阶级内部形成分化的身份群体。正是身份群体的出现，将阻止阶级的内部联合与一致行动。

关于身份，韦伯更加具体地指出："身份的典型基础是生活方式，它包括正规教育，这种教育可能是经验式训练，或者理性的培养以及相应的行为方式，还包括继承的或职业的声望。"[②]所以，身份不仅仅是指一个人的生活方式，同时还指代了个人所获得的社会评价或尊重，也就是依照一个人的社会地位来给予评价或尊重。

---

① 马克斯·韦伯. 经济与社会（第二卷）[M]. 上海：上海人民出版社，2010：1068.
② 马克斯·韦伯. 经济与社会（第二卷）[M]. 上海：上海人民出版社，2010：425.

身份与阶级、党派成为分析权力与不平等的三个基本范畴。韦伯主张分析权力在社会中运作的重要性超过了马克思对经济基础的重视。权力一方面可以与作为阶级基础的财富相联系，同样，权力也可以与知识相联系。当权力与知识产生联系时，权力可以同财富脱离关系。韦伯强调：身份的差别深刻地影响了人们的生活际遇。因为身份、阶级的差别，人们在享受社会的经济、文化产品时的机会是不平等的。也就是说物质与文化产品的分配并非是均衡的。因此，韦伯的这一思想提供了不同于基于阶级之上的关于不平等的分析路径。在韦伯看来，一些社会中的成员对于身份的获得并非必然与其财富相联系，而拥有某一特殊身份的人在财富方面也并非必然更具有优势。

此外，韦伯指出种姓是一种特殊的身份群体。因为，这种身份群体以世袭为基础，"身份群体成为一种封闭的体系，并且有法律、宗教、经济权力的保障"①。韦伯进一步指出："当荣誉或惯例已经事实上形成，通过经济权力的稳定分配而达到稳定态，并且有了法定特权，在这种稳定状态达到了成熟程度的地方，身份群体就会演变为一种封闭的种姓。"②

第六节　伯明翰学派及其亚文化研究

伯明翰大学于 1964 年成立当代文化研究中心，该中心在斯图亚特·霍尔（Stuart Hall）等人的领导下，在 20 世纪七八十年代进入黄金时期。在此后十几年的时间里，该研究中心发展出了独树一帜的学术思想和知识传统，对世界范围内的学术研究产生了极其深刻的影响。

伯明翰学派的学术研究囊括了如阶级、种族、性别、亚文化、大众传媒等多个领域，其思想学术特色鲜明，该学派在探讨某一特定的文化现象时，

---

① 李强. 社会分层十讲 [M]. 北京：社会科学文献出版社，2008：40.

② 马克斯·韦伯. 经济与社会（第二卷）[M]. 上海：上海人民出版社，2010：1070.

往往将之与更加广泛的社会政治背景进行联系，讨论其与意识形态、阶级、种族、性别之间的联系。

"亚文化"这一概念是由社会学研究的芝加哥学派在 20 世纪 40 年代率先提出来。伯明翰学派则提出"亚文化研究"（subculture studies）的概念和"抵抗"（resistance）的观念并将它们运用到工人阶级青年亚文化方面的研究中。需要特别指出的是，伯明翰学派文化研究抛弃了传统意义上精英文化的研究策略，转而进行当代大众文化研究。早期的伯明翰学派在研究亚文化时，主要立足于阶级分析，研究者将亚文化现象纳入以"阶级"为轴心的权力关系中。接下来我们主要来讨论一下伯明翰学派的"亚文化"研究。

伯明翰学派与前文所介绍的意大利马克思主义者葛兰西的学术思想间存在着密切的关系。20 世纪 70 年代的英国，制造业开始萎缩，工人阶级的影响力式微，许多工人转而拥护撒切尔主义。这一现象引起了伯明翰学派研究者霍尔等人的密切注意。为什么工人们会拥护保守党？为了回答这个问题，伯明翰学派转向葛兰西的思想资源，寻求答案。

葛兰西在自己的著作中回答了这样一个基本问题：意大利的工人与农民为什么会支持法西斯主义者？为了回答这个问题，葛兰西发展了马克思主义的理论观点，将文化视为政治的工具，因此提出"霸权理论"。也就是说，资产阶级除了动用强制性力量维护自己的统治外，还在"市民社会"层面通过权力领导文化，将资产阶级的价值观念发展成为市民社会的价值观念，从而将政治社会的社会控制的强力性力量发展到市民社会的日常生活中来，最后导致工人与农民宁可维持现状也不愿反抗。葛兰西指出，工人阶级需要发展自己的亚文化，用以推翻资产阶的价值观念，从而成功地推翻资本主义制度。正是这一思想，对伯明翰学派思考英国工人的问题提供了洞见与启发。随后，该研究中心产生了一批研究工人阶级文化的成果，如《工人阶级文化》《仪式抵抗》《学习劳动》等。这一时期研究工人阶级文化的著作与以往的作品相比较呈现出鲜明的特点，它们不再将工人阶级的文化假定为同质的，而是强调工人阶级文化的异质性和复杂性。在研究方法上，它们深具结构主义的色彩，体现为对文本细致入微的分析，揭示文本背后的文化意义。

伯明翰学派的主要成员还对 20 世纪六七十年代英国工人阶级青年中流行的"反文化"现象展开了研究。下面我们主要介绍霍尔对抵抗的青年亚文化的研究成果。霍尔拥有执教 41 年的教学经验，这为推动文化研究贡献良多。霍尔注意到，当时英国社会对青年亚文化有三种基本态度：敌意、文化机会主义的利用态度、全盘的接受，霍尔对这三种态度均不赞同。更重要的是，霍尔提出了以下问题：为什么青少年会追求反叛的风格？为什么会出现青年亚文化？

霍尔首先从心理层面展开解释，他认为"青年人对风格的追求是对意义和生活模式的认同中的更深的追求的真实部分。青年人追求风格实际上是更深的追求意义和生活模式的认同的一部分。它是青年人成熟过程中的一个主要阶段——一种对认同的追求，如 D. W. Winnicott《在郁闷中挣扎》所说的：他们不接受虚假的解决方案，这不是一个首要的未成年人的特征吗？他们有强烈的道德感，只接受感觉到真实的东西。这是一种未成年人特有的道德感，比顽皮要深得多。它有自己的箴言——'您的自我就是真实'。未成年人正致力于发现真实的自我"①。也就是说，在青年人成熟的一个特殊阶段，基于一种有别于成年的道德感，青年人追求真实，追求发现真实的自我，从而完成对自我的认同。

就其社会层面而言，青年亚文化是一种特殊的社会反映。因此，青年亚文化还具有深刻的社会基础。在霍尔看来，青少年在校时间的延长、学校期间所经受的挫折感、英国社会转型所造成的困惑感等得以在青年文化上反映出来。青年亚文化成为一代人或一部分人所共享的符号和意义的领域。在这里，青少年或者解决未成年人的固有压力；或者解决未成年人的特殊压力。某些情况下，青年人中甚至会采取缓慢但是确实存在的性道德革命，以示对社会习俗的激烈变革。

霍尔从社会转型、政治运动、伦理革命等不同的视角揭示青年亚文化深

---

① Stuart Hall, Paddy Whannel. The Popular Arts（1964）[M]. Boston: Beacon Press，New York: Pantheon Books，1967：278.

刻的社会基础。更进一步地，霍尔以一个新左派的知识分子立场，赋予青年亚文化以耳目一新的政治内涵，并指出其特殊的使命："凭借这些以及其他途径，青年一代在超越深深根植于英国资产阶级道德的清教约束，朝向在我们看来更人性、更文明的行为制度，扮演了一种创造性的未成年人的先锋角色。在他们自己的亚文化中，青年人许多积极地参与，有一种这样的味道——它是面对经常迷乱的社会局势而产生的一种本能的、有生产力的反应。在这样的情形下，青年人的问题看起来特别重要，因为他们是作为一个整体的社会症候。"①

第七节　布尔迪厄及其习性理论

皮埃尔·布尔迪厄（Pierre Bourdieu，1930—2002）是法国著名的社会学家、思想家，也是享誉世界的学术大师。布尔迪厄创造并确立了诸如"习性""文化资本""象征暴力"等一系列社会学术语。其学术思想在世界范围内引起了热烈的讨论，并在文化研究中产生日益广泛的影响力。

马克思主义对布氏的文化理论产生了重要的影响。马克思的资本论、阶级思想、《关于费尔巴哈的提纲》之实践论等深刻影响了布氏的文化资本、阶级分层、实践与习性等理论。此外，阿尔都塞所创立的结构主义之马克思主义，成为布氏思想的另外一个来源。结构主义的马克思主义认为文化相对独立于经济、政治，这一思想构成了布氏文化资本理论的逻辑起点。

巴什拉与康吉扬的认识论对布尔迪厄文化研究的理论创新产生了根本性的影响。布氏自己也坦言："我努力把巴什拉、康吉扬以及科瓦雷为代表的整个认识论传统引入社会科学的场域。"②

---

① Stuart Hall, Paddy Whannel. The Popular Arts（1964）[M]. Boston: Beacon Press，New York: Pantheon Books，1967：273–274.

② 戴维·斯沃茨. 文化与权力——布尔迪厄的社会学 [M]. 陶东风，译. 上海：译文出版社，2006：35.

在文化研究方面，布尔迪厄指出："文化为人类的交流与互动提供了基础，它同时也是统治的一个根源。艺术、科学以及宗教——实际上所有的符号系统，包括语言本身——不仅塑造着我们对于现实的理解、构成人类交往的基础，而且帮助确立并维持社会等级。"①在面对人类行为时，布尔迪厄时代的理论界做出了两种截然不同的回应：一种是萨特的存在主义；另一种则是列维–施特劳斯的结构主义解释范式。存在主义假设人是自觉自为的自有主体，而结构主义则是将人视为被二元对立的结构所规范、制约的被动、消极的个体。为了消解上述两种理论范式之间的对立，布尔迪厄提出"习性"（habitus）这一概念。

"习性"或译为"生存心态""习惯""惯习"等，拉丁词"habitus"本义为生存方式或服饰，派生义为气质、体格、秉性、性格或性情，引申为人之物理性的体态特征与精神性的内在心理倾向，亦用来指代因为内、外部因素共同作用下所形成的、持久的生产与实践方式②。"习性"（habitus）和"习惯"（habit）有共同的词根，但是习性与习惯不同，它存在于个体的性情倾向系统中，并且类似于乔姆斯基笔下的"共同母语"一样，具有一种"生成"能力。

此外，布尔迪厄还从马克思那里借用"实践"一词，用来沟通宏观的社会结构与微观的行动者（agent）之间的鸿沟。正是通过"实践"，行动者将宏观、外在、客观的社会结构内化为行动主体的心智结构——习性——行动者将自身在社会结构中的位置无意识内化，形成与自己的位置相适应的感知、认识、评价、思考等基本模式，因此形成指向实践的情性倾向系统。

可见，布尔迪厄研究文化行为之习得的、毋庸置疑的和想当然的那一面。习性，在这里主要是指不同的社会集团成员用以划分、看待世界的不同方式。布氏认为每个群体都有自身看待、划分世界的方式。因此，不同的社会群体

---

① 戴维·斯沃茨. 文化与权力——布尔迪厄的社会学 [M]. 陶东风，译. 上海：上海译文出版社，2006：1.
② 高宣扬. 论布尔迪厄的《生存心态》概念 [J]. （台北）思与言，1991（3）：23.

实际上是寄居在各自不同的文化空间中。而这种文化空间正是社会结构内化后得以形成的，在这过程中实践是关键，而习性是内化的成果，也是初级社会化的成果。

习性一旦得以形成，便具有一定的稳定特性，并且通过次级社会化的经验而得到加强。此外，习性倾向于抗拒改变，因此表现得非常顽强。习性，近似本能一样对我们的实践发挥作用，我们行为的诸多方面都表现出了内在的习性，并且这些行为的诸多方面还表现出某种程度的统一趋势。

从社会化的角度看，布尔迪厄认为早期的社会化经验导致人的习性倾向于一种封闭特性，家庭在社会空间中的位置构成了这种封闭性习性的特质的基础与根源，此时所形成的性情倾向类似于人之心理学中的"图式"——一种基于先天遗传之上感知能力的反应模式①。这种早期社会化经验所形成的习性，在后期持续社会化的过程中，会因为新的经验而不断调整、适应，不断地、内在地重建这种结构②。因此，在布尔迪厄的习性理论范式中，我们可以清晰地看到，行动者既不是一个遭受僵化结构制约的被动、消极的人；也不是完全自主，自觉自由的人；而是在实践中内化了社会结构并形成习性，且依照习性感知社会实践经验，调整、适应新经验的"人"。

以社会阶级为例，"属于同一个阶级的许多人的习性（笔者改）具有结构上的亲和（structural affinity），无须借助任何集体性的'意图'或自觉意识，更不用说相互勾结的'图谋'了，便能产生出客观上步调一致，方向统一的实践活动来"③。

---

① 华康德. 实践与反思——反思社会学导[M]. 李猛，李康，译. 北京：中央编译出版社，2004：179.

② Pierre Bourdieu. The Logic of Practice[M]. Translated by Richard Nice. Stanford University Press，1992：95.

③ 华康德. 实践与反思——反思社会学导[M]. 李猛，李康，译. 北京：中央编译出版社，2004：169.

思考题

1. 马克思如何看待文化与权力之间的关系？

2. 葛兰西霸权理论的主要观点是什么？

3. 法兰克福学派对于文化工业持批判态度的理论依据是什么？

4. 布尔迪厄所说的习性概念该怎样理解？

第十一章
文化与产业

➲ 本章提要

　　文化如水，润物无声，社会经济发展的各行各业都需要"文化+"。文化从消遣和舆情活动中逐渐分离出来，形成了一个具有科学性完备体系、一定横向规模的产业。文化产业的发展经历有不同的历史阶段；从农业社会到工业社会，再到信息社会，文化产业的发展始终没有离开实体产业这个基础，它是实体产业发展的产物，是产业更替递进的结果，也是未来人类社会文明程度提升的重要指标。

　　作为一种新兴产业，文化产业通过创意、加工、制作等手段，把文化资源转换为各种形式的文化产品，在满足人们日益增长的精神文化需求的同时创造了巨大的经济效益。在科技革命的不断推动下，文化和科技一起，成为各国经济转型升级的双引擎。与此同时，文化也越来越成为提升民族凝聚力、创新力和国家综合国力的重要支撑。

本章主要内容包括：理解文化与产业结合的必然趋势，文化产业的兴盛是人类精神文化需求转变的内在需要，是科学技术革命的外在推动，也是转变经济增长方式、优化产业结构以及应对文化全球化、增强国家综合实力的战略选择；掌握文化产业的基本概念、分类和基本特征；了解我国文化产业的总体发展概况。

第一节 文化与产业结合的必然趋势

文化和创意，从人类有了经济活动开始，就具有经济价值。人们很早就对知识、文化等精神因素在经济发展中的作用进行了探讨，并不断积累了宝贵的思想财富。19世纪，德国历史学派的先驱弗里德里希·李斯特（Friedrich List）提出生产力是促进经济增长的决定因素，而生产力包括精神资本。1912年，美籍奥地利著名经济史及经济思想学家、"创新"概念的提出者熊彼特（Joseph Alois Schumperter）指出，现代经济发展的根本动力不再是资本和劳动力，而是创新，并且创新的关键是知识和信息的生产、传播和使用。

然而，在人类历史上的很长一段时间里，文化艺术领域被认为是非功利性的，远离于商业经济领域，甚至被视为是反商业的。随着欧洲资本主义的发展，市场的逻辑渗透到了社会生活的各个方面，文化艺术领域也在所难免。随着资本力量的深入和科技的进步，文化艺术的商业化日益加剧，同时商业对文化艺术的利用也越来越普遍，文化经济化和经济文化化成为当今社会文化与经济发展一体化的重要表现，各种文化形式和文化内容因为社会发展和人类需求的提升，或主动或被动地进入了工业社会的流水线，从设计、制作、传播到销售，不断延伸价值链，形成了与其他产业类型不同的文化产业丛集，由此也催生了一种新兴的产业形态——文化产业，并且不断与众多相关行业深度融合，衍生出新的业态形式，对社会、经济、文化以及政治的发展产生着日益深刻的影响。

文化产业的产生和崛起不是偶然的，它是社会经济发展的必然结果，具有深刻的时代背景和必然趋势。

1. 精神文化需求的快速增长是文化产业兴起的内在动力

社会物质生产力的迅速提高，使物质产品变得极为丰富，物质需求在人民生活中的重要性开始下降，在基本的物质层次满足的基础上，人们更多地关注文化的、精神的、心理的需要，社会需求不断提高，精神性需求或文化消费需求正成为生活消费的主流。与此同时，先进技术和市场手段的运用，使人们的工作时间大幅缩短，拥有越来越多的时间从事休闲娱乐活动，精神文化消费已经成为人们日常生活中必不可少的组成部分，只有将人的精神因素纳入经济研究的视野，才能更好地适应人类发展中所呈现的新特点。需求创造财富，需求催生产业，这些需求环境的变化是文化产业发展的内在动力。现今大众文化的快速化、商业化、营利化、规模化发展，成为全球文化发展的一大景观。

2. 科学技术革命的不断推动是文化产业蓬勃发展的技术前提

早在 20 世纪 50 年代，法兰克福学派学者就曾提出，文化生产一旦与科技结合在一起，形成工业化体系，就会产生巨大的社会影响力量。从历史上看，工业革命初期，造纸术和印刷术的出现引发了传播媒介的根本性革命，从而促进了现代印刷业、出版业的飞速发展。随着科学技术革命的不断推进，特别是电子信息技术的发明和运用，技术以其前所未有的规模入侵文化领域，衍生出一种以工业生产的方式制造文化的行业，尤其是数字技术和网络技术日新月异的变化，把人类由视觉的文本文化时代推进到了读图文化时代，如以计算机、电视、手机、平板电脑等设备为终端的媒体，能够实现个性化、互动化、细分化的传播方式，部分新媒体能够实现精准投放、点对点传播，数字图书馆、电子图书、数字文化产业和网络文化产业成为当今世界占主导地位的文化产业，这其中文化与科技的有效结合功不可没。总的来说，现代高新技术迅猛发展，广泛运用于各类文化艺术活动中，使文化艺术的科技含量大幅增加，而文化艺术依靠科学技术的神奇力量，极大增强了文化的创造力、表现力和传播力，为催生新的文化业态和文化表现形式提供了广阔平台，使文化的生产与服务真正进入规模化、标准化、科技化、高质量化阶段。

3. 发展文化产业是优化产业结构、转变经济增长方式的规律演进

产业结构指国民经济中各个物质资料生产部门之间或部门内部的组合与构成情况，以及它们在社会生产总体中所占的比重，其实质是生产资料和劳动力在各产业部门之间的按比分配。从产业结构变迁的历史看，主导产业转换引致产业结构演进，存在着从农业为主的结构开始，按顺序依次向轻工业为主的结构、以基础工业为中心的重工业为主的结构、以高加工度工业为重心的结构、以信息产业和知识产业为主的结构演进的规律性。[①]调整经济结构是转变经济增长方式的重要内容，对加快经济增长具有决定性意义。

面对竞争日益激烈的市场环境和不断变化的经济背景，人们逐渐意识到以土地、资源、能源等物质生产要素投入的经济增长难以为继，未来的经济增长必须更加依赖知识、文化、技术等无形生产要素。伴随着经济发展方式的转变，发达国家的产业结构发生了重大调整，以知识为核心的现代服务业由原来的依附性产业逐渐上升为主导型产业。文化产业正是依靠发挥创造力，将文化、科技、信息高度融合的高附加值产业，拥有优结构、扩消费、增就业、可持续的特点，资源需求少、能源消耗低、发展潜力大，基本属于"无污染、低消耗、高效益"的绿色产业，顺应了经济发展的趋势和产业结构调整的方向，符合产业结构高级化的演进趋势，也符合可持续发展的基本规律，对于进一步优化经济结构、提升发展质量，形成更为根本、更加持久、更难替代的竞争实力，具有独特优势，已经成为国际产业发展的重要力量。当前，世界经济运行中的不稳定不确定因素依然突出，积极妥善应对国际金融危机，推动世界经济保持稳定复苏，成为国际社会的共同任务。美国一直是公认的文化产业强国，1997 年前后，英国、澳大利亚、新加坡、韩国和日本不约而同地把文化产业作为新世纪产业结构调

---

① 王俊豪. 产业经济学 [M]. 北京：高等教育出版社，2008.

整的新战略，作为增加本国就业和推动经济快速增长的新兴力量，发达国家的成果经验告诉我们，文化产业完全可以成为支撑一个国家经济发展的支柱性产业。从国内来看，十九大报告已明确指出，中国特色社会主义进入新时代，我国社会的主要矛盾已经转化为人民日益增长的美好生活需要和不平衡不充分的发展之间的矛盾。经济发展中不平衡、不协调、不可持续的矛盾和问题仍然突出，发掘创新潜力、培育新兴产业的需求更加强烈。转变经济增长方式、调整产业结构，促进经济科学发展，文化产业将大有可为。

4. 发展文化产业是应对文化全球化挑战、增强国家综合实力的战略选择

当今世界正处在大发展大变革大调整时期，世界多极化、全球化深入发展。国际社会日益加强的全球化趋势给各个国家的政治、经济、文化诸领域带来了深刻的影响，在科学技术不断进步和全球化进程加快的过程中，各种思想文化交流交融交锋更加频繁，文化的全球化正日益凸显。文化全球化的一个重要载体就是文化产品，它是全球文化市场的核心以及新的世界文化秩序重建的关键因素，文化产业提供的产品与服务是人类精神性消费的对象，它直接或间接地创造或改造着社会的意识形态、社会风尚、价值取向、思维模式和行为习惯。文化价值观念与文化商品结合，通过文化产业的跨国交流和文化贸易，在实现巨大的经济效益的同时，也不断进行文化价值观念的博弈。对国家或者地区来说，文化产业的振兴，在提高人们对文化需求的同时，还能够在全球化背景下确立对自身国家和地区的认同性。圣伊莱斯·雅各布就曾经说过"美国感兴趣的不仅仅是出口它的电影，它感兴趣的是出口它的生活方式。"如果文化产业落后，那么，国家很有可能沦为发达国家文化商品的消费市场，其结果就是引起自身文化体系的变质和文化认同性的降低，其中危害不言而喻。基于国家利益和国家文化安全，生产文化产品的文化产业自然成为各国关注和角逐的重点，许多国家制定了文化产业发展战略。正

如美国学者约瑟夫·奈所说，相对于政治经济的"硬实力"，文化是一种"软实力"，文化软实力在很大程度上表现为国民的精神状态、意志品格和内在的凝聚力，而这一切主要来自人们对社会核心价值观层面的认同，文化"软实力"与经济、政治、军事一样，决定着一个国家和地区的综合实力。[①]而文化产业的生产和消费过程就是一种建构性的认同实践，因此，文化软实力建设在很大程度上要依靠文化产业，发展文化产业是有效提高国家文化"软实力"的最佳途径，是一项战略性的产业选择。

第二节 文化产业的概念、分类及特征

1. 文化产业的概念

"文化产业"概念的提出，通常被认为起源于 1947 年德国法兰克福学派学者西奥多·阿多尔诺（Theodor W. Adorno）及马克斯·霍克海默（Max Horkheimer）所著的《启蒙辩证法》一书中的"文化工业"（Cultural Industry）一词。但当时作者对"文化工业"是持批评态度的，认为文化工业是一种资本主义控制下的文化体系，文化工业对大众文化的商品化和标准化瓦解和抹杀了艺术本身所需求的个性化。然而，文化工业对于社会发展的正面推动作用，却是他们未曾估计到的。在人们还没有充分认识它的时候，它就以惊人的速度快速发展起来。日新月异的文化实践推动着文化领域研究的进一步深入，关于文化产业概念的探讨层出不穷。

目前，世界各国对文化产业的称谓各有不同，其解释也没有严格统一的界定。

被公认为文化产业强国的美国倾向于"版权产业"（Copyright Industries）

---

① 约瑟夫 S 奈. 硬权力与软权力 [M]. 门洪华，译. 北京：北京大学出版社，2005：7.

的提法，主要是从文化产品具有知识产权的角度进行界定。美国是一个高度法治化的国家，一切经创造力产生的产品都是有知识产权的，比如绘画、歌曲、舞蹈、电视节目、广播节目都是有版权的，未经授权其他人不能抄袭，因此他们把相关行业叫作版权产业。

英国最早提出"创意产业"（Creative Industries）的概念，并且通过对"文化"的诠释，使其发展成为一种在全球化背景下，推崇智力创新、强调文学艺术作品的创作与传播（即文化活动）对经济的支持与推动作用的新兴理念、思潮和实践活动。

欧盟提出的文化产业概念与美国有较大区别。1997年欧盟将文化产业重新界定为基于文化意义内容的生产活动，除了新闻出版业、广播影视业、音像业、网络业、文学艺术、音乐创作外，还包括一切具有现代文化内容标志的产品和贸易活动，如摄影、舞蹈、工业与建筑设计、艺术场馆、博物馆、艺术拍卖、体育、文化演出及教育活动等。

韩国于2001年8月成立文化内容振兴院（KOCCA），该院是韩国政府为发展文化内容产业并支援国际合作而成立的专门机构，因而韩国的文化产业通常也被称为"文化内容产业"（Culture Content Industries），是由与内容有关的经济活动（如创意、生产、制作、流通等）组成，这些活动的内容源自任何类型的知识、信息以及与之相关的文化资源，具体包括动画、卡通、漫画、电影、音乐、电子图书、移动、互联网内容、游戏、娱乐内容、广播电视等。

在中国则称为"文化产业"（Culture Industries）。我国对文化产业概念的界定是随着社会主义市场经济不断发展完善和文化市场日益繁荣活跃而逐渐明晰、确定的。2003年9月，文化部制定下发的《关于支持和促进文化产业发展的若干意见》中将文化产业界定为：从事文化产品生产和提供文化服务的经营性行为。2004年4月，国家统计局颁布的《文化及相关产业分类》又进一步明确文化产业的内涵和范围。该文件指出，文化产业是为社会公众提供文化娱乐产品和服务的活动，以及与这些活动有关联的活动的集合。随着文化改革发展的深入推进和高新科技对生产生活的巨大影响，文化产业的具体内涵不断丰富和调整，为了适应文化产业发展形势和文化统计工作的要求，2012 年 8 月，国家统计局颁布《文化及相关产业分类（2012）》，将文化及相关产业界定为：为社会公众提供文化产品和文化相关产品的生产活动的集合。

众所周知，"文化"是一个非常复杂、多层次的概念。从广义上说，文化可以理解为人类创造的一切物质产品和精神产品的总和，其所涉及的范围几乎囊括了人类生活的方方面面，由此也决定了对"文化产业"内涵及外延的把握不仅困难，而且必须运用动态的眼光，不断更新对它的认识和看法。

2. 文化产业的分类

（1）重要国家、地区及国际组织对文化产业的分类。

文化产业包含的内容和门类非常丰富，是一个多系统多组织构成的有机整体，世界各国地域、经济、文化背景、产业政策等各不相同，所以与文化产业内涵和外延相对应的文化产业分类标准和体系也不尽相同。从世界范围看，文化产业从组织结构上基本可以划分为三类：一是生产与销售以相对独立的物态形式呈现的文化产品的行业（如生产与销售图书、报刊、影视和音像制品等行业）；二是以劳务形式出现的文化服务行业（如戏剧舞蹈演出、体育、娱乐、策划、经纪业等）；三是向其他商品和行业提供文化附加值的行业（如装潢、装饰、形象设计、信息咨询、文化旅游等）（见表 11–1）。

表 11–1　不同国家和组织文化产业的内容与分类

国家或组织	名称	内容与分类
联合国教科文组织	文化产业	文化商品核心层：文化遗产，印刷品，音乐和表演艺术，视觉艺术，视听媒介 文化商品相关层：音乐，影院和摄影，电视和收音机，建筑和设计，广告，新型媒介 文化服务核心层：视听及相关服务，特许使用税和许可费，娱乐、文化和运动服务，个人服务 文化服务相关层：广告、市场研究和民意调查，建筑、工程和其他技术服务，新闻机构服务[①]

---

① 安宇，田广增，沈山. 国外文化产业：概念界定与产业政策 [J]. 世界经济与政治论坛，2004（6）.

续表

国家或组织	名称	内容与分类
美国	版权产业	文化艺术业（表演艺术、艺术博物馆）、影视业、图书报刊、出版业等
加拿大	文化创意产业	信息和文化产业（影视、因特网、信息业）、娱乐和消遣（演艺、体育、古迹遗产机构、游乐、娱乐业）
澳大利亚	创意产业	自然遗产、艺术（文学和印刷、音乐创作和出版、广告设计、广播和电影）、体育和健身娱乐类和其他文化娱乐等①
法国	文化产业	文化建设、文化设施管理、图书出版、电影、旅游业
德国	文化创意产业	音乐、图书、艺术和电影、广播、表演艺术、设计等
英国	创意产业	广告、建筑、艺术和古董市场、手工艺、设计、时尚设计、电影、互动休闲软件、音乐、电视和广播、表演艺术、出版和软件13类②
日本	娱乐观光业	电影、音乐、游戏软件、观光旅游、艺术设计等
韩国	文化内容产业	影视、广播、动漫、游戏、卡通形象、演出、文物、美术、广告、出版印刷、创意性设计、传统工艺品、传统服装、传统食品、多媒体影像软件、网络以及与其相关的产业等③
印度	娱乐和媒介产业	电视业、电影业、广播业、唱片业和出版业

资料来源：邓安球. 论文化产业概念与分类 [J]. 湘潭大学学报：哲学社会科学版，2008（5）；常凌翀. 文化产业的概念与分类 [J]. 新闻与传播研究，2013（12）.

（2）中国文化产业的分类。

2003 年，中宣部会同国家统计局等有关部门组织开展文化产业统计课题调研，并于 2004 年正式编制出台《文化及相关产业分类》和《文化及相关产业统计指标体系框架》，确定文化产业的"核心层""外围层"和"相关层"范围。随着国家文化体制改革的发展，文化业态不断融合，文化新业态不断涌现，许多文化生产活动很难区分是核心层还是外围层。2012 年，中宣部、国家统计局又组织开展了文化及相关产业分类方法的修订工作，并印发了《文化及相关产业分类（2012）》，与 2004 年制定的《文化及相关

---

① 苑捷. 当代西方文化产业理论研究概述 [J]. 马克思主义与现实，2004（1）.

② 李小牧，李嘉珊. 国际文化贸易：关于概念的综述和辨析 [J]. 国际贸易，2007（2）.

③ 赵丽芳，柴葆青. 韩国文化产业爆炸式增长背后的产业振兴政策 [J]. 新闻界，2006（3）.

产业分类》相比，本次修订进一步完善了文化及相关产业的定义及内涵和外延，对文化及相关产业的类别结构和具体内容作了调整，增加了文化创意、文化新业态、软件设计服务、具有文化内涵的特色产品生产等内容和部分行业小类，减少了旅行社、休闲健身活动等不符合文化及相关产业定义的活动类别。总的来看，修订后的分类体系与新的国民经济分类标准更加契合，更加符合我国文化产业的特点和实际发展状况，也增加了统计数据的国际可比性，为进一步加强和改进我国文化产业统计工作提供了科学依据、奠定了坚实基础（见表 11-2）。

表 11-2　我国文化产业分类

文化产品的生产	新闻出版发行服务	新闻、出版、发行
	广播电视电影服务	广播电视、电影和影视录音
	文化艺术服务	文艺创作与表演、图书馆与档案馆、文化遗产保护、群众文化等
	文化信息传输服务	互联网信息、增值电信（文化部分）、广电传输等
	文化创意和设计服务	广告、文化软件、建筑设计、专业设计等
	文化休闲娱乐服务	景区游览、服务娱乐休闲、摄影扩印等
	工艺美术品的生产	工艺美术品的制造，园林、陈设艺术及其他陶瓷制品的制造，工艺美术品的销售等
文化相关产品的生产	文化产品生产的辅助生产	印刷复制、文化经纪代理、文化贸易代理与拍卖、文化出租、会展、其他文化辅助生产等
	文化用品的生产	办公用品的制造、视听设备的制造、鞭炮产品的制造、文化用家电的销售、其他文化用品的销售等
	文化专用设备的生产	印刷专用设备的制造、广电专用设备的制造、广播电视电影设备的批发、舞台照明设备的批发等

注：根据《文化及相关产业分类（2012）》的主要内容整理。

（3）国内外学者对文化产业的分类。

在学术界，国内外学者对文化产业的讨论同样激烈，对文化产业的分类也表达了不同的观点，对于认识文化产业也有着重要的启发意义（见表 11-3）。

表 11-3　部分国内外学者对文化产业的分类

姓　名	分　类
李江帆	狭义文化产业包括文化艺术业（艺术、出版、文物保护、图书馆、档案馆、群众文化、新闻、文化艺术经纪和代理、其他文化艺术业）和广播电视电影业[①]
胡惠林	文化艺术业、新闻出版业、广播电视业、电影业、音像制品业、娱乐业、版权业和演出业[②]
贾斯廷·奥康纳	传统文化产业：广播、电视、出版、唱片、设计、建筑、新媒体；传统艺术：视觉艺术、手工艺、剧院、音乐厅、音乐会、演出、博物馆和画廊[③]
大卫·索斯比	处于同心圆核心并向外辐射的是：音乐、舞蹈、戏剧、文学、视觉艺术、工艺等创造性艺术 围绕这一核心的是那些具有上述文化产业的特征同时也生产其他非文化性商品与服务的行业：电影、广播、报刊和书籍等 处于这一同心圆最外围的则是那些有时候具有文化内容的行业：建筑、广告、观光等[④]

资料来源：邓安球. 论文化产业概念与分类［J］. 湘潭大学学报：哲学社会科学版，2008（5）.

应该看到，随着现代科学技术、各国文化产业在实践中不断发展壮大，新文化业态加速涌现，文化产业的涵盖范围也在动态发展，逐步完善文化产业的科学划分体系将是一个长期的过程。

3. 文化产业的特征

文化产业的提出，是文化与产业之间的结合，其中文化处于基础地位，产业则是基于文化的创造成果。当文化作为一种产品被广泛生产和需求时，就形成了文化产业。因此，文化产业的属性是由文化及文化产品的特性所决定的，除具有一般产业所具有的特点外，还具有以下特征。

（1）文化产业是一种以思维创新为显著特征的创意产业。

文化产业区别于其他产业的独特内涵和本质特征就在于，它提供的不是

---

① 李江帆. 文化产业：范围、情景与互动效应［J］. 经济理论与经济管理，2003（4）.

② 张志宏. 美国文化产业的概况和发展经验［M］. 2001—2002 年中国文化产业报告. 北京：社会科学文献出版社，2002.

③ 林拓，李惠斌，薛晓源. 世界文化产业发展前沿报告［M］. 北京：社会科学文献出版社，2004.

④ 安宇，田广增，沈山. 国外文化产业：概念界定与产业政策［J］. 世界经济与政治论坛，2004（6）.

一般的物质产品，而是精神产品，以满足人们的精神文化需求。在文化产业的产业链条中，精神内容的创新或创意是文化产业的起点，其余所有的环节——生产、销售等都是围绕精神内容而展开。比如，拍摄一部电影，首先且最核心的环节是具有原创性的故事、情节、知识、智力、艺术等精神内容，其次才是借助电影拍摄的各种手段和环节，最终形成一部完整的电影，在电影生产的过程中包括制作、宣传、发行、上映以及后期的电影衍生品开发等环节都是围绕该精神内容而展开。因此，许多学者将文化产业界定为创意产业，并指出创新性、创意性是最主要动态特征，文化产业的本质是文化的产业化。

（2）文化产业具有高渗透性和关联性。

狭义的文化特指人类创造的精神财富的总和，人是文化生成的主体，在人们能发挥想象力和创造力的地方就会有文化的存在。因此，文化的生成会跟随着人类衣、食、住、行的各种活动渗透于各个环节，并发挥自身的作用和价值。以文化创意为核心的文化产业因此也具备同样的特征，它是文化、技术和经济等相互交融的产物，其产品往往是新思想、新技术、新内容的物化形式，特别是数字技术和艺术的交融和升华，技术产业化和文化产业化交互发展，使其渗透到诸多产业部分，具有很强的渗透性，如饮食文化、汽车文化、家居文化、旅游文化等，近年来"文化+"理念的提出和盛行，足以说明人们已经逐渐开始认识到文化内涵与其他行业形态融合的重要性。同时，文化产业在生产环节上不仅占据了价值链的高端，而且还有广泛的产业关联性。例如，电影行业的发展将带动音像、影像、游戏软件、服装、通信设备、广告展览等产品和服务市场，表明文化产业的价值链很长，同时也很难从其他产业类型中完全分离出来，具有高度的内部关联性，文化产业的高渗透性和关联性是文化产业成为高成长性产业的基础。

（3）文化产业属于知识创新密集型产业，具有高附加值性。

文化产业的核心要素是信息、知识，特别是文化和技术等无形资产，是具有自主知识产权的高附加值产业，其高附加值性主要体现在两个方面：一方面，文化产品是人们脑力劳动的成果，其中凝结着人类大量的高级劳动，自身有着很高的价值。另一方面，文化创意能够提升其他产业的附加值。文化和科技，是现代产业和经济发展的双引擎，科技创新在于改变产品和服务的功能结构，提高产品的使用价值；文化艺术则在于向产品和服务注入文化创意元素，如观念、艺术、情感和品位等，为消费者提供与众不同的体验，从而提升产品和服务的精神价值。随着生活水平的提高，人们的消费观念由原来单纯物质功能消费上升为蕴含精神文化的品牌消费，导致一个知名品牌的商品与一般商品即使成本相差不多的情况下，价格却可能相差几倍、几十倍甚至上百倍，文化创意为陷入技术同质化困境的产品市场注入了一股新鲜的力量，它们在创造差异的同时也创造了利润，从而体现了文化产业的高附加值特征。①

（4）文化产业具有天然的意识形态性。

相对于传统的农业、工业和服务业等经济门类，文化产业的特殊性并不在于其商业属性，而在于其具有强烈的意识形态属性。人们通过欣赏电影、观看戏剧、聆听音乐甚至是游戏玩耍等文化娱乐活动，在放松身心、活动肌体、交流情感的同时，也潜移默化地被文化产品所展现的特定生活方式和是与非、对与错、善与恶、美与丑、真与假、好与坏等价值观念所影响，并最终对全社会的精神结构产生深刻的影响。因此，文化产业除了为本国谋求一定的经济利益之外，更可以成为一国宣扬或抑制某种意识形态的工具。

美国著名左翼学者詹姆斯·彼得拉斯，在其《20世纪末的文化帝国主义》的开篇引言中一针见血地指出："美国的文化产业有两个目标：一个是经济的，一个是政治的。经济上是要为其文化商品攫取市场，政治上则是要通过改造大众意识来建立霸权……在政治上，文化帝国主义的重要作用在于，将人们各自从他们的文化之渊源和传统中离间出来，并代之以新闻媒介制造出来的、随着一场场宣传攻势变幻的'需求'。"大名鼎鼎的乔治·索罗斯是著

---

① 韩顺法，杨建龙. 文化的经济力量 [M]. 北京：中国发展出版社，2014：59.

名的货币投机天才，也以一名政治行动主义分子的视角在其《走向全球的开放社会》一文中直言不讳地提出："当文化成为一种舞台，上面就有了各种各样的政治和意识形态理论势力彼此交锋。而文化绝非什么心平气和、彬彬有礼、息事宁人的所在，要把文化看作战场，里面有各种力量崭露头角、针锋相对。"

由此可见，文化产业的意识形态属性早已为西方社会所高度重视并加以娴熟运用，其对文化产业的发展，一直与维护本国主流意识形态的价值取向水乳交融。美国在全球文化格局中的现实地位表明，在当前激烈的国际竞争中，谁拥有了发达的文化产业，谁就更好地掌握了意识形态领域的主动权。①当今世界激烈的文化产业竞争，其实质就是意识形态的竞争，文化产业意识形态性是建构软实力的基点。

在我国，党中央始终高度重视文化产业的意识形态性。习近平总书记明确指出，要把握好意识形态属性和产业属性、社会效益和经济效益的关系，坚持社会主义先进文化前进方向，把社会效益放在首位。在2014年全国文艺座谈会上，总书记特别强调文艺不能当市场的奴隶，不要沾满了铜臭气，一部好的作品，应该是把社会效益放在首位，同时也应该是社会效益和经济效益相统一的作品。2015年，中办、国办印发《关于推动国有文化企业把社会效益放在首位、实现社会效益和经济效益相统一的指导意见》，强调文化企业提供精神产品，传播思想信息，担负文化传承使命，必须始终坚持把社会效益放在首位、实现社会效益和经济效益相统一，并明确了社会效益的原则要求，就是始终坚持正确文化立场，推出更多思想性艺术性观赏性俱佳的文化产品，提供更多有意义有品位有市场的文化服务，体现中国精神、中国价值，切实发挥文化引领风尚、教育人民、服务社会、推动发展的作用。

---

① 张京成，刘光宇. 重视文化创意产业的意识形态属性［EB/OL］. 求是理论网，http://www.qstheory.cn/zl/bkjx/201401/t20140127_317083.htm.

第三节　我国文化产业的发展概况

　　文化是一个国家的灵魂，是民族的精神家园。在我国五千多年文明发展历程中，各族人民紧密团结、自强不息，共同创造出源远流长、博大精深的中华文化，为中华民族发展壮大提供了强大精神力量，为人类文明进步做出了不可磨灭的重大贡献。

　　在新的国内国际形势下，我国对文化领域的发展更加重视。自上个世纪末以来，国家从促进文化产业发展的角度，相继出台了一系列方针、政策。1992年，党中央、国务院发布了《关于加快发展第三产业的决定》，正式把文化产业列入第三产业。2000年10月，在党的十五届五中全会公布的《中共中央关于制定国民经济和社会发展第十个五年计划的建议》中提出要推动有关文化产业发展，第一次在党的中央文件中使用"有关文化产业"概念。2002年，党的十六大报告第一次明确把文化区分为文化事业和文化产业，强调一手抓公益性文化事业、一手抓经营性文化产业，把文化产业作为文化建设发展的一个重要方面鲜明地提了出来，在文化建设思路上实现了重大突破，对文化产业发展具有里程碑意义。2007年，胡锦涛在党的十七大报告上，提出要"推动社会主义文化大发展大繁荣"。为进一步加快推动文化产业发展，2009年7月国务院常务会议审议通过了《文化产业振兴计划》，该文件的出台标志着国家已经把发展文化产业提升为一项国家战略。之后，党的十七大、十七届六中全会精神和《国家"十二五"时期文化改革发展规划纲要》中，纷纷提出要牢牢把握社会主义先进文化前进方向，紧紧围绕科学发展主题和加快转变发展方式主线，以改革创新和科技进步为动力，以壮大实力、提高竞争力为核心，以满足人民群众多样化多层次多方面精神文化需求为目标，加大改革力度、加快发展步伐、提高质量效益，努力推动文化产业成为国民经济支柱性产业。为贯彻落实党和国家提出的目标，2012年文化部出台了《文化部"十二五"时期文化产业倍增计划》，提出了"十二五"时期文化部门管理的文化产业增加值至少翻一番的目标。党的十八大报告提出到2020年实现全面建成小康社会时，"文化产业成为国民经济支柱性产业"。为进一步贯彻落实这一目标，2014年，国务院出台了《推进文化创意和设计服务与相关产业融合发展的若干意见》和《加快发展对外文化贸易的意见》；发布了《国务院办公厅关于印发文化体制改革中经营性文化事业单位转制为企业和进一步支持文化企业发展两个规定的通知》，同时，文化部、中国人民银行、财政部发布《关于深入推进文化金融合作的意见》，在做好文化产业间接融资的基础上，就做好文化企业上市、再融资和并购重组等工作做出部署，出台《关于支持小微企业发展的意见》，为文化与实业结合指明了方向。2015年7月，国办相继出台了《关于实施中华优秀传统文化传承发展工程的意见》和《关于支持戏曲传承发展若干政策的通知》。2017年2月，中办、国办印发《关于实施中华优秀传统文化传承发展工程的意见》，同年6月，国家发改委发布《服务业创新发展大纲（2017—2025年）》，多次提及文化产业相关内容，包括对媒体融合、文化旅游业、服务业的文化内涵提升等方面做出了相应的要求和展望。

在国家各类方针政策的引领和推动下，我国文化产业已经成为国民经济新的增长点。从这几年国内文化产业发展态势看，我国文化产业主要体现在出版发行、广播影视、表演艺术、动漫、游戏、广告、会展等领域。

1. 出版发行业

出版业是文化产业的重要组成部分，对于构建社会主义和谐社会、满足人民群众的精神需求、实施科教兴国战略等方面具有重大战略意义。经过30多年的发展，我国图书、报纸、期刊、音像、电子出版物等传统出版持续发展，印刷复制增长势头强劲，出版物发行呈现多元化趋势。新闻出版业与现代科学技术加速融合，数字出版、数字印刷、数字发行等新业态发展迅猛，新闻出版业发展空间逐步扩展，产业规模迅速扩大，产业结构不断优化，产业链日趋完善，基本形成以图书、报纸、期刊、音像、电子、网络、手机等媒体的出版、印刷、复制、传播、外贸等为主，包括教育、科研、版权代理、物资供应、国际合作等在内的完整产业体系。据国家新闻出版广电总局统计，2015 年全国出版、印刷和发行服务营业收入超过 2.1 万亿元，数字出版营业收入 4400 亿元。其中，日报发行总量、图书出版品种和总印数继续保持世界第一，电子出版物总量、印刷业整体规模保持世界第二[①]。

2. 广播影视业

广播影视业属于文化产业中的视听行业，主要包括电影、电视和广播产品的制作、放映、播放及销售等生产或服务的一系列市场行为，是文化产业中最具影响力、最有活力的产业之一，也是发展最为迅速、与人们生活关系最为密切的产业领域。当今世界，科学技术突飞猛进，经济全球化程度不断加深，文化经济与影响力已经成为一国综合国力的标志。通过文化交流，可弘扬本国文化，扩大国际影响力，提高国际地位。发展广播影视产业也是满足日益增长的文化消费需求，建设文化大国的基本目标。根据国家新闻出版广电总局电影局的通报，2015 年全国荧幕总数达 31627 块，全国电影总票房为 440.69 亿元，其中国产影片票房 271.36 亿元，占总票房的 61.58%[②]，观影人数和票房收入屡创新高。电影业的蓬勃发展使电影产业资本市场异常活跃，2015 年电影与娱乐领域并购事件涉及金额达到 283.38 亿元，在 147 件私募股权投资和风险投资事件中，有 91 件发生在电影业领域，整个电影产业呈现爆发式增长。电视领域，截至 2015 年年末，国内广播节目综合人口覆盖率达到 98.2%，电视节目综合人口覆盖率达到 98.8%[③]，根据美兰德公布的《2015 年中国电视覆盖及收视状况调查结果》显示，2015 年全国 68 家卫

---

① 叶朗. 中国文化产业年度发展报告 2016 [M]. 北京：北京大学出版社，2016：21.

② 叶朗. 中国文化产业年度发展报告 2016 [M]. 北京：北京大学出版社，2016：21.

③ 国家统计局. 2015 年国民经济和社会发展统计公报. 2016-2-29.

星电视频道累计覆盖达到 537.8 亿人次，全国 253 家省级地面频道在本省的平均覆盖率达到 70.0%①，广播电视节目综合人口覆盖率稳步提升。

3. 表演艺术业

表演艺术生产是一种以物质为载体的精神生产，它以脑力劳动为主，通过四维、科学概念和舞台艺术形态，来表现外部世界，展示审美思想，创造出具有特殊审美价值的表演艺术产品，以满足社会发展和人们生产、生活需要。因而，表演艺术业主要指以舞台和现场表演为主要方式的艺术行业，如话剧、音乐剧、儿童剧、演唱会、旅游演出等。随着国家大力支持文化产业发展，多项文艺政策和文化发展规划出台实施，政策环境、市场环境和社会环境的变化等为演艺产业奠定了良好的发展基础。数据显示，2015 年我国演出票房总收入 161.72 亿元，其中专业剧场票房收入 70.68 亿元，占 43.71%，演唱会、音乐节票房收入 31.80 亿元，占 19.66%；旅游演出票房收入 35.17 亿元，占 21.75%；演艺场馆票房收入 24.07 亿元，占 14.88%，全国在演场馆共计 2 255 个。演艺企业逐步发展，随着国家文化体制改革的推进，国有文艺院团基本完成转企改制，民营企业凭借优质的作品和独特的商业模式，逐渐成为资本市场的宠儿，演出市场形成了以文化部直属的 9 家艺术院团为代表的国有文艺院团，以宋城演艺、开心麻花为代表的大中型民营演艺企业，以及以三、四线地方民营剧团为代表的小微演艺企业三股力量。从地域分布看，以北京、上海、广州为代表的一线城市演艺事业的发展走在了全国的前列。此外，各地演艺企业也在探索发展中形成了独特的发展道路，如云南以《云南印象》为代表，辽宁的"刘老根大舞台"、天津的相声以及四川名人大型演出等都在全国有一定的影响力。与此同时，随着我国文化"走出去"政策的推进，我国演艺作品不断主动向外输出，在促进我国传统文化的国际交流方面发挥了不容小觑的作用。

---

① 美兰德.2015 卫星频道覆盖规模达 537.8 亿人次，较 2014 年增加 10 亿人次 [EB/OL]. 流媒体网，2015-10.

4. 动漫业

动漫产业是以创意为动力，以动漫文化为基础，以版权为核心盈利模式，广泛涉及影视、网络、音像与书籍出版以及玩具、文具、服装、食品等行业的新兴的精神文化产业。作为创意产业的典型代表，它对现代社会有着广泛而深刻的经济文化渗透力，是现代社会的"无烟重工业"、21世纪的朝阳产业。我国对动漫产业的重视开始于21世纪初，2000年10月，党的十五届五中全会对卡通产业进行了定位；2001年的"十五"规划也把卡通产业列入其中，尤其是在2004年，国家颁布了一系列重要文件，扶持动漫产业发展，以至于这一年被很多人称为"中国动漫年"，之后政府在动漫产业领域更是给予了税收、资金、品牌保护等多样化的政策扶持，动漫产业逐步迎来发展的"黄金时代"。如2015年的原创动漫电影《大圣归来》《熊出没之雪岭熊风》《十万个冷笑话》等电影均收获过亿票房，提振了产业发展信心，并且随着产业融合和"互联网+"新经济形态的形成及数字新媒体技术的发展，动漫产业链日益成熟，以动漫IP开发为核心，发挥IP高知名度、广泛影响力和群众基础优势，与文学、游戏、影视、音乐等产业交叉融合，不断在原有内容上创造出更多价值。如由漫画《滚蛋吧，肿瘤君！》改编的同名电影，收获5.1亿元票房，并参加了奥斯卡最佳外语片奖角逐；《燃烧的蔬菜》由网络动漫改编为游戏，取得了良好的市场业绩，"三只松鼠"电商网站以"三只松鼠"作为核心形象营销休闲食品广受好评，"IP+动画创意设计+相关产业+互联网+用户"的商业模式将动画企业和商业服务业与互联网紧密结合在一起，创造出不菲的"粉丝经济"和品牌溢价。

5. 游戏业

游戏产业是涉及游戏的开发、市场营销和销售的经济领域，它属于新兴的精神文化产业，近年来取得了快速发展。在2016年中国游戏产业年会上，中国音数协游戏工委、伽马数据以及国际数据公司（IDC）共同发布了《2016

年中国游戏产业报告》显示：2016 年，中国游戏用户规模已达到 5.66 亿人，中国游戏（包括客户端游戏、网页游戏、社交游戏、移动游戏、单机游戏、电视游戏）市场实际销售收入高达 1655.7 亿元人民币，同比增长 17.7%；自主研发的网络游戏达到 1182.5 亿元，同比增长 19.9%；移动游戏用户规模达 5.28 亿，同比增长 15.9%；全年海外市场销售达到 72.35 亿元。①在诸多细分领域中，移动游戏一直保持高速增长，一枝独秀领衔游戏市场，市场成为份额最大、增速最快的细分市场，影游融合、VR 游戏、电子竞技、游戏直播逐渐成为中国游戏产业热点。

游戏产业具有消费群广、市场需求大、附加值高等特点，属于资金密集型、科技密集型和劳动密集型的文化产业，随着科技的不断发展，在娱乐行业，游戏与影视、动漫、体育、实物、在线直播等行业之间的融合也会更加密切，不仅为大众带来更多形式的新型娱乐方式，而且通过新媒体技术将极大地改变大众的体验方式以及生活，游戏产业也必将成为引导世界知识经济整体发展的主导产业之一。

6. 广告业

广告产业主要指从事调研、策划、创意、制作、媒体购买、发布等广告产品生产或提供广告服务的企业集合。从 1979 年 1 月 4 日《天津日报》首次刊出商品广告起，我国的广告业作为文化产业的重要领域顺应时代潮流，经历了中国媒体环境从简单到多元，见证了消费者文化意识的觉醒和消费观念的升级，也融合了诸多产业形态并促进共同发展。在近 40 年的发展中，中国广告年经营额从 1979 年的 1000 万元，增长到 2016 年的 6489 亿元，广告经营单位从仅有的 13 户，发展到空前的 87.5 万户，报纸、杂志、电台、电视、户外媒体等广告平台百花齐放。近年来，随着互联网行业的迅速发展，传统媒体广告市场出现下滑趋势，互联网广告和数字媒体融合发展，催生了

---

① 2016 年中国游戏产业报告 [EB/OL]. 搜狐网，http://www.sohu.com/a/121998140_502900.

更多的服务形式，智能手机、平板电脑等移动数字媒体广告和微信、Html5
等社交平台广告风生水起，丰富了广告行业市场。

7. 会展业

会展业被称为世界三大"无烟产业"之一，主要指通过举办各种形式的
会议、展览会、博览会而获取经济效益的一种行业，其产品在国际上统称为
"MICE"，即 Meeting、Incentive、Convention 和 Exhibition。会展行业起源于
19 世纪中叶在英国举办的首届世界博览会，并迅速发展成为一个新兴产业，
被世界各国所重视。随着经济全球化水平的不断提升，会展行业在促进贸易
往来、技术交流、信息沟通、经济合作及增加就业等方面发挥着日益重要的
作用。会展业具有低碳、高效益特征，而且关联性、外向性极强，具有极强
的产业带动效应，不仅可以培育新兴产业群，还可以拉动交通、旅游、餐饮、
广告、金融等行业发展。根据专家测算，国际展览业的产业带动系数可达到
1:9，因此，会展业是现代服务业的重要支柱，并凭借其较高的产业关联度带
动区域产业聚集及所在城市的资源运行。20 世纪 80 年代以来，我国会展业
经历了从无到有、从小到大的过程，经过十余年的快速发展，我国会展业已
初具规模。专业展览馆是会展产业的重要基础设施，据统计，截至 2016 年，
我国共有专业展览馆 156 个，室内可租用面积约 823 万平方米；2014 年全球
室内展览面积达到 20 万平方米以上的场馆共 17 个，其中 4 个分布在我国；
2015 年全国共举办各类展会 9283 场，展览面积 11798 万平方米，会展经济
直接产值达到 4803.1 亿元人民币，约占全国国内生产总值的 0.71%，占全国
第三产业增加值的 1.41%[①]，已经成为当前促进我国经济发展的新引擎。

总之，文化与产业的结合是社会经济发展的必然产物。联合国贸发会议
颁布的《2008 创意经济报告》曾指出："当今世界，一种新的发展范式正在
出现，它连接了经济和文化，在宏观与微观层面上涵盖了经济、文化、科技

① 2017 年中国会展行业发展概况［EB/OL］. 中国产业信息网，http://www. chyxx.com/industry/
201708/549536. html.

和社会的发展。这一新的发展模式的核心就是——创意、知识与信息逐渐被人们认识到是全球化世界中推动经济增长、促进发展的强大动力"。自 20 世纪 90 年代以来，文化产业在许多国家的经济体系中所占比重快速提升。在许多发达国家和地区，文化产业已经成为国民经济重要的经济增长点和支柱产业。作为新兴的朝阳产业，文化产业以一种锐不可当的速度在全球范围内蓬勃发展起来。

加快发展文化产业，是推进经济结构调整、加快转变经济发展方式的重要途径，也是坚持新时代中国特色社会主义文化发展道路、推动我国由文化大国向文化强国迈进的战略举措。

 思考题

1. 如何理解文化与产业结合的必然趋势？

2. 什么是文化产业？具体分类包括哪些内容？

3. 文化产业的特征该怎样理解？

4. 如何看待当前我国文化产业总体发展现状？

主要参考文献

[1] 约翰·斯道雷. 文化研究中的文化与权力 [J]. 学术月刊, 2005 (9).

[2] 周丕启. 合法性与大战略: 北约体系内美国的霸权护持 [M]. 北京: 北京大学出版社, 2005.

[3] 张恒山. 义务先定论 [M]. 济南: 山东人民出版社, 1999.

[4] 丹尼斯 H 朗. 权力论 [M]. 陆震纶, 郑明哲, 译. 北京: 中国社会科学出版社, 2001.

[5] 米歇尔·福柯. 性经验史 [M]. 佘碧平, 译. 上海: 上海人民出版社, 2000.

[6] 马克思恩格斯全集 [M]. 北京: 人民出版社, 1995.

[7] 阿雷恩·鲍尔德温, 等著. 文化研究导论 [M]. 陶东风, 等译. 北京: 高等教育出版社, 2004.

[8] 雷蒙·威廉斯. 关键词——文化与社会的词汇 [M]. 刘建基, 译. 上海: 生活·读书·新知三联书店, 2005.

[9] 安东尼奥·葛兰西. 狱中札记 [M]. 葆煦, 译. 北京: 人民出版社, 1983.

[10] 科塞. 社会思想名家 [M]. 石人, 译. 上海: 世纪集团出版社, 2007: 50.

[11] 赫伯特·马尔库塞. 单向度的人——发达工业社会意识形态研究 [M]. 上海: 上海译文出版社, 2008.

[12] 特里·伊格尔顿. 文化的观念 [M]. 方杰, 译. 南京: 南京大学出版社, 2003.

[13] 阿多尔诺. 文化工业在思考 [M]. 高炳忠, 译. 《文化研究》第一辑. 天津: 天津社会科学出版社, 2000.

［14］马克斯·韦伯. 经济与社会（第二卷）［M］. 上海：上海人民出版社，2010.

［15］李强. 社会分层十讲［M］. 北京：社会科学文献出版社，2008.

［16］Stuart Hall，Paddy Whannel. The Popular Arts（1964）［M］. Boston：Beacon Press，New York：Pantheon Books，1967.

［17］维·斯沃茨. 文化与权力——布尔迪厄的社会学［M］. 陶东风，译. 上海：上海译文出版社，2006.

［18］高宣扬. 论布尔迪厄的《生存心态》概念［J］.（台北）思与言，1991（3）.

［19］华康德. 实践与反思——反思社会学导引［M］. 李猛，李康，译. 北京：中央编译出版社，2004.

［20］Pierre Bourdieu. The Logic of Practice，Translated by Richard Nice［M］. Stanford University Press，1992.

［21］A Kroeber，C Kluckhohn. Culture：A Critical Review of Concepts and Definitions［M］. New York：Vintage Books，1963.

［22］C 哈登. 人类学史［M］. 廖泗友，译. 济南：山东人民出版社，1988.

［23］E 霍布斯鲍姆，T 兰格. 传统的发明［M］. 顾杭，等译. 南京：译林出版社，2004.

［24］Granovetter Mark. Economic Action and Social Structure：the Problem of Embeddedness［J］. The American Journal of Sociology，1985，91（3）.

［25］L A 怀特. 文化的科学——人类与文明研究［M］. 沈原，等译. 济南：山东人民出版社，1988.

［26］Marvin Harris. The Rise of Anthropologic Theory［M］. Thomas Y Crowell Company，1958.

［27］S 南达. 文化人类学［M］. 刘燕鸣，韩养民，编译［M］. 西安：陕西人民教育出版社，19876.

［28］阿雷恩·鲍尔德温，等著. 文化研究导论［M］. 陶东风，等译. 北京：

高等教育出版社，2004.

[29] 艾瑞克·霍布斯鲍姆. 民族与民族主义 [M]. 李金梅，译. 上海：上海人民出版社，2000.

[30] 爱弥儿·涂尔干. 社会分工论 [M]. 渠东，译. 上海：生活·读书·新知三联书店，2003.

[31] 艾尔·巴比. 社会研究方法（第 10 版）[M]. 邱泽奇，译. 北京：华夏出版社，2005.

[32] 艾历克斯·英格尔斯. 国民性：心理—社会视角 [M]. 王今一，译. 北京：社会科学文献出版社，2012.

[33] 艾瑞克·霍布斯鲍姆，安东尼奥·波立陶. 霍布斯鲍姆访谈录 [M]. 殷雄，田培义，译. 北京：新华出版社，2001.

[34] 爱德华·泰勒. 原始文化 [M]. 连树声，译. 上海：上海文艺出版社，1992.

[35] 爱弥儿·涂尔干，马塞尔·莫斯. 原始分类 [M]. 汲喆，译. 上海：上海人民出版社，2005.

[36] 爱弥儿·涂尔干. 宗教生活的基本形式 [M]. 渠东，汲喆，译. 上海：上海人民出版社，2006.

[37] 安东尼·吉登斯. 民族国家与暴力 [M]. 胡宗泽，等译. 上海：生活·读书·新知三联书店，1998.

[38] 安东尼·史密斯. 民族主义：理论，意识形态，历史 [M]. 叶江，译. 上海：上海人民出版社，2006.

[39] 安宇，田广增，沈山. 国外文化产业：概念界定与产业政策 [J]. 世界经济与政治论坛，2004（6）.

[40] 本尼迪克特·安德森. 比较的幽灵：民族主义、东南亚与世界 [M]. 甘会斌，译. 南京：译林出版社，2012.

[41] 本尼迪克特·安德森. 想象的共同体：民族主义的起源与散布 [M]. 吴叡人，译. 上海：上海人民出版社，2005.

［42］陈华文. 文化学概论新编［M］. 北京：首都经贸大学出版社，2009.

［43］陈建宪. 文化学教程［M］. 武汉：华中师范大学出版社，2011.

［44］陈文海. 世界文化遗产导论［M］. 长春：长春出版社，2013.

［45］陈序经. 文化学概观［M］. 长沙：岳麓书社，2010.

［46］迪尔凯姆. 社会学研究方法论［M］. 胡伟，译. 北京：华夏出版社，1988：85.

［47］迪克·赫伯伯格. 亚文化：风格的意义［M］. 陆道夫，胡疆锋，译. 北京：北京大学出版社，2009.

［48］厄内斯特·盖尔纳. 民族与民族主义［M］. 韩红，译. 北京：中央编译出版社，2002.

［49］费孝通. 反思·对话·文化自觉［J］. 北京大学学报（哲学社会科学版），1997（3）.

［50］费孝通. 关于"文化自觉"的一些自白［J］. 学术研究，2003（7）.

［51］费孝通. 文化自觉的思想来源与现实意义［J］. 文史哲，2003（3）.

［52］弗朗兹·博厄斯. 人类学与现代生活［M］. 刘莎，等译. 北京：华夏出版社，1999.

［53］弗雷德里克·巴斯，主编. 族群与边界［M］. 李丽琴，译. 北京：商务印书馆，2014.

［54］高丙中. 民族志的科学范式的奠定及其反思［J］. 思想战线，2005（1）.

［55］高丙中. 民族志发展的三个时代［J］. 广西民族学院学报，2006（3）.

［56］高丙中. 主文化、亚文化、反文化与中国文化的变迁［J］. 社会学研究，1997（1）.

［57］郭齐勇. 文化学概论［M］. 武汉：武汉大学出版社，2014.

［58］黄剑波. 人类学的历史与历史中的人类学［J］. 思想战线，2013（3）.

［59］黄淑聘，龚佩华. 文化人类学理论方法研究［M］. 广州：广东高等教育出版社，1996.

［60］黄有东. 近30年来中国文化学建设之得与失［J］. 学术论坛，2008（12）.

［61］霍布斯. 利维坦［M］. 黎思复，等译. 北京：商务印书馆，1981.

［62］贾雷德·戴蒙德. 枪炮、病菌与钢铁：人类社会的命运［M］. 谢延光，译. 上海：上海译文出版社，2016.

［63］金克木. 文化的解说［M］. 北京：中国人民大学出版社，2007.

［64］瞿同祖. 中国法律与中国社会［M］. 北京：中华书局，1981：56.

［65］卡尔 A 魏特夫. 东方专制主义——对于极权力量的比较研究［M］. 徐式谷，等译. 北京：中国社会科学出版社，1989.

［66］克拉克·威斯勒. 人与文化［M］. 钱岗南，等译. 北京：商务印书馆，2004.

［67］克劳德·列维-斯特劳斯. 结构人类学［M］. 陆晓禾，等译. 北京：文化艺术出版社，1989.

［68］克利福德·格尔茨. 文化的解释［M］. 韩莉，译. 南京：译林出版社，1999.

［69］克利福德·格尔茨. 地方性知识［M］. 王海龙，张家瑄，译. 北京：中央编译出版社，2000.

［70］克利福德·格尔茨. 斯人斯世［M］. 甘会斌. 上海：上海人民出版社，2016.

［71］克利福德·格尔茨. 烛幽之光［M］. 甘会斌，译. 上海：上海人民出版社，2013.

［72］拉德克利夫-布朗. 安达曼岛人［M］. 梁粤，译. 桂林：广西师范大学出版社，2005.

［73］李江帆. 文化产业：范围、情景与互动效应［J］. 经济理论与经济管理，2003（4）.

［74］李沛良. 社会研究的统计应用［M］. 北京：社会科学文献出版社，2001.

［75］李小牧，李嘉珊. 国际文化贸易：关于概念的综述和辨析［J］. 国际贸易，2007（2）.

［76］梁启超. 梁启超论中国文化史［M］. 北京：商务印书馆，2012.

［77］梁漱溟. 中国文化要义［M］. 上海：上海人民出版社，2005.

［78］列维-斯特劳斯. 图腾制度［M］. 渠东，译. 上海：上海人民出版社，2002.

［79］列维-斯特劳斯. 忧郁的热带［M］. 王志明，译. 上海：生活·读书·新知三联书店，2000.

［80］林坚. 文化学研究引论［M］. 上海：中国文史出版社，2014.

［81］林拓，李惠斌，薛晓源. 世界文化产业发展前沿报告［M］. 北京：社会科学文献出版社，2004.

［82］刘春兴，林震. 文化是人类独有的吗？——动物的文化行为及其起源与演化［J］. 自然辩证法研究，2012（11）.

［83］刘文明. 欧洲"文明"观念向日本、中国的传播及其本土化述评——以基佐、福泽谕吉和梁启超为中心［J］. 历史研究，2011（3）.

［84］鲁思·本尼迪克特. 文化模式［M］. 王炜，译. 上海：生活·读书·新知三联书店，1988：234.

［85］鲁思·本尼迪克特. 菊与刀［M］. 吕万和，等译. 北京：商务印书馆，2012.

［86］路易斯·亨利·摩尔根. 古代社会［M］. 北京：商务印书馆，1971.

［87］罗伯特·赫尔兹. 死亡与右手［M］. 吴风玲，译. 上海：上海人民出版社，2011.

［88］罗伯特·罗维. 文明与野蛮［M］. 吕叔湘，译. 上海：生活·读书·新知三联书店，1984.

［89］马林诺夫斯基. 文化论［M］. 费孝通，等译. 北京：中国民间文艺出版社，1987.

［90］马林诺夫斯基. 野蛮人的性生活［M］. 高鹏等，编译. 北京：团结出版社，2004.

［91］马林诺夫斯基. 西太平洋的航海者［M］. 梁永佳，等译. 北京：华夏出版社，2001.

[92] 马瑞特. 人类学 [M]. 吕叔湘, 译. 北京：商务印书馆, 1931：2. 转引黄淑聘, 龚佩华. 文化人类学理论方法研究 [M]. 广州：广东高等教育出版社, 1996：17.

[93] 马塞尔·莫斯. 论礼物 [M]. 汲喆, 译. 上海：上海人民出版社, 2002.

[94] 玛格丽特·米德. 萨摩亚人的成年 [M]. 周晓虹, 等译. 杭州：浙江人民出版社, 1988.

[95] 玛丽·道格拉斯. 洁净与危险 [M]. 黄剑波, 等译. 北京：民族出版社, 2008.

[96] 诺贝特·埃利亚斯. 文明的进程 [M]. 王佩莉, 译. 上海：生活·读书·新知三联书店, 1998.

[97] 皮亚杰. 结构主义 [M]. 倪连生, 等译. 北京：商务印书馆, 1984：2.

[98] 乔治 E 马尔库斯, 米开尔 MJ 费彻尔. 作为文化批评的人类学——一个人文学科的实验时代 [M]. 王铭铭, 蓝达居, 译. 上海：生活·读书·新知三联书店.

[99] 秦晖. 传统十论 [M]. 上海：复旦大学出版社, 2013.

[100] 僧祐编撰. 弘明集 [M]. 刘立夫, 胡勇, 译注. 北京：中华书局, 2011.

[101] 斯图尔德. 文化变迁的理论 [M]. 张恭启, 译. 台湾远流出版事业股份有限公司, 1989.

[102] 覃德清. 中国文化学 [M]. 桂林：广西师范大学出版社, 2015.

[103] 陶东风. 文化研究：西方话语与中国语境 [J]. 文艺研究, 1998 (3).

[104] 陶东风. 文化研究：在体制与学科之间游走 [J]. 当代文坛, 2015 (2).

[105] 托克维尔. 论美国的民主 [M]. 董果良, 译. 北京：商务印书馆, 1981.

[106] 王俊豪. 产业经济学 [M]. 北京：高等教育出版社, 2008.

[107] 王铭铭. 格尔茨的解释人类学 [J]. 教学与研究, 1999 (4).

[108] 王玉德. 文化学 [M]. 昆明：云南大学出版社, 2006.

[109] 威廉 A 哈维兰. 文化人类学（第十版）[M]. 瞿铁鹏, 等译. 上海：上海社会科学院出版社, 2006.

[110] 吴克礼. 文化学教程 [M]. 上海：上海外语教育出版社，2002.

[111] 吴莉苇. 文化争议后的权力交锋——"礼仪之争"中的宗教修会冲突 [J]. 世界历史，2004（3）.

[112] 夏建中. 文化人类学理论学派——文化研究的历史 [M]. 北京：中国人民大学出版社.

[113] 徐中舒. 甲骨文字典 [M]. 成都：四川辞书出版社，1989.

[114] 许慎. 说文解字注 [M]. 上海：上海古籍出版社，1988.

[115] 杨琥，编. 中国近代思想家文库——李大钊卷 [M]. 北京：中国人民大学出版社，2014.

[116] 叶朗. 中国文化产业年度发展报告 2016 [M]. 北京：北京大学出版社，2016：21.

[117] 衣俊卿. 论文化危机和文化批判 [J]. 求实，2002（6）.

[118] 殷海光. 中国文化的展望 [M]. 北京：中华书局，2016.

[119] 游国龙. 国民性研究与心理人类学创始人许烺光 [N]. 中国文化报，2013-06-02.

[120] 袁方. 社会研究方法教程 [M]. 北京：北京大学出版社，1997.

[121] 苑捷. 当代西方文化产业理论研究概述 [J]. 马克思主义与现实，2004（1）.

[122] 约瑟夫 S 奈. 硬权力与软权力 [M]. 门洪华，译. 北京：北京大学出版社，2005：7.

[123] 詹姆斯·克利福德，乔治·马尔库斯. 写文化——民族志的诗学与政治学.

[124] 张岱年. 文化与哲学 [M]. 北京：教育科学出版社，1988.

[125] 张连海. 从现代人类学到后现代人类学：演进、转向与对垒 [J]. 民族研究，2013（6）.

[126] 张岳，良警宇. 选择性建构：国家、市场与主体行动互动下的文化身份与认同——对北京某满族村的个案研究 [J]. 黑龙江民族丛刊，

2011（4）.

[127] 张志宏. 美国文化产业的概况和发展经验［C］. 2001—2002 年中国文化产业报告［M］. 北京：社会科学文献出版社，2002.

[128] 赵立彬. 近代知识转型与中国"文化学"的产生［J］. 华中师范大学学报，2012（2）.

[129] 赵丽芳，柴葆青. 韩国文化产业爆炸式增长背后的产业振兴政策［J］. 新闻界，2006（3）.

[130] 郑杭生. 社会学概论新修［M］. 北京：中国人民大学出版社，1994：111.

[131] 周晓虹. 国民性研究的当代趋势［N］. 中国社会科学报，2012–07–13（B03）.

[132] 周晓虹. 理解国民性：一种社会心理学的视角［J］. 天津社会科学，2012（5）.

[133] 庄孔韶. 人类学概论［M］. 北京：中国人民大学出版社，2015.

[134] 庄孔韶. 人类学通论［M］. 太原：山西教育出版社，2003.

[135] 司马迁. 史记［M］. 北京：中华书局，2013.